Uta Streit

Fritz Jansen

Mathe lernen nach dem IntraActPlus-Konzept

Rechnen lernen in Klasse 1 – auch für Förderschule, Schulvorbereitung und Dyskalkulie-Therapie

 Springer

Uta Streit
IntraActPlus GbR
Neuried, Deutschland
www.intraactplus.de

Fritz Jansen
IntraActPlus GbR
Neuried, Deutschland
www.intraactplus.de

ISBN 978-3-662-59325-7

Die Deutsche Nationalbibliothek verzeichnet diese Publikation in der Deutschen Nationalbibliografie; detaillierte bibliografische Daten sind im Internet über http://dnb.d-nb.de abrufbar.

Layout: Matthias Heid, Rottenburg
Einbandabbildung: © kaganskaya115 / stock.adobe.com, © denys_kuvaiev / stock.adobe.com, © goldencow_images / stock.adobe.com

Springer ist ein Imprint der eingetragenen Gesellschaft Springer-Verlag GmbH, DE und ist ein Teil von Springer Nature.
Die Anschrift der Gesellschaft ist: Heidelberger Platz 3, 14197 Berlin, Germany

Inhaltsverzeichnis

Danksagung

Dieses Werk verdankt sein Zustandekommen ganz vielen Kindern, Eltern, Lehrerinnen und Lehrern, Therapeutinnen und Therapeuten, mit denen wir im Rahmen unserer Fortbildungen und Therapien zusammenkamen und aus deren Erfahrungen in Zusammenhang mit dem Mathematikunterricht wir immer wieder lernen durften. So konnten wir unser Konzept über viele Jahre ständig weiterentwickeln und verbessern. Ihnen allen gilt unser herzlicher Dank.

Einen ganz besonderen Dank möchten wir folgenden Menschen aussprechen:

Matthias Heid hat mit großem Einfühlungsvermögen die von uns entworfenen Übungsblätter in die vorliegende einheitliche optische Gestaltung gebracht. Dank seiner Flexibilität war es uns möglich, Inhalte immer wieder anhand bereits gesetzter Kapitel weiterzuentwickeln. Wir haben an jeder Stelle der Zusammenarbeit gespürt, dass er das Ziel hatte, für Kinder mit und ohne Lernschwierigkeiten ein besonders schönes Lernmaterial zu gestalten. Dies ist ihm gelungen!

Herr Joachim Coch, Senior Editor im Bereich „Lehrbuch Psychologie" des Springer-Verlags, hat schon mehrerer unserer Bücher betreut. Von der ersten Idee bis zur Fertigstellung dieses Werkes konnten wir spüren, wie sehr ihm dieses Projekt am Herzen lag. Er hat uns in jeder Arbeitsphase mit hoher Sachkompetenz und großer menschlicher Wärme unterstützt.

Birk Ullmann und *Heike Richter*, Lehrer und Lehrerin an einer Schule mit Förderschwerpunkt geistige Entwicklung, haben dieses Projekt von Anfang an begleitet und die Übungsblätter in einer sehr frühen Entwicklungsphase mit ihren Schülerinnen und Schülern geprüft. Dies ermöglichte es uns, das Arbeitsmaterial immer wieder auch an die Bedürfnisse langsamer Lerner anzupassen. Die fröhlichen und stolzen Gesichter dieser Kinder beim Mathelernen waren für uns eine große Motivation.

Angelika Fuchs, Mitautorin von *Lesen und Rechtschreiben lernen nach dem IntraActPlus-Konzept*, hat uns mit der hohen Kompetenz aus ihrer langjährigen Arbeit unterstützt und die Texte und Aufgabenstellungen immer wieder aus der Sicht der Schule, der Eltern und der Kinder inhaltlich geprüft.

Julian Streit hat eigens für dieses Projekt eine Software geschrieben, mit der die vielen Rechenaufgaben aus der bereits fertigen PDF-Datei ausgelesen und noch einmal abschließend kontrolliert wurden. Danke!

Einführung in das Arbeiten mit diesem Übungsmaterial

Der Lernweg macht den Unterschied

Kinder sollen mathematisch denken lernen. Dieses Ziel hat das hier vorliegende IntraActPlus-Lernmaterial mit den gängigen Ansätzen im Bereich Vorschule, Schule und Therapie gemeinsam. Es sind nicht die Ziele, die den Unterschied zwischen IntraActPlus und anderen Ansätzen machen – es ist der Lernweg.

In praktisch allen gegenwärtig gebräuchlichen Schulbüchern wird der Weg hin zum mathematischen Denken nicht ausreichend kindgemäß vorbereitet. Hierdurch kommt es gleich zu Beginn des Lernweges „Mathematik" für einen großen Teil der Kinder zu folgenschweren Erfahrungen. Sie sind überfordert, weil von ihnen immer wieder ein Denken verlangt wird, zu dem ihnen noch die nötigen Voraussetzungen fehlen – beispielsweise Zählen, Addieren, Subtrahieren, Schreiben von Zahlen usw. Während sie über die Lösung einer schwierigen Aufgabe nachdenken sollen, kämpfen viele Kinder gleichzeitig mit fehlenden Grundfertigkeiten.

Hinzu kommt, dass Aufgaben in gängigen Schulbüchern oft selbst von Erwachsenen nur schwer oder gar nicht verstanden werden. Viele Kinder, die mit ihrem ganzen Herzen den Forderungen der Erwachsenen nachkommen wollen, dies aber nicht schaffen, verzweifeln in dieser Situation. Oft reichen nur wenige Minuten bis Stunden aus, damit ein Kind versucht, sich dauerhaft der Mathematik zu entziehen – oft bis zum Ende der Schulzeit und darüber hinaus.

Das IntraActPlus-Konzept macht die Lernwege in Mathematik angenehm und passend leicht – in jedem Augenblick für jedes Kind. Hierdurch werden Kinder erfolgreich und motiviert, denn **Erfolg ist der stärkste Motivator**. Dies gilt auch für Kinder mit einer mathematischen Hochbegabung. Auch sie lernen mit dem vorliegenden Material schneller.

Vom Kopf auf die Füße – Das IntraActPlus-Konzept dreht die üblichen Lernwege für Mathematik vollständig um

Das IntraActPlus-Konzept dreht die üblichen Lernwege für Mathematik vollständig um. Die gegenwärtig gängigen Schulbücher nutzen Denkaufgaben, um Grundfertigkeiten zu üben – mit der Folge von abrupten und zu hohen Schwierigkeitssprüngen, die viele Kinder immer wieder scheitern lassen.

In dem vorliegenden Übungsmaterial sind die Schwierigkeitssprünge an allen Stellen klein. Hierdurch wird jedes Kind immer sorgfältig auf den nachfolgenden Lernschritt vorbereitet. **Die Kinder werden zum Denken hingeführt und sie werden auf das Denken vorbereitet, indem sie die erforderlichen Grundfertigkeiten zunächst außerhalb von Denkaufgaben lernen dürfen.**

Warum ist es so wichtig, vor den eigentlichen Denkaufgaben erforderliche Grundfähigkeiten wie Zählen, Addieren, Subtrahieren oder Schreiben von Zahlen sicher aufzubauen? Der wichtigste Grund ist die extrem geringe Kapazität des Arbeitsgedächtnisses.

Das Arbeitsgedächtnis ist äußerst begrenzt und begrenzt damit das Denken

In der Grundlagenforschung werden zwei grundsätzlich verschiedene Gedächtnisformen unterschieden – das Arbeitsgedächtnis und das Langzeitgedächtnis. Das Arbeitsgedächtnis ist zuständig für die Organisation von Denkprozessen und für das Erleben von Bewusstheit. Nur Inhalte, die sich im Arbeitsgedächtnis befinden, können bewusst sein.

Bewusstes mathematisches Denken findet immer mithilfe und unter Leitung des Arbeitsgedächtnisses statt. Anders ausgedrückt: Ohne das Arbeitsgedächtnis gibt es kein mathematisches Denken. Das wäre nicht erwähnenswert, wenn dieses Gedächtnissystem nicht eine Besonderheit hätte: Es kann nur eine begrenzte Anzahl von Elementen gleichzeitig speichern bzw. verarbeiten:

- Beim Erwachsenen durchschnittlich etwa sieben Elemente (Miller 1956)
- Bei sechsjährigen Kindern durchschnittlich etwa vier Elemente (Dempster 1981)

Diese Begrenzung ist auch durch Training nicht aufhebbar und nimmt einen entscheidenden Einfluss auf die Fähigkeit zu denken. Werden für einen Denkprozess mehr Elemente benötigt, als das Arbeitsgedächtnis gleichzeitig fassen kann, bricht der Denkprozess zusammen.

Ein solcher Zusammenbruch des Denkens ist der häufigste Grund, warum Kinder die Beschäftigung mit Mathematik aufgeben. Sie machen die Erfahrung, dass sie die entsprechende Aufgabe nicht lösen können. Gleichzeitig entsteht hierdurch ein unangenehmes Gefühl, das sich an den Lerninhalt „Mathematik" koppelt. Je nach Stärke und Häufigkeit solcher unangenehmer Erfahrungen vermeiden es diese Kinder dann zeitlich begrenzt oder dauerhaft, sich mit Mathematik zu beschäftigen. Ein Teufelskreis beginnt: Vermeiden – Misserfolg – Vermeiden.

Jedes Kind verfügt grundsätzlich über die Fähigkeit, einen solchen Teufelskreis zu verhindern. Der Grund hierfür ist einfach: Die Evolution hat Lösungen für das Problem der Begrenzung des Arbeitsgedächtnisses gefunden. Jedem Kind ist also die Möglichkeit gegeben, die Nachteile der geringen Kapazität des Arbeitsgedächtnisses auszuglei-

Streit · Jansen **Mathe lernen nach dem IntraActPlus-Konzept**
© Springer-Verlag GmbH Deutschland, ein Teil von Springer Nature 2020

chen und mathematisches Denken zu erlernen – vorausgesetzt, die Kinder dürfen andere Lernwege verwenden als die gegenwärtig in Schulbüchern gebräuchlichen.

Unsere genetische Ausstattung ermöglicht es, ausnahmslos jeden Teil eines Denkprozesses aus dem Arbeitsgedächtnis auszulagern und in das Langzeitgedächtnis zu verlegen. Hierdurch wird die Anzahl der Elemente im Arbeitsgedächtnis verringert. Nur mithilfe solcher Verlagerungen können Kinder und Erwachsene letztlich erfolgreich mathematisch denken – auch Mathematiker. Wir möchten dies an drei Beispielen verdeutlichen, dem Schreiben der Ziffer »4«, einer üblichen Denkaufgabe und einer Sachaufgabe.

Wenn ein Kind lernt, eine neue Ziffer, wie beispielsweise die »4«, zu schreiben, muss es zunächst viele Informationen im Arbeitsgedächtnis behalten. Anfangs ist bei vielen Kindern das Arbeitsgedächtnis mit einer einzigen Ziffer vollkommen ausgelastet, denn das Kind muss sich unter anderem merken, wo es auf der Seite zu schreiben beginnt, welcher Strich als Erstes gemacht wird, in welchem Winkel dann der nächste Strich angesetzt wird und wie lang dieser werden soll, welcher Strich dann an dritter Stelle folgt, wie die Finger auf den Stift gelegt werden müssen und welcher Druck auf den Stift ausgeübt werden soll.

Viele Kinder müssen sich dabei so anstrengen, dass ihnen ihre Anstrengung buchstäblich ins Gesicht geschrieben steht. Manche von ihnen verspannen den Schulter- und Mundbereich, und ihre Zunge arbeitet beim Schreiben mit.

Jeder, der Kinder in solchen Situationen wirklich wahrnimmt, wünscht sich, dass ein Kind zunächst die Ziffer »4« so sicher lernen darf, dass es sie mühelos schreiben kann, bevor es auf die nächste Schwierigkeit zugeht oder die Ziffer »4« sogar in einer schwierigen Aufgabe erscheint, beispielsweise »3+1=?«. Mit zunehmendem Üben wird der gesamte Denkprozess, der zum Schreiben der »4« erforderlich ist, vom Arbeitsgedächtnis in das Langzeitgedächtnis übertragen. Ist dieser Prozess vollständig abgeschlossen, macht es keine Mühe mehr, die »4« zu schreiben.

Kindern lernen auf Dauer viel lieber, wenn sie jeden einzelnen Schritt so oft üben dürfen, bis er leicht aus dem Langzeitgedächtnis abrufbar ist, bevor es schwieriger wird. Der Grund hierfür ist einfach: Bei einem zu schnellen Voranschreiten von einer Aufgabe zu nächsten kommt es zu häufig zu einer Überlastung des Arbeitsgedächtnisses und damit zu Misserfolgen. Das Arbeitsgedächtnis kann die vielen einzelnen Punkte nicht mehr behalten, seine Kapazitätsgrenze wird zu häufig überschritten. Das macht das Lernen dauerhaft zu anstrengend und senkt die Motivation.

Auch Kinder, die sich beim Lernen leichttun, profitieren davon, wichtige Lernschritte sicher lernen zu dürfen. Sie lernen dadurch insgesamt schneller. Überlernen von wichtigen Lernschritten führt grundsätzlich zu schnellerem Lernen. Aber nicht nur das. Auch die Qualität des Wiedergebens steigt, beispielsweise bei Klassenarbeiten. Dies gilt für alle Lerninhalte.

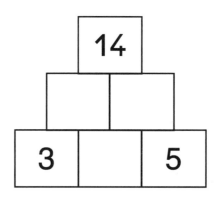

Abb. 1 *Eine solche Denkaufgabe ist für diejenigen Kinder extrem schwierig, die nicht über die erforderlichen Grundfertigkeiten wie das Schreiben von Ziffern und das Abrufen grundlegender Rechenergebnisse aus dem Langzeitgedächtnis verfügen.*

Die in Abb. 1 dargestellte Rechenmauer ist ein beliebter Aufgabentyp, der auch im vorliegenden Lernmaterial vorkommt. Für Kinder, die die grundlegenden Rechenergebnisse mühelos aus dem Langzeitgedächtnis abrufen können, lassen sich mit diesem Aufgabentypus sinnvolle Denkaufgaben erstellen. Für Kinder, denen die erforderlichen Grundfertigkeiten fehlen, können die gleichen Aufgaben zu einer äußerst unangenehmen Herausforderung werden. Dies hat folgenden Grund: Um entsprechende Aufgaben zu lösen, ist es sinnvoll, Proberechnungen vorzunehmen. Werden diese mit Leichtigkeit durchgeführt, macht eine Denkaufgabe Spaß. Wenn Proberechnungen jedoch zum Teil noch mit den Fingern gerechnet werden müssen, stellt sich bald aufgrund der zu vielen Elemente, die im Arbeitsgedächtnis gehalten werden müssen, eine große Unlust und Überforderung ein. Dies hat zur Folge, dass sich Kinder mathematischen Inhalten entziehen wollen, statt sich mit ihnen zu beschäftigen.

Es kommt also immer darauf an, mit welchen Grundfertigkeiten ein Kind Denkaufgaben lösen muss. Denkaufgaben selbst sind grundsätzlich nicht dazu geeignet, Grundfertigkeiten aufzubauen, auch wenn das in gängigen Schulbüchern anders gesehen wird. **Schulbücher, die Kinder nicht ausreichend auf Denkaufgaben vorbereiten und immer wieder zu hohe Schwierigkeitssprünge vornehmen, sind weder kindgemäß noch effektiv, um Kinder zum mathematischen Denken zu führen.**

Betrachten wir als drittes Beispiel die folgende Sachaufgabe:

Herr Mayer möchte einen Tisch für 247 € und einen Sessel für 119 € kaufen. Er hat einen Einkaufsgutschein über 30 € und 325 € Bargeld. Reicht sein Geld?

Mit den Informationen, die in dieser Sachaufgabe gegeben werden, ist das Arbeitsgedächtnis der meisten Kinder vollkommen ausgelastet. Kommen durch das Rechnen selbst zusätzliche Anforderungen hinzu, kann dies schnell zur Überforderung führen. Solche zusätzlichen Anforderungen können beispielsweise sein:

– Das Kind muss überlegen, wie es mehrstellige Zahlen schriftlich addiert.
– Das Kind braucht für das schriftliche Addieren eine hohe Aufmerksamkeit, um keinen Fehler zu machen, beispielsweise keinen Übertrag zu vergessen.
– Das Kind muss überlegen, wie es mehrstellige Zahlen schriftlich subtrahiert.
– Das Kind braucht für das schriftliche Subtrahieren eine hohe Aufmerksamkeit, um keinen Fehler zu machen.

Noch weitere zusätzliche Anforderungen kommen auf diejenigen Kinder zu, die bereits mühsam nachdenken müssen, wenn sie einstellige Zahlen addieren oder subtrahieren müssen. Wenn sie angestrengt überlegen, wie viel beispielsweise »7 + 9« ist, ist ihr Arbeitsgedächtnis in hohem Maße beansprucht. Aus dieser Sicht ist es mehr als verständlich, dass Kinder ohne sicher überlernte Grundfertigkeiten und sicher abrufbare Rechenergebnisse an entsprechenden Sachaufgaben verzweifeln.

In der Praxis zeigt sich, dass die Lernwege der gängigen Mathematikbücher dann am wenigsten Schaden anrichten, wenn Eltern ihre Kinder im mathematischen Bereich unterstützen. Diese Eltern üben mathematische Grundfertigkeiten bereits vor Schulbeginn. Die Kinder kommen damit gut vorbereitet in die Schule. Zum anderen üben viele Eltern mit ihren Kindern – parallel zur Schule – mathematisches Denken. Deshalb decken auch die PISA-Studien immer wieder auf, dass der Schulerfolg in Deutschland im Wesentlichen von der Herkunftsfamilie abhängig ist.

Die gängigen Mathematikschulbücher behindern nicht nur das Denken, sondern auch das Speichern der Lerninhalte

Naturwissenschaftlich Denkende stimmen der folgenden Aussage unmittelbar zu: „Was ich nicht gespeichert habe, habe ich nicht gelernt." Andere brauchen vielleicht etwas mehr Zeit, bis auch sie die Aussage bestätigen. Wer sich die Aussage bewusst macht, erkennt ihre Radikalität: **Das Speichern von Rechenwegen und Rechenergebnissen muss ein zentraler Wert oder ein zentrales Ziel im Zusammenhang mit mathematischen Inhalten sein.** Diese Sichtweise wird durch die bisherigen Ausführungen zu mathematischem Denken noch weiter unterstrichen. Es wurde aufgezeigt, dass mathematisches Denken unauflösbar mit der Verlagerung von Denkprozessen in das Langzeitgedächtnis zusammenhängt. Rechenwege und Rechenergebnisse müssen dauerhaft gespeichert werden.

In diesem Zusammenhang ist Folgendes wichtig: **Die Fähigkeit zu speichern kann trainiert werden.** Sie verhält sich wie ein Muskel. Je mehr man sie übt, desto stärker und verlässlicher wird sie. Das vorliegende IntraActPlus-Material unterstützt daher die Speicherfähigkeit in einer ungewohnten Weise. Das gesamte Material ist so konstruiert, dass sehr viel mehr wiederholt wird als in allen gegenwärtig gängigen Schulbüchern. Wie dieses Wiederholen aussehen kann, zeigen u. a. die Videoaufzeichnungen unter www.intraactplus.de/mathe/.

Wie grundlegend wichtig das Speichern ist, zeigt auch die folgende Studie: Price, Mazzocco und Ansari (2013) gingen der Fragestellung nach, worin sich erfolgreiche und weniger erfolgreiche Schüler im Bereich der Mathematik unterscheiden. Sie stellten fest, dass erfolgreiche Schüler Rechenergebnisse speichern. Weniger erfolgreiche Schüler tun dies nicht oder in weitaus geringerem Maße.

Erfolgreiche Schüler arbeiten nicht nur Rechenaufgaben durch und schreiben das Ergebnis auf. Sie speichern das Ergebnis auch. Hierdurch brauchen sie das Ergebnis in Zukunft nicht immer wieder neu zu berechnen, sondern können es sofort nennen. **Erfolgreiche Kinder speichern, weniger erfolgreiche rechnen immer wieder neu.** Das IntraActPlus-Konzept unterstützt Kinder in ungewöhnlicher Weise darin, speichern zu wollen und speichern zu können.

Eine Studie von Grabner et al. (2009) zeigt nochmals die Vorteile auf, Ergebnisse von Aufgaben direkt zu speichern, anstatt die Ergebnisse jedes Mal wieder neu zu errechnen (Abb. 2).

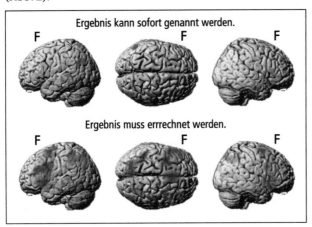

Abb. 2 *Unterschiede der Hirnaktivität bei unterschiedlichen Lösungswegen von Rechenaufgaben. F: Frontalkortex. (Aus: Grabner et al. 2009).*

Wenn die Versuchsteilnehmer in der Lage sind, das Ergebnis einer Rechenaufgabe einfach aus dem Gedächtnis abzurufen, zeigt sich in ihrem Gehirn nur eine geringe Aktivierung (obere Reihe, der aktive Bereich des Gehirns ist rot dargestellt). Dies ist ein Zeichen dafür, dass die Leistung ohne viel Mühe und Anstrengung erbracht wird. Wie aus Abb. 2 ersichtlich wird, kann in diesem Fall auch keine Aktivierung des Frontalkortex beobachtet werden. Dies bedeutet, dass das Arbeitsgedächtnis nicht belastet wird. Es ist frei für höhere Denkprozesse.

Vollkommen anders sieht es aus, wenn die Versuchspersonen das Ergebnis neu mithilfe einzelner Rechenoperationen erarbeiten. In diesem Fall sind große Bereiche des Gehirns aktiv (untere Reihe, blau dargestellt). Besonders problematisch ist die hohe Aktivität im Frontalkortex. Dies zeigt, dass das Arbeitsgedächtnis belastet wird und entsprechend weniger für andere Denkprozesse zu Verfügung steht, beispielsweise um die wesentlichen Informationen einer Sachaufgabe festzuhalten und sinnvoll miteinander zu verknüpfen.

Der richtige Lernweg – was steht noch auf dem Spiel?

Eigensteuerung und Persönlichkeitsentwicklung

In unserer jahrzehntelangen therapeutischen Arbeit konnten wir immer wieder feststellen, wie tief die negativen Erfahrungen von Kindern mit Misserfolgen in Mathematik reichen. Es bleibt meist nicht nur bei dem unguten Gefühl gegenüber der Mathematik und den beständigen Versuchen, diesem Schulfach auszuweichen. Es geht in der Regel tiefer. Eine negativere Selbsteinschätzung und

mangelnde Selbstsicherheit sind eher die Regel als die Ausnahme. Zudem können Schwierigkeiten im späteren Berufsleben auftreten. So ist beispielsweise das Fach „Statistik" einer der wichtigsten Gründe, warum Studierende der Psychologie und Betriebswirtschaft ihr Studium abbrechen. Auch Facharbeiterinnen und Facharbeiter müssen sich in ihrer Ausbildung wieder mit Mathematik beschäftigen. Ob sie ihr mit Spaß begegnen oder nicht, entscheidet dann abermals über Wohlfühlen und Erfolg und damit ein gutes Stück Lebensqualität.

Ein guter Start in die Welt der Mathematik ist jedoch nicht nur für das einzelne Kind wichtig, sondern auch für eine zukünftige, wissensbasierte Gesellschaft. Nur wenn bei genügend vielen Bürgerinnen und Bürgern eine ausreichende mathematische Kompetenz vorhanden ist, kann eine Gesellschaft im Rahmen der Globalisierung erfolgreich handeln.

Selbstbestimmte und informierte Bürger

Zeitungen, Bücher und Beiträge in den Medien können oft nur diejenigen richtig verstehen, die die Grundlagen der Entscheidungstheorie, Wahrscheinlichkeitsrechnung und mathematischer Verteilungsmodelle sicher beherrschen. Wer Studien der Grundlagenforschung selber lesen und sich hier autonom und selbstbestimmt informieren möchte, muss die zugrunde liegende Statistik beherrschen, andernfalls ist er im wahrsten Sinne des Wortes abhängig. Zur freien und selbstbestimmten Meinungsbildung gehört der unbegrenzte Zugriff auf Information. Um diese Informationen wirklich nutzen zu können, benötigt man im Einzelfall ein gehöriges Maß an mathematischem Verständnis.

Erfolgreiche Bewältigung des Alltags

Auch zur Bewältigung des normalen Alltags ist mathematisches Verständnis elementar. Beispielsweise würden sich viele Menschen nicht so hoch verschulden, wenn sie den exponentiellen Charakter von Zins und Zinseszins wirklich verstünden. Manch ein Journalist würde seine Kritik gegenüber Fußballtrainern anders formulieren, beherrschte er die Wahrscheinlichkeitsrechnung. Weniger Start-up-Unternehmen und Selbstständige gerieten in finanzielle Notlagen, läge eine ausreichende mathematische Kompetenz vor, durch die sie Geschäftseinnahmen und daraus resultierende Gewinne voneinander unterscheiden könnten. Buchhalterinnen und Buchhaltern würden grobe Fehler sehr viel schneller auffallen, könnten sie bauchmäßig sicher und schnell Rechnungsbeträge überschlagen. Beim falschen Setzen eines Dezimalkommas hilft auch der beste Computer oder Taschenrechner nicht. Auch Spielcasinos und Spielhallen dürften sicherlich weniger Zulauf haben, wenn mehr Erwachsene die oft verschwindend geringe Wahrscheinlichkeit eines Gewinns wirklich verstanden hätten.

Das vorliegende Lernmaterial zur Mathematik ist nur ein Teil des Ganzen

Wer Erfolg hat, denkt positiver. Wer wenig oder keinen Erfolg hat, denkt negativer. Aus diesem Grund beeinflusst ein Lernmaterial nicht nur die Gefühle, sondern auch die Eigensteuerung und damit die Persönlichkeitsentwicklung. Das vorliegende Lernmaterial für Mathematik ist jedoch nur einer der Bausteine zur Förderung von Eigensteuerung und Persönlichkeit. Wir haben im Rahmen des IntraActPlus-Konzepts aus dem riesigen Wissensschatz der Grundlagenforschung Trainingswege entwickelt, wie Bezugspersonen durch ihr eigenes Verhalten auf die Entwicklung von Eigensteuerung und Persönlichkeitsentwicklung von Kindern Einfluss nehmen können. Eltern, Lehrerinnen und Lehrer, Therapeutinnen und Therapeuten, die sich hierzu Wissen und Handlungskompetenz aneignen wollen, können dies über folgende Quellen tun:

- Die DVD zum schnellen Einstieg: *In jedem Fach eine Note besser* (Jansen und Streit 2015)
- Das Fachbuch: *Positiv lernen* (Jansen und Streit 2006)
- Das leichter zu lesende Buch: *Erfolgreich erziehen* (Jansen und Streit 2010)

Lesen können hilft auch in der Mathematik

Die vorliegenden Mathematikmaterialien enthalten immer wieder schriftliche Hilfen und Erklärungen. Jedes Kind tut sich deshalb mit den vorliegenden Materialien leichter, wenn es lesen kann. Wer möchte, dass sein Kind ungewohnt schnell lesen lernt, kann auf den Lehrgang *Lesen und Rechtschreiben lernen nach dem IntraActPlus-Konzept* (Jansen, Streit und Fuchs 2012) zurückgreifen. Kinder mit normaler Intelligenz können in 10–14 Wochen(!) lesen lernen. Der Grund hierfür ist einfach: Auch dieses Lernmaterial wurde auf Basis gesicherter Erkenntnisse der Grundlagenforschung entwickelt und durch eingehende Testung im schulischen und therapeutischen Alltag an schwächere, normal- und hochbegabte Kinder angepasst.

Was noch wichtig ist

Vermeiden Sie zu viele Fehler beim Lernen

In unzähligen wissenschaftlichen Studien wurde gezeigt, dass Fehler bzw. Fehlverhalten gespeichert werden und dies den Lernprozess verlangsamt. Zunächst das Wichtigste: Fehler sollen nicht emotional bewertet werden. Kinder sollen also Fehler machen können, ohne sich dabei schlecht zu fühlen, weil Fehler eben beim Lernen geschehen. **Das vorliegende Lernmaterial wurde jedoch so gestaltet, dass kaum Fehler gemacht werden. Dadurch können Kinder nicht nur schneller lernen. Das Lernen selber fühlt sich auch besser an – für alle.**

Üben Sie Grundlegendes bis zur Automatisierung

Wie gezeigt, muss es das Ziel sein, Rechenergebnisse und Lösungswege im Langzeitgedächtnis zu speichern. Es gibt nun unterschiedliche Qualitäten einer solchen Speicherung:

Zu Beginn eines Lernprozesses erfordert der Abruf aus dem Langzeitgedächtnis immer noch eine gewisse Kapazität. Mehrere Elemente des Arbeitsgedächtnisses werden benötigt, um die Inhalte im Langzeitgedächtnis aufzufinden und in das Arbeitsgedächtnis zu holen. Damit steht dem eigentlichen Denkprozess nicht mehr das ganze Arbeitsgedächtnis zur Verfügung. Bewusstes Denken wird hierdurch beschränkt.

Wird ein Lerninhalt weiter sehr viel wiederholt, und werden dabei nur wenige Fehler gemacht, kommt es zu einer qualitativen Veränderung. Jetzt laufen ganze Teile des Denkens im Langzeitgedächtnis selbst ab. Der Fachbegriff hierfür ist Automatisierung. Dies ist die höchste Qualitätsstufe. Nun wird für die nötigen Verarbeitungsschritte überhaupt keine Kapazität des Arbeitsgedächtnisses mehr benötigt. Es steht damit in vollem Umfang für höheres Denken zur Verfügung.

Die Automatisierung eines Denkprozesses bedeutet gleichzeitig einen massiven Umbau des Gehirns. Dieser Umbau ist nicht genetisch bedingt, sondern er entsteht über den richtigen Lernweg. **Weil automatisierte Denkprozesse das Arbeitsgedächtnis überhaupt nicht belasten, ist Automatisierung die wichtigste Voraussetzung für den Erfolg im Fach Mathematik.**

Ein Beispiel für die Automatisierung: Zahlen schreiben

Das Schreiben von ein- und mehrstelligen Zahlen ist ein typisches Beispiel für eine Fertigkeit, die automatisiert werden sollte. Automatisierung tritt nur dann ein, wenn die beiden folgenden Bedingungen gleichzeitig eingehalten werden (Schneider und Shiffrin 1977, Shiffrin und Schneider 1977):

1. Es wird sehr viel wiederholt.
2. Ein Reiz wird immer mit dem gleichen Verhalten beantwortet, bzw. es wird möglichst fehlerfrei gelernt.

Die zweite Bedingung wird immer dann verletzt, wenn das Kind eine Ziffer unterschiedlich schreibt, beispielsweise die »1« einmal von oben nach unten und einmal von unten nach oben. Je häufiger gegen die zweite Bedingung verstoßen wird, desto länger dauert es bis zur Automatisierung. Ab einem bestimmten Punkt, also bei zu häufigem unterschiedlichem Schreiben, ist eine Automatisierung nicht mehr möglich. Das hat fatale Auswirkungen: Die betroffenen Kinder müssen immer wieder bewusst überlegen, wie man die Ziffern schreibt. Dies fordert Kapazitäten des

Arbeitsgedächtnisses, die dann nicht mehr für die eigentlichen mathematischen Inhalte zur Verfügung stehen.

Achten Sie daher beim Üben mit dem vorliegenden Material darauf, dass die Ziffern immer in der Richtung geschrieben werden, die die Pfeile vorgeben. Das ist der schnellste Weg zur Automatisierung. Damit alle Kinder ausreichend viel wiederholen können, um den Schreibablauf zu automatisieren, können die Übungsblätter zum Zahlenschreiben auch im Internet unter www.intraactplus.de/mathe/ heruntergeladen und wiederholt bearbeitet werden.

Eine besondere Herausforderung ist für viele Kinder das **Schreiben mehrstelliger Zahlen**. Hier gibt es im Deutschen eine besondere Schwierigkeit. Wir sprechen die Ziffern nicht in der Reihenfolge, die ihrem Stellenwert, d. h. ihrer Position entspricht. Wenn wir beispielsweise „Dreihunderteinundzwanzig" sprechen, nennen wir erst die Hunderter, dann die Einer und zuletzt die Zehner.

Wenn Kinder beginnen, zweistellige Zahlen zu schreiben, so schreiben sie meist zunächst die Einer, weil sie diese zuerst hören und erst dann die Zehner, z. B. bei der Zahl » 21 « zuerst die » 1 « und dann die » 2 « links daneben. Dieser Weg, von rechts nach links zu schreiben, ist zunächst der einfachere Weg.

Beim späteren Schreiben von größeren Zahlen ist dieser Weg weniger günstig, da ständig die Schreibrichtung gewechselt wird. Er funktioniert erst recht nicht mehr, wenn Zahlen in Tastaturen eingegeben werden.

Unter dem Gesichtspunkt der Automatisierung empfehlen wir daher, bei mehrstelligen Zahlen von Anfang an die Schreibrichtung von links nach rechts zu üben. Dies kostet am Anfang mehr Zeit, ist aber langfristig effektiver, damit die Kinder später nicht immer wieder nachdenken müssen, ob sie eine mehrstellige Zahl von links nach rechts oder von rechts nach links schreiben.

Üben Sie kein Simultanerfassen, sondern genaues Zählen

Nehmen wir an, vor Ihnen stünde ein Teller mit 5 Trauben. Sicher können Sie die Anzahl » 5 « sehr schnell nennen. Weil dies bei kleineren Mengen so einfach ist, haben Erwachsene oft das Gefühl, die einzelnen Elemente simultan, d. h. gleichzeitig wahrzunehmen. Sie meinen, „auf einen Blick" zu sehen, wie viele Trauben es sind, statt zu zählen. Tatsächlich zählen jedoch auch Erwachsene bei ungeordneten Mengen aus mehr als 3 Elementen (vgl. Abb. 3). Bei ihnen ist jedoch das Abzählen so automatisiert, dass es ohne Aufmerksamkeitszuwendung blitzschnell und mühelos geschieht. Dadurch entsteht das subjektive Gefühl des „Simultanerfassens".

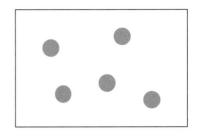

Abb. 3 *Menge aus ungeordneten Elementen. Um hier die Anzahl zu erfassen, müssen auch Erwachsene zählen.*

Dass dies so ist, zeigt Abb. 4. Sie stammt von Dehaene, einem führenden Neurowissenschaftler, der sich umfassend mit dem Gebiet des mathematischen Denkens beschäftigt. Die von Dehaene grafisch dargestellten Ergebnisse aus der Studie von Mandler und Shebo (1982) wurden durch sehr viele andere Studien bestätigt und gelten daher als gesichertes Wissen.

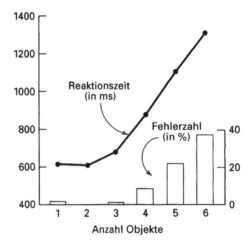

Abb. 4 *Reaktionszeit und Fehlerzahl beim Erfassen von Mengen. Die Versuchsteilnehmer sahen auf einem Bildschirm unterschiedliche Mengen zufällig angeordneter Elemente und sollten so schnell wie möglich deren Anzahl benennen. (Aus: Dehaene 1999; nach Mandler und Shebo 1982).*

In Abb. 4 lässt sich erkennen:
- Bis zu einer Anzahl von drei Elementen nimmt die Reaktionszeit nur wenig zu. Dies bedeutet, dass wir bis zu drei Elemente nahezu gleichzeitig (simultan) erfassen können. Erstaunlicherweise gilt dies sogar für Säuglinge und manche Tiere (vgl. Dehaene 1999).
- Ab vier Elementen erhöht sich die Reaktionszeit für jedes hinzukommende Element um 200–300 Millisekunden (ms). Ein solcher Verlauf der Reaktionszeiten bedeutet immer, dass Elemente nicht simultan, sondern nacheinander verarbeitet werden. Erwachsene zählen also auch. Dies passiert jedoch automatisch, sodass sie es meist nicht bewusst wahrnehmen.

- Die Simultanerfassung von Mengen ist selbst bei Erwachsenen sehr ungenau. Wie man in Abb. 4 sieht, beträgt die Fehlerquote bei fünf Elementen etwa 20 % und bei sechs Elementen fast 40 %!

Obwohl also auch Erwachsene ungeordnete Mengen ab vier Elementen nicht simultan erfassen, wird dennoch oft mit Kindern „Simultanerfassen" geübt. Man zeigt ihnen beispielsweise eine Gruppe von Punkten wie in Abb. 3, und sie sollen die Anzahl schnell und ohne zu zählen benennen. Dies ist aus folgenden Gründen ungünstig:

- Den Kindern wird ein Weg vermittelt, der sehr fehleranfällig ist. Das ist eine schlechte Voraussetzung für genaues Rechnen!
- Die Kinder werden davon abgehalten, Mengen genau abzuzählen und dabei jedes Element der Menge bewusst wahrzunehmen. Dieses genaue und anfangs oft ganz langsame Abzählen ist extrem wichtig. Nur so kann das Zählen automatisieren und sicher und mühelos werden.

Halten Sie ein Kind von Anfang an dazu an, immer genau zu zählen und das Zählen wichtig zu nehmen. Auf diese Weise hat es das Zählen bald automatisiert und kann dann Mengen schnell, mühelos und sicher erfassen. Dies ist eine grundlegende Voraussetzung für das Mathelernen. Alle Kinder, die noch nicht sicher und mühelos zählen können, sollten daher mit Kap. 1.1 beginnen. Wer schon sicher und mühelos zählen kann, beginnt mit Kap. 1.2.

Gängige Schulbücher behindern den Aufbau einer inneren Vorstellung des Zahlenraums

Eine sichere und schnell abrufbare innere Vorstellung des Zahlenraums (zunächst bis 10, dann 20, 100 usw.) ist eine grundlegende Voraussetzung für das Rechnen. Je sicherer Kinder Zahlen im Zahlenraum finden, desto besser können sie sowohl Rechenergebnisse abrufen als auch komplexere mathematische Probleme lösen (Zhu et al. 2017). Im späteren Leben können Menschen mit einer sicheren inneren Vorstellung des Zahlenraums beispielsweise die Risiken finanzieller Entscheidungen besser abschätzen (Park und Cho 2018). Es lohnt sich also, in diesen Bereich ausreichend Zeit zu investieren.

Warum fällt es so vielen Kindern schwer, eine sichere innere Vorstellung des Zahlenraums aufzubauen? Ein ganz wichtiger Grund sind ständig wechselnde Darstellungen in den gängigen Schulbüchern, beispielsweise:

- Fähnchen an einer Wäscheleine
- Balken für die Zehner, Würfelchen für die Einer
- Eier in Zehnerkartons
- Die 100 als fortlaufender Zahlenstrahl.
- Das Hunderterfeld in 10er-Reihen untereinander

Diese unterschiedlichen Darstellungen machen es vielen Kindern unnötig schwer, ein inneres Modell des Zahlenraums zu entwickeln. Da sie noch kein abstraktes inneres Modell des Zahlenraums haben, ist für sie die Wäscheleine etwas ganz anderes als die als Balken und Klötzchen dargestellten Zahlen.

Der schnellste Weg, ein inneres Modell des Zahlenraums aufzubauen, besteht darin, **immer die gleiche bildliche Darstellung zu verwenden und mit dieser möglichst häufig zu üben.** Diesem Weg folgt das vorliegende Material.

Literatur

- Dehaene S (1999) Der Zahlensinn oder Warum wir rechnen können. Basel: Birkhäuser
- Dempster FN (1981) Memory span: Sources of individual and developmental differences. Psychol Bull 89(1), 63–100
- Grabner RH, Ansari D, Koschutnig K, Reishofer G, Ebner F, Neuper C (2009) To retrieve or to calculate? Left angular gyrus mediates the retrieval of arithmetic facts during problem solving. Neuropsychologia 47(2), 604–608
- Jansen F, Streit U (2006) Positiv Lernen. 2. Aufl. Berlin Heidelberg: Springer
- Jansen F, Streit U (2010) Erfolgreich erziehen: Kindergarten- und Schulkinder. 6. Aufl. Frankfurt a. M.: Krüger/Fischer
- Jansen F, Streit U (2015) In jedem Fach eine Note besser. Die besten Lerntechniken für den Schulerfolg. [DVD]. München: Riva-Verlag
- Jansen F, Streit U, Fuchs A (2012) Lesen und Rechtschreiben lernen nach dem IntraActPlus-Konzept. 2. Aufl. Berlin Heidelberg: Springer
- Mandler G, Shebo BJ (1982) Subitizing: an analysis of its component processes. J Exp Psychol Gen 111(1), 1–22

- Miller GA (1956) The magical number seven, plus or minus two: some limits on our capacity for processing information. Psychol Rev 101(2), 343–352
- Park I, Cho S (2018) The influence of number line estimation precision and numeracy on risky financial decision making. Int J Psychol. doi: 10.1002/ijop.12475
- Price GR, Mazzocco MM, Ansari D (2013) Why mental arithmetic counts: brain activation during single digit arithmetic predicts high school math scores. J Neurosci 33(1), 156–163
- Schneider W, Shiffrin RM (1977) Controlled and automatic human information processing: I. Detection, search, and attention. Psychol Rev 84, 1–66
- Shiffrin RM, Schneider W (1977) Controlled and automatic human information processing: II. Perceptual learning, automatic attending, and a general theory. Psychol Rev 84, 127–190
- Zhu M, Cai D, Leung AWS (2017) Number line estimation predicts mathematical skills: Difference in grades 2 and 4. Front Psychol 8, 1576. doi: 10.3389/fpsyg.2017.01576

Hilfen zur Leistungsdifferenzierung

Zu Beginn jedes einzelnen Lernabschnitts finden Sie Hilfestellungen zum Üben, insbesondere auch zur Leistungsdifferenzierung. Darüber hinaus können Sie sich an den farbigen Balken oberhalb der Aufgaben orientieren.

Übungsblätter mit grünem Balken

Die Lerninhalte dieser Übungsblätter sind grundlegende Voraussetzung für das Verstehen und Lernen höherer Lerninhalte im Bereich der Mathematik und dürfen nicht weggelassen werden.

Übungsblätter mit blauem Balken

Die Inhalte der Übungsblätter mit grünem und mit blauem Balken umfassen zusammen die wesentlichen Inhalte der Lehrpläne für die Grundschule 1. Klasse. Die Übungsblätter mit blauem Balken sind jedoch nicht grundlegend für ein weiteres Vorankommen. Dies bedeutet beispielsweise, dass Kinder mit einer Lern- oder geistigen Behinderung diese Aufgaben weglassen können. Sie dürfen sie aber auch bearbeiten, wenn folgende Punkte berücksichtigt werden:

1. Die Inhalte der vorausgegangenen Übungsblätter mit grünem Balken sind so sicher gelernt, dass sie mühelos beherrscht werden.
2. Das Kind ist durch das jeweilige Übungsblatt nicht überfordert.

Auch andere Schüler (beispielsweise Kinder mit Schwierigkeiten im Bereich der Aufmerksamkeit) benötigen oft mehr Wiederholungen, um zunächst einmal die grundlegenden Inhalte (grüne Balken) bis zur Stufe des mühelosen Abrufens zu lernen. Für diese Kinder kann es ungünstig sein, wenn zu früh weitere Lerninhalte hinzukommen. Für sie gilt es, individuell zu entscheiden, ob und zu welchem Zeitpunkt die Inhalte der Übungsblätter mit blauem Balken gelernt werden.

Übungsblätter mit orangem Balken

Individualisierter Unterricht bedeutet, besonders auch die leistungsstarken Schüler gut zu fördern. Schüler, die die grundlegenden Lerninhalte schnell verstehen und speichern, benötigen zusätzliches Übungsmaterial. Sie können an den unterschiedlichen Aufgaben, die mit orangem Balken gekennzeichnet sind, flexibles mathematisches Denken üben.

1

Zahlenraum bis 10

1.1 Zählen

Lernziel

Sicheres Abzählen von geordneten und ungeordneten Mengen.

Material

Lernkärtchen auf den folgenden Seiten in zunehmender Schwierigkeit:

1. Geordnete Punkte zählen.
2. Geordnete Gegenstände zählen.
3. Ungeordnete Punkte zählen.
4. Ungeordnete Gegenstände zählen.

So geht es

Die Kärtchen des ersten Bogens (geordnete Punkte) werden an den gestrichelten Linien auseinandergeschnitten.

Das erste Lernkärtchen mit dem einzelnen blauen Punkt liegt auf dem Tisch. Legen Sie den Zeigefinger unter den Punkt und sprechen Sie dazu „eins". Bitten Sie das Kind, es Ihnen nachzumachen, also den Zeigefinger unter den Punkt zu legen und das Zahlwort zu sprechen.

In entsprechender Weise wird anhand des nächsten Lernkärtchens mit zwei blauen Punkten das Zählen geübt. Auch dabei wird wieder der Zeigefinger zu Hilfe genommen. Dann wird zwischen dem Zählen von ein und zwei blauen Punkten abgewechselt.

In entsprechender Weise wird immer dann ein weiteres Lernkärtchen mit in das Üben einbezogen, wenn das Zählen der bisher geübten Mengen mühelos und fehlerfrei gelingt.

Wenn das Kind das Zählen mit diesen Kärtchen sicher beherrscht, wird in entsprechender Weise mit den Kärtchen des zweiten Bogens geübt usw.

Siehe Video unter: www.intraactplus.de/mathe/

Achtung

Zu 1. *Geordnete Punkte zählen:* Legen Sie die Kärtchen mit mehr als fünf Punkten immer so vor das Kind, dass sich die Gruppe mit fünf Punkten vom Kind aus gesehen links befindet.

Leistungsdifferenzierung

Mühelos und fehlerfrei zählen zu können, ist eine Grundvoraussetzung, um Rechnen zu lernen. Prüfen Sie anhand des Materials, ob das Kind auch die ungeordnet dargestellten Mengen sicher abzählen kann. Wenn nicht, wird zunächst das Zählen geübt.

Wer mühelos und sicher zählen kann, benötigt diese Übung nicht und beginnt gleich mit Kap. 1.2.

1.1 Zählen

1.2 Zählen

1.3 Zahlenraum

1.4 Plus verstehen

1.5 Plusaufgaben

1.6 Minus verstehen

1.7 Minusaufgaben

1.8 +/- gemischt

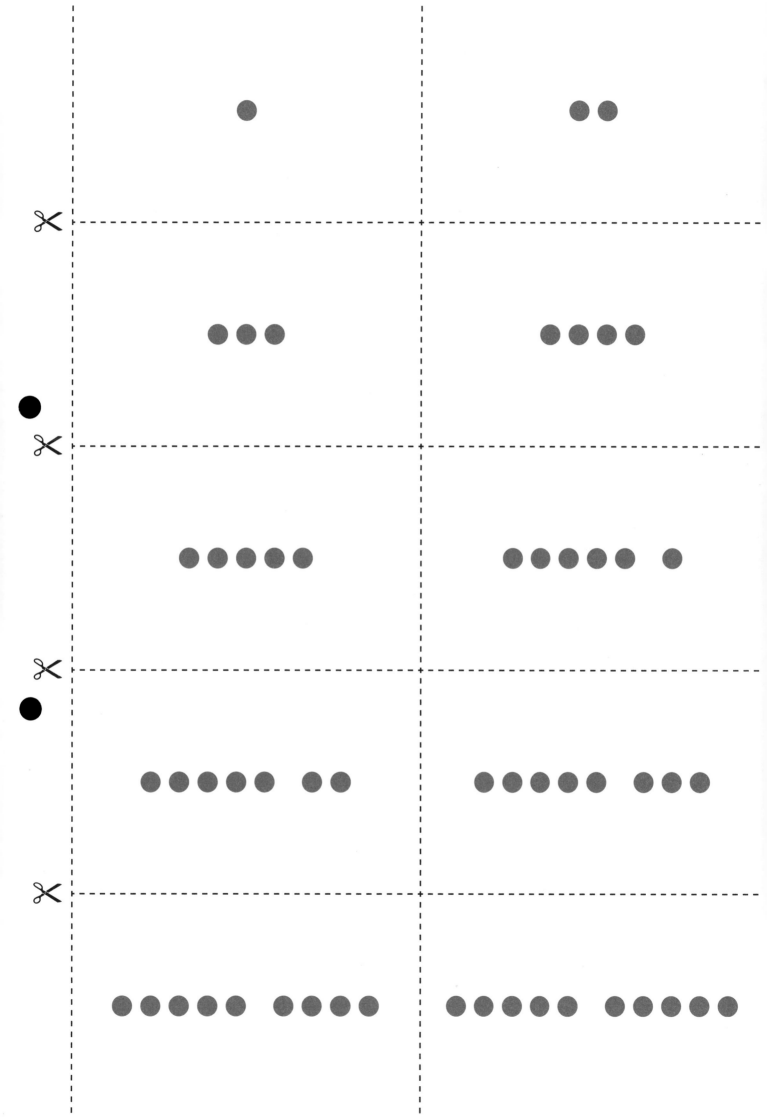

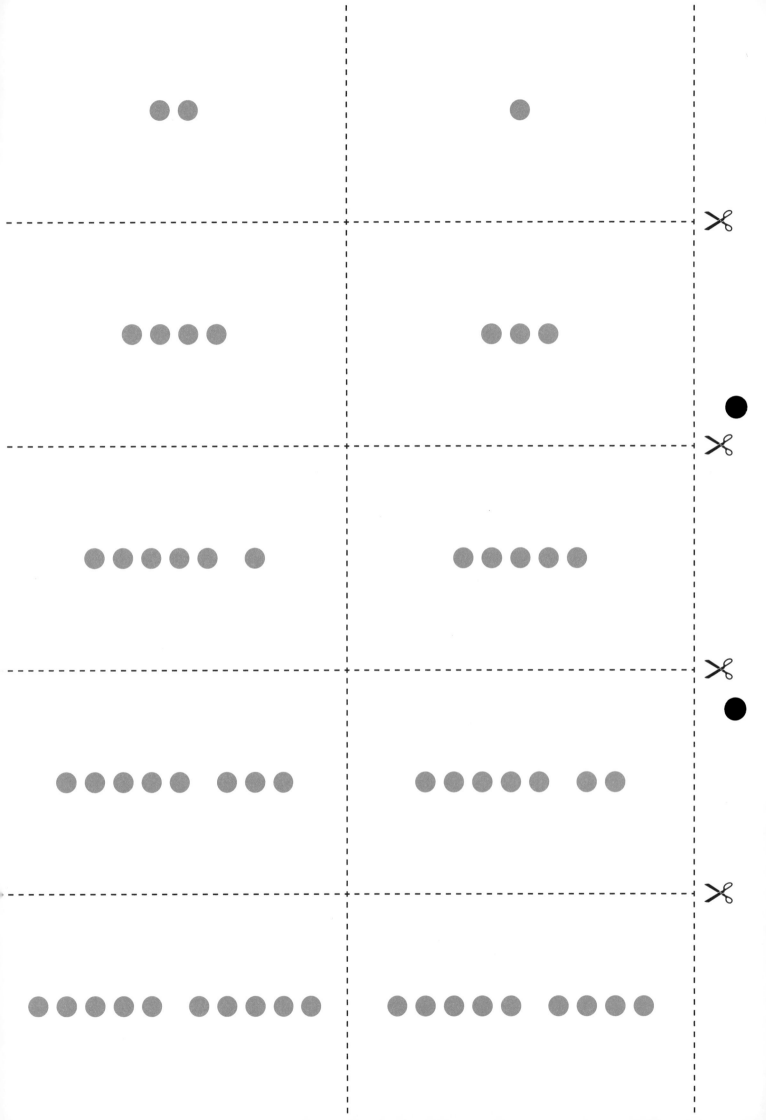

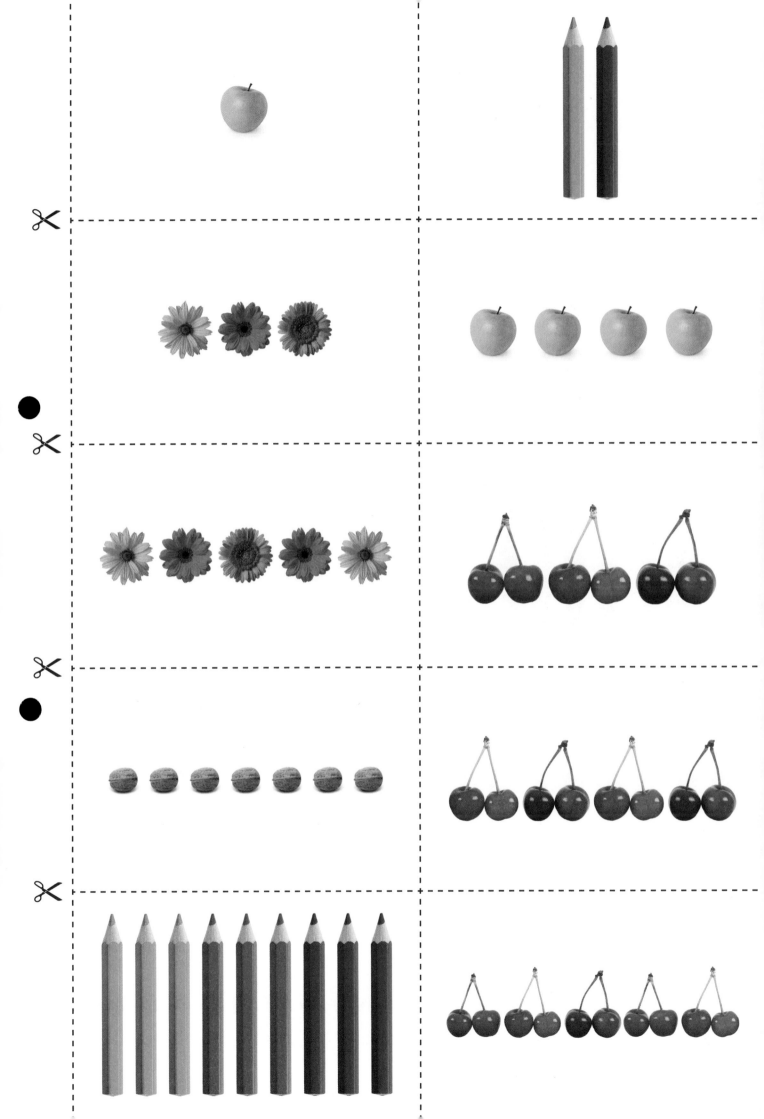

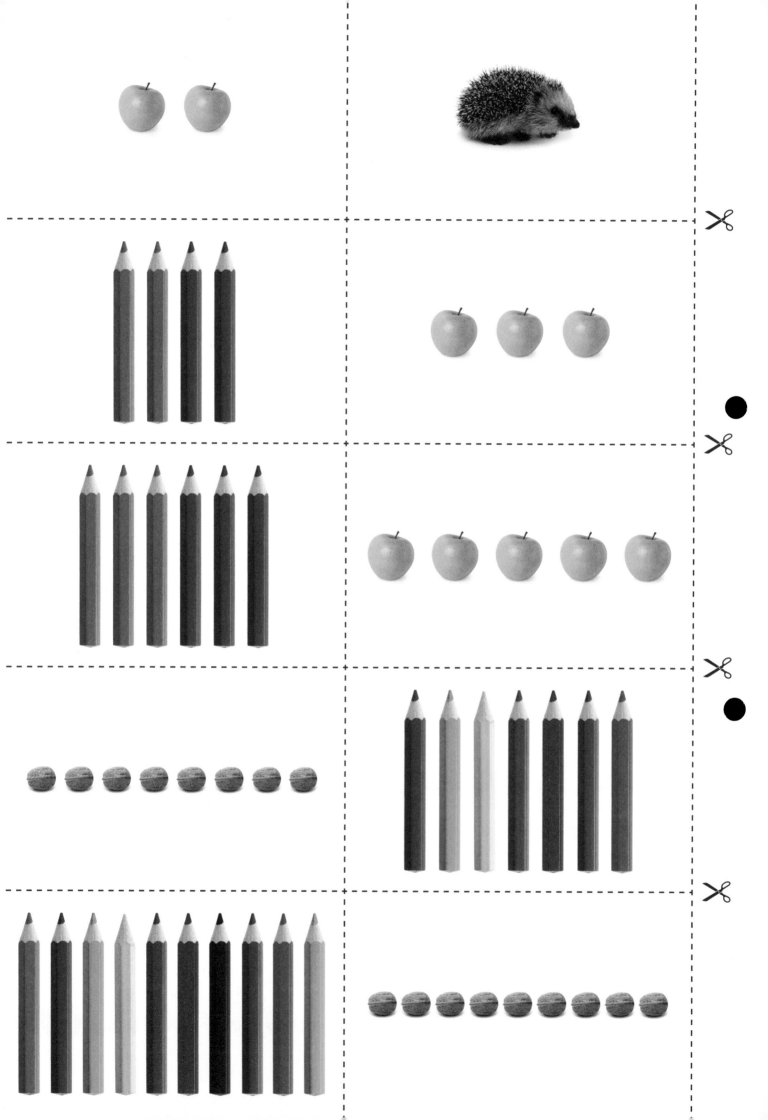

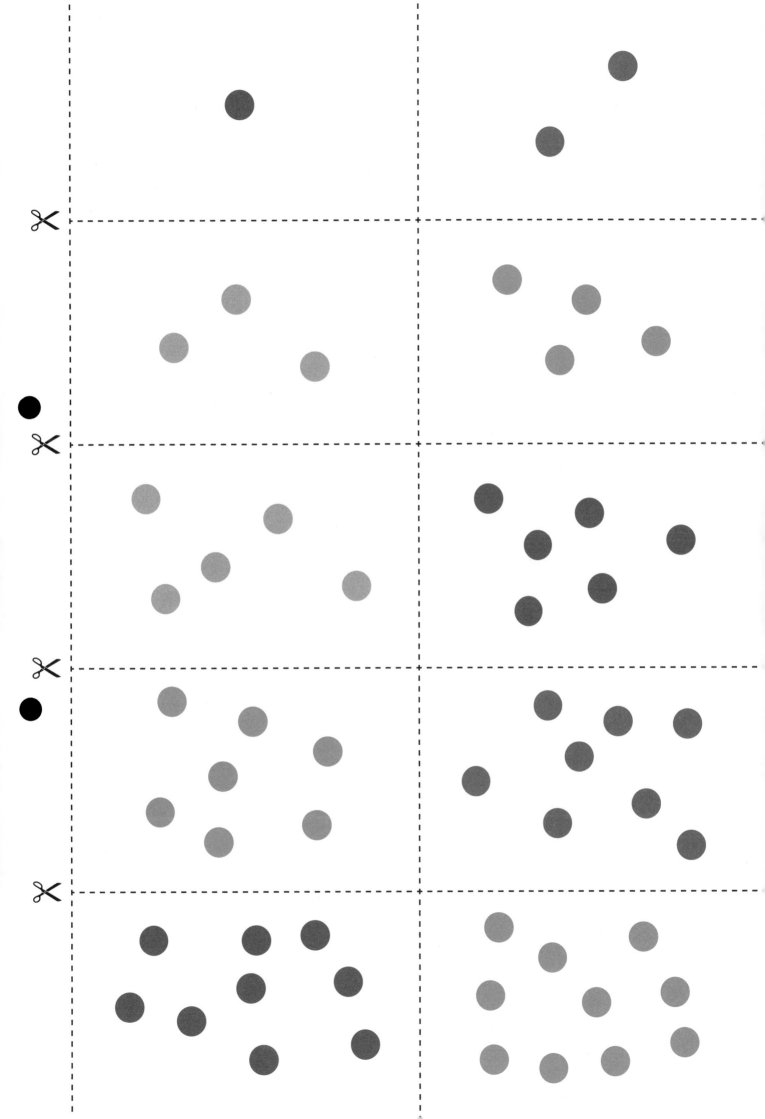

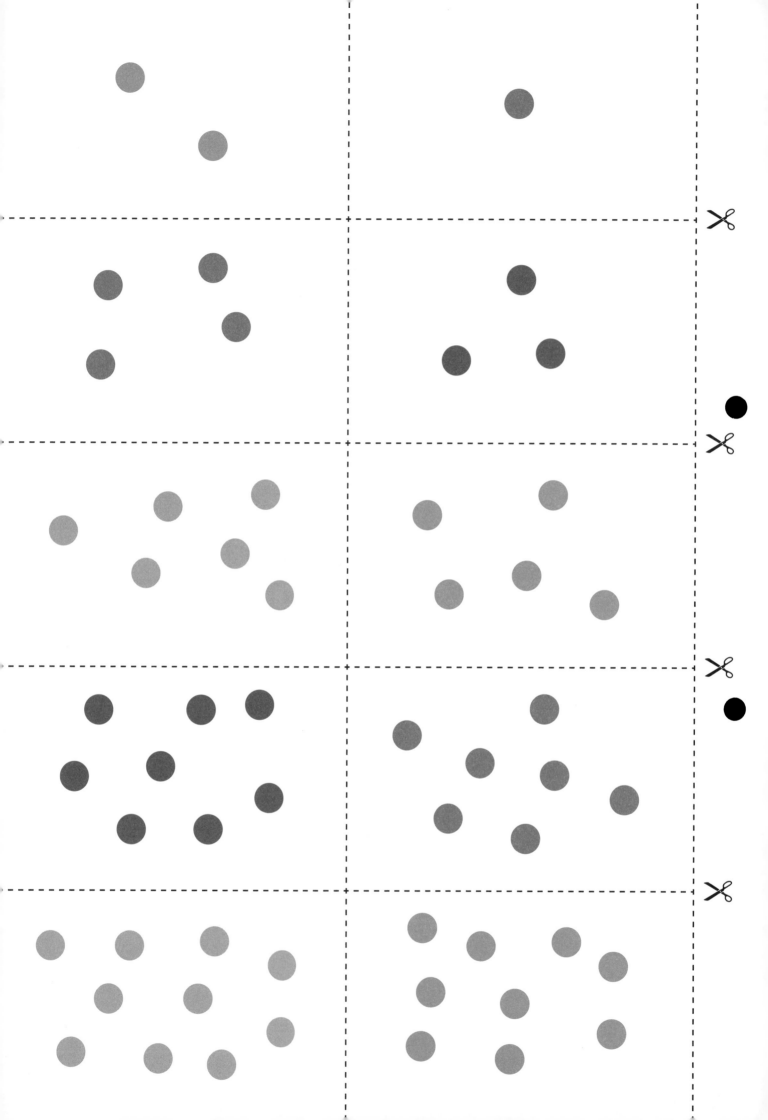

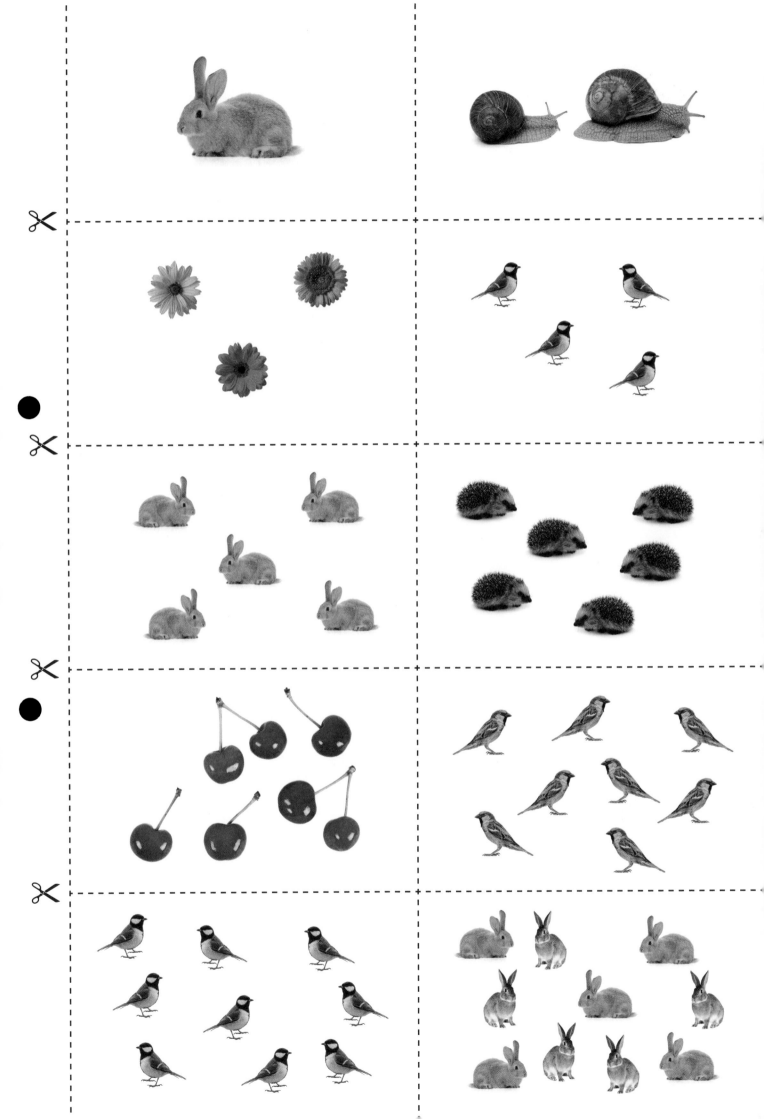

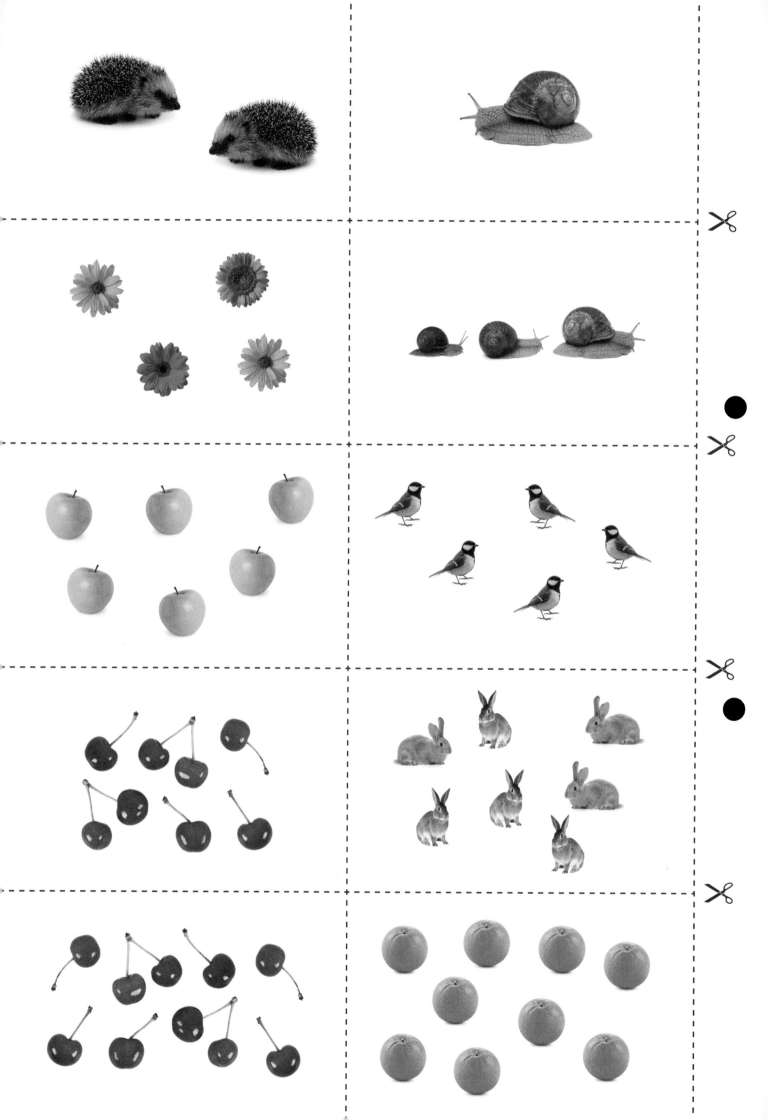

1.2 Zahlen

Lernziele
- Zahlen bis 10 sicher lesen.
- Zahlen bis 10 sicher schreiben.
- Zahlen bis 10 sicher den entsprechenden Mengen zuordnen.

Zahlen bis 10 sicher lesen – Vorübung

Material

1	2
3	4
5	6
7	8
9	10

Übungsmaterial (Beispiel)

So geht es
Siehe Video unter: www.intraactplus.de/mathe/

Zahlen bis 10 sicher lesen – Übungsblätter

Material

1	1		1
1		1	1
	1	1	1
1	1	1	
1		1	1
	1	1	1

Übungsblatt (Beispiel)

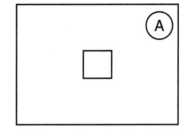

Schablone A – liegt dem Material bei.

So geht es
Die Schablone A wird so auf das Übungsblatt gelegt, dass nur das Kästchen oben links zu sehen ist. Das Kind benennt die Zahl. Dann wird die Schablone ein Kästchen weitergeschoben. Das Kind benennt wieder die Zahl usw. Bei den farbigen Feldern wird die Farbe benannt.

Siehe Video unter: www.intraactplus.de/mathe/

Zahlen bis 10 sicher schreiben

Material

Übungsblatt (Beispiel)

So geht es
Die Zahlen werden auf den gepunkteten Linien bzw. in die leeren Kästchen geschrieben. Achten Sie darauf, dass das Kind die Schreibrichtung (rote Pfeile) immer einhält – auch wenn in leere Kästchen geschrieben wird.

Leistungsdifferenzierung
Lernziel ist ein sicheres Beherrschen des Schreibablaufs. Manche Kinder müssen das jeweilige Übungsblatt wiederholt bearbeiten, bis sie dieses Lernziel erreichen. Für diese Kinder können die Übungsblätter im Internet heruntergeladen werden unter: www.intraactplus.de/mathe/.

Ökologische Alternative: Eine Folie auf das Übungsblatt legen und mit wasserlöslichem Folienstift arbeiten.

▶▶▶

1.1 Zählen
1.2 Zahlen
1.3 Zahlenraum
1.4 Plus verstehen
1.5 Plusaufgaben
1.6 Minus verstehen
1.7 Minusaufgaben
1.8 +/− gemischt

1.1 Zählen

1.2 Zahlen

1.3 Zahlenraum

1.4 Plus verstehen

1.5 Plusaufgaben

1.6 Minus verstehen

1.7 Minusaufgaben

1.8 +/– gemischt

Schreiben der Zahl »10«

Damit Kinder später nicht immer wieder nachdenken müssen, ob sie eine mehrstellige Zahl von links nach rechts oder von rechts nach links schreiben sollen, ist es wichtig, von Anfang an immer die Schreibrichtung zu nutzen, die auch später beibehalten wird.

Bei der »10« wird also immer erst die »1« und dann die »0« geschrieben.

Als Hilfestellung ist das Kästchen für die »1« anfangs rot umrahmt.

Zahlen bis 10 sicher den entsprechenden Mengen zuordnen

Material

Übungsblatt (Beispiel)

So geht es

Die Punkte oder Gegenstände werden gezählt und die entsprechende Zahl auf die Linie darunter geschrieben.

Achtung!

Auch hier muss unbedingt immer die Schreibrichtung eingehalten werden.

Leistungsdifferenzierung

Für die Übungsblätter bis zur Zahl »5« kann Schablone A verwendet werden. Sie wird so auf das Übungsblatt gelegt, dass nur ein Kästchen zu sehen ist. Dies hilft dabei, sich besser auf die Zahl zu konzentrieren, die man gerade schreibt.

Streit · Jansen **Mathe lernen nach dem IntraActPlus-Konzept**
© Springer-Verlag GmbH Deutschland, ein Teil von Springer Nature 2020

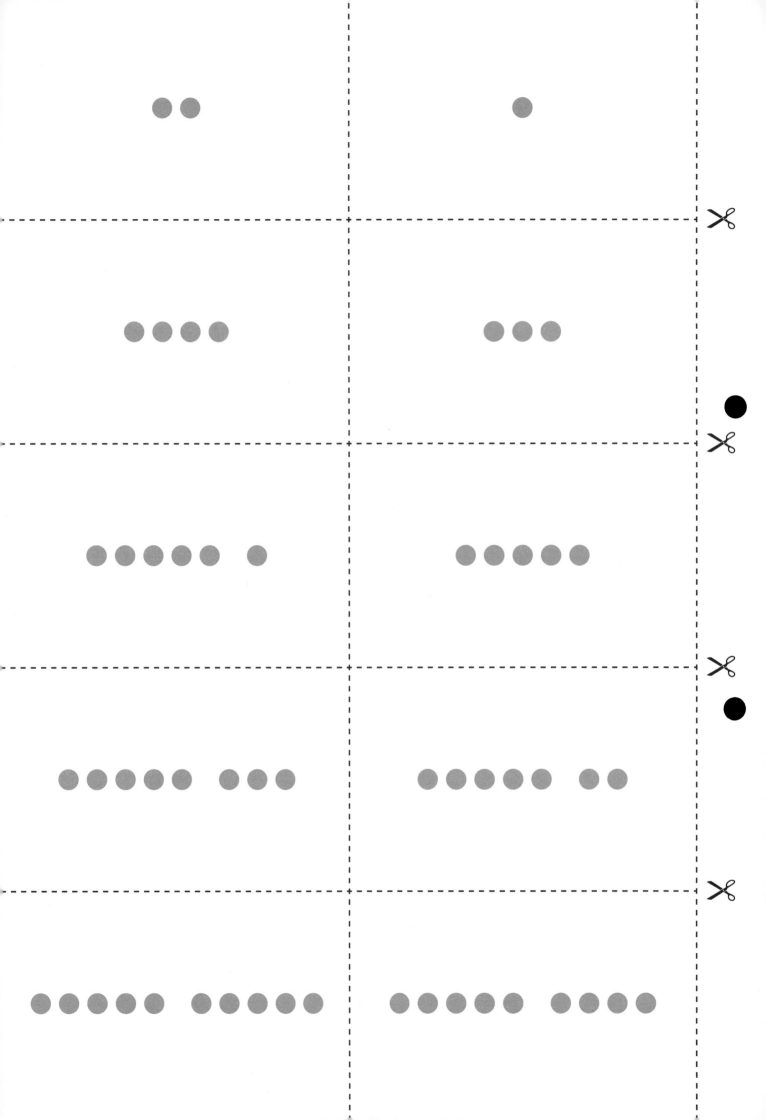

1		1	1
1	1		1
	1	1	1
1	1		
1	1	1	1
	1		1

1.1 Zählen
1.2 Zahlen
1.3 Zahlenraum
1.4 Plus verstehen
1.5 Plusaufgaben
1.6 Minus verstehen
1.7 Minusaufgaben
1.8 +/− gemischt

1.1 Zählen

1.2 Zahlen

1.3 Zahlenraum

1.4 Plus verstehen

1.5 Plusaufgaben

1.6 Minus verstehen

1.7 Minusaufgaben

1.8 +/-gemischt

1	1		1
1		1	1
	1	1	1
1	1	1	
1		1	1
	1	1	1

Streit · Jansen   **Mathe lernen nach dem IntraActPlus-Konzept**
© Springer-Verlag GmbH Deutschland, ein Teil von Springer Nature 2020

1.1 Zählen

1.2 Zahlen

1.3 Zahlenraum

1.4 Plus verstehen

1.5 Plusaufgaben

1.6 Minus verstehen

1.7 Minusaufgaben

1.8 +/− gemischt

1.1 Zählen

1.2 Zahlen

1.3 Zahlenraum

1.4 Plus verstehen

1.5 Plusaufgaben

1.6 Minus verstehen

1.7 Minusaufgaben

1.8 +/- gemischt

Streit · Jansen **Mathe lernen nach dem IntraActPlus-Konzept**
© Springer-Verlag GmbH Deutschland, ein Teil von Springer Nature 2020

1.1 Zählen

1.2 Zahlen

1.3 Zahlenraum

1.4 Plus verstehen

1.5 Plusaufgaben

1.6 Minus verstehen

1.7 Minusaufgaben

1.8 +/- gemischt

1.1 Zählen

1.2 Zahlen

1.3 Zahlenraum

1.4 Plus verstehen

1.5 Plusaufgaben

1.6 Minus verstehen

1.7 Minusaufgaben

1.8 +/−gemischt

🍏 ____	🌼 ____	🍎 ____	🌼 ____
🍅 ____	🦔 ____	🍅 ____	🍏 ____
🌼 ____	🍏 ____	🌼 ____	🦔 ____
🦔 ____	🍅 ____	🦔 ____	🍏 ____
🌼 ____	🦔 ____	🍏 ____	🍅 ____
🍏 ____	🌼 ____	🍅 ____	🦔 ____

Streit · Jansen **Mathe lernen nach dem IntraActPlus-Konzept**
© Springer-Verlag GmbH Deutschland, ein Teil von Springer Nature 2020

2	2		2
2		2	2
2		2	2
	2	2	2
2		2	2
2	2		2

1.1 Zählen
1.2 Zahlen
1.3 Zahlenraum
1.4 Plus verstehen
1.5 Plusaufgaben
1.6 Minus verstehen
1.7 Minusaufgaben
1.8 +/– gemischt

1.1 Zählen

1.2 Zahlen

1.3 Zahlenraum

1.4 Plus verstehen

1.5 Plusaufgaben

1.6 Minus verstehen

1.7 Minusaufgaben

1.8 +/– gemischt

2	2	1	2
1	1	2	2
1	2	1	2
2	1	2	2
2	1	1	2
2	2	1	2

Streit · Jansen **Mathe lernen nach dem IntraActPlus-Konzept**
© Springer-Verlag GmbH Deutschland, ein Teil von Springer Nature 2020

1.1 Zählen

1.2 Zahlen

1.3 Zahlenraum

1.4 Plus verstehen

1.5 Plusaufgaben

1.6 Minus verstehen

1.7 Minusaufgaben

1.8 +/- gemischt

1.1 Zählen

1.2 Zahlen

1.3 Zahlenraum

1.4 Plus verstehen

1.5 Plusaufgaben

1.6 Minus verstehen

1.7 Minusaufgaben

1.8 +/– gemischt

Streit · Jansen **Mathe lernen nach dem IntraActPlus-Konzept**
© Springer-Verlag GmbH Deutschland, ein Teil von Springer Nature 2020

1.1 Zählen

1.2 Zahlen

1.3 Zahlenraum

1.4 Plus verstehen

1.5 Plusaufgaben

1.6 Minus verstehen

1.7 Minusaufgaben

1.8 +/– gemischt

1.1 Zählen

1.2 Zahlen

1.3 Zahlenraum

1.4 Plus verstehen

1.5 Plusaufgaben

1.6 Minus verstehen

1.7 Minusaufgaben

1.8 +/− gemischt

_____	_____	_____	_____
_____	_____	_____	_____
_____	_____	_____	_____
_____	_____	_____	_____
_____	_____	_____	_____
_____	_____	_____	_____

Streit · Jansen **Mathe lernen nach dem IntraActPlus-Konzept**
© Springer-Verlag GmbH Deutschland, ein Teil von Springer Nature 2020

3		3	3
	3	3	3
3		3	3
3	3		3
3	3		3
3		3	3

1.1 Zählen

1.2 Zahlen

1.3 Zahlenraum

1.4 Plus verstehen

1.5 Plusaufgaben

1.6 Minus verstehen

1.7 Minusaufgaben

1.8 +/− gemischt

1.1 Zählen
1.2 Zahlen
1.3 Zahlenraum
1.4 Plus verstehen
1.5 Plusaufgaben
1.6 Minus verstehen
1.7 Minusaufgaben
1.8 +/– gemischt

3	3	2	3
1	3	3	2
1	2	3	2
3	3	1	3
3	2	1	3
1	2	3	3

1.1 Zählen

1.2 Zahlen

1.3 Zahlenraum

1.4 Plus verstehen

1.5 Plusaufgaben

1.6 Minus verstehen

1.7 Minusaufgaben

1.8 +/- gemischt

1.1 Zählen

1.2 Zahlen

1.3 Zahlenraum

1.4 Plus verstehen

1.5 Plusaufgaben

1.6 Minus verstehen

1.7 Minusaufgaben

1.8 +/− gemischt

Streit · Jansen **Mathe lernen nach dem IntraActPlus-Konzept**
© Springer-Verlag GmbH Deutschland, ein Teil von Springer Nature 2020

1.1 Zählen

1.2 Zahlen

1.3 Zahlenraum

1.4 Plus verstehen

1.5 Plusaufgaben

1.6 Minus verstehen

1.7 Minusaufgaben

1.8 +/- gemischt

1.1 Zählen

1.2 Zahlen

1.3 Zahlenraum

1.4 Plus verstehen

1.5 Plusaufgaben

1.6 Minus verstehen

1.7 Minusaufgaben

1.8 +/- gemischt

Streit · Jansen   **Mathe lernen nach dem IntraActPlus-Konzept**
© Springer-Verlag GmbH Deutschland, ein Teil von Springer Nature 2020

1.1 Zählen

1.2 Zahlen

1.3 Zahlenraum

1.4 Plus verstehen

1.5 Plusaufgaben

1.6 Minus verstehen

1.7 Minusaufgaben

1.8 +/– gemischt

4	4	4	
4	4		4
4		4	4
4	4		4
4		4	4
	4	4	4

1.1 Zählen

1.2 Zahlen

1.3 Zahlenraum

1.4 Plus verstehen

1.5 Plusaufgaben

1.6 Minus verstehen

1.7 Minusaufgaben

1.8 +/– gemischt

4	3	4	4
2	4	3	4
4	1	4	4
3	4	2	4
4	2	3	4
4	3	2	1

Streit · Jansen **Mathe lernen nach dem IntraActPlus-Konzept**
© Springer-Verlag GmbH Deutschland, ein Teil von Springer Nature 2020

1.1 Zählen

1.2 Zahlen

1.3 Zahlenraum

1.4 Plus verstehen

1.5 Plusaufgaben

1.6 Minus verstehen

1.7 Minusaufgaben

1.8 +/– gemischt

1.1 Zählen

1.2 Zahlen

1.3 Zahlenraum

1.4 Plus verstehen

1.5 Plusaufgaben

1.6 Minus verstehen

1.7 Minusaufgaben

1.8 +/– gemischt

Streit · Jansen **Mathe lernen nach dem IntraActPlus-Konzept**
© Springer-Verlag GmbH Deutschland, ein Teil von Springer Nature 2020

1.1 Zählen

1.2 Zahlen

1.3 Zahlenraum

1.4 Plus verstehen

1.5 Plusaufgaben

1.6 Minus verstehen

1.7 Minusaufgaben

1.8 +/– gemischt

1.1 Zählen

1.2 Zahlen

1.3 Zahlenraum

1.4 Plus verstehen

1.5 Plusaufgaben

1.6 Minus verstehen

1.7 Minusaufgaben

1.8 +/- gemischt

Streit · Jansen **Mathe lernen nach dem IntraActPlus-Konzept**
© Springer-Verlag GmbH Deutschland, ein Teil von Springer Nature 2020

5		5	5
5	5		5
5	5	5	
5	5		5
5		5	5
	5	5	5

1.1 Zählen

1.2 Zahlen

1.3 Zahlenraum

1.4 Plus verstehen

1.5 Plusaufgaben

1.6 Minus verstehen

1.7 Minusaufgaben

1.8 +/– gemischt

1.1 Zählen

1.2 Zahlen

1.3 Zahlenraum

1.4 Plus verstehen

1.5 Plusaufgaben

1.6 Minus verstehen

1.7 Minusaufgaben

1.8 +/- gemischt

5	3	5	5
4	5	2	5
5	5	4	5
3	5	5	4
2	3	4	5
5	4	3	2

Streit · Jansen **Mathe lernen nach dem IntraActPlus-Konzept**
© Springer-Verlag GmbH Deutschland, ein Teil von Springer Nature 2020

1.1 Zählen

1.2 Zahlen

1.3 Zahlenraum

1.4 Plus verstehen

1.5 Plusaufgaben

1.6 Minus verstehen

1.7 Minusaufgaben

1.8 +/– gemischt

1.1 Zählen

1.2 Zahlen

1.3 Zahlenraum

1.4 Plus verstehen

1.5 Plusaufgaben

1.6 Minus verstehen

1.7 Minusaufgaben

1.8 +/– gemischt

Streit · Jansen **Mathe lernen nach dem IntraActPlus-Konzept**
© Springer-Verlag GmbH Deutschland, ein Teil von Springer Nature 2020

1.1 Zählen

1.2 Zahlen

1.3 Zahlenraum

1.4 Plus verstehen

1.5 Plusaufgaben

1.6 Minus verstehen

1.7 Minusaufgaben

1.8 +/– gemischt

1.1 Zählen

1.2 Zahlen

1.3 Zahlenraum

1.4 Plus verstehen

1.5 Plusaufgaben

1.6 Minus verstehen

1.7 Minusaufgaben

1.8 +/− gemischt

Streit · Jansen **Mathe lernen nach dem IntraActPlus-Konzept**
© Springer-Verlag GmbH Deutschland, ein Teil von Springer Nature 2020

6	6	6	
6	6		6
6		6	6
6	6		6
6		6	6
6	6		6

1.1 Zählen

1.2 Zahlen

1.3 Zahlenraum

1.4 Plus verstehen

1.5 Plusaufgaben

1.6 Minus verstehen

1.7 Minusaufgaben

1.8 +/− gemischt

6	4	6	5
6	6	5	6
4	6	6	5
6	4	6	3
3	4	5	6
6	5	4	3

Streit · Jansen **Mathe lernen nach dem IntraActPlus-Konzept**
© Springer-Verlag GmbH Deutschland, ein Teil von Springer Nature 2020

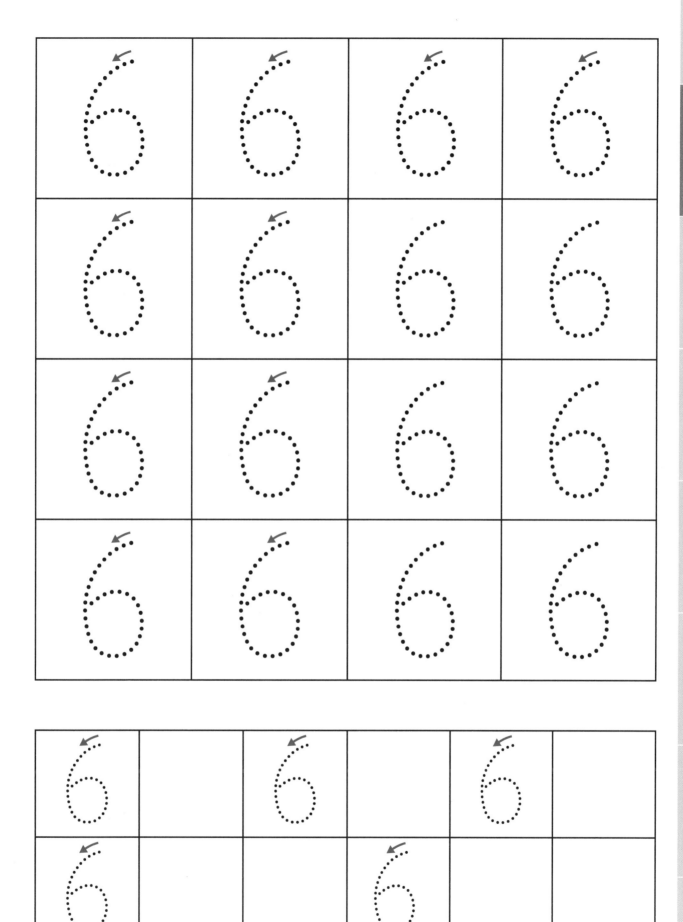

1.1 Zählen

1.2 Zahlen

1.3 Zahlenraum

1.4 Plus verstehen

1.5 Plusaufgaben

1.6 Minus verstehen

1.7 Minusaufgaben

1.8 +/− gemischt

1.1 Zählen

1.2 Zahlen

1.3 Zahlenraum

1.4 Plus verstehen

1.5 Plusaufgaben

1.6 Minus verstehen

1.7 Minusaufgaben

1.8 +/– gemischt

Streit · Jansen **Mathe lernen nach dem IntraActPlus-Konzept**
© Springer-Verlag GmbH Deutschland, ein Teil von Springer Nature 2020

1.1 Zählen

1.2 Zahlen

1.3 Zahlenraum

1.4 Plus verstehen

1.5 Plusaufgaben

1.6 Minus verstehen

1.7 Minusaufgaben

1.8 +/– gemischt

1.1 Zählen

1.2 Zahlen

1.3 Zahlenraum

1.4 Plus verstehen

1.5 Plusaufgaben

1.6 Minus verstehen

1.7 Minusaufgaben

1.8 +/−gemischt

• • • • _____	• • • • • _____	• • • • • • _____
• • • • _____	• • • • • _____	• • • • • • _____
• • • • _____	• • • • • _____	• • • • • • _____
• • • • • • _____	• • • • • _____	• • • • _____
• • • • • • _____	• • • • _____	• • • • _____
• • • • _____	• • • • • _____	• • • • • • _____
• • • • • • _____	• • • • • _____	• • • • _____

Streit · Jansen **Mathe lernen nach dem IntraActPlus-Konzept**
© Springer-Verlag GmbH Deutschland, ein Teil von Springer Nature 2020

7	7	7	
7	7		7
7		7	7
	7	7	7
7		7	7
7		7	7

1.1 Zählen

1.2 Zahlen

1.3 Zahlenraum

1.4 Plus verstehen

1.5 Plusaufgaben

1.6 Minus verstehen

1.7 Minusaufgaben

1.8 +/– gemischt

7	6	1	7
5	4	7	3
4	7	7	2
1	4	7	6
4	5	6	7
7	6	5	4

Streit · Jansen   **Mathe lernen nach dem IntraActPlus-Konzept**
© Springer-Verlag GmbH Deutschland, ein Teil von Springer Nature 2020

1.1 Zählen

1.2 Zahlen

1.3 Zahlenraum

1.4 Plus verstehen

1.5 Plusaufgaben

1.6 Minus verstehen

1.7 Minusaufgaben

1.8 +/– gemischt

Streit · Jansen **Mathe lernen nach dem IntraActPlus-Konzept**
© Springer-Verlag GmbH Deutschland, ein Teil von Springer Nature 2020

1.1 Zählen
1.2 Zahlen
1.3 Zahlenraum
1.4 Plus verstehen
1.5 Plusaufgaben
1.6 Minus verstehen
1.7 Minusaufgaben
1.8 +/– gemischt

1.1 Zählen

1.2 Zahlen

1.3 Zahlenraum

1.4 Plus verstehen

1.5 Plusaufgaben

1.6 Minus verstehen

1.7 Minusaufgaben

1.8 +/– gemischt

• • • • • ___	• • • • • • ___	• • • • • • • ___
• • • • ___	• • • • • • ___	• • • • • • • ___
• • • • ___	• • • • • • ___	• • • • • • ___
• • • • • • • ___	• • • • • ___	• • • • • ___
• • • • • • • ___	• • • • • • ___	• • • • • ___
• • • • • ___	• • • • • • • ___	• • • • • • • ___
• • • • • • • ___	• • • • • • ___	• • • • • ___

Streit · Jansen **Mathe lernen nach dem IntraActPlus-Konzept**
© Springer-Verlag GmbH Deutschland, ein Teil von Springer Nature 2020

8		8	8
	8	8	
8	8	8	8
	8	8	8
8		8	8
8	8		8

1.1 Zählen

1.2 Zahlen

1.3 Zahlenraum

1.4 Plus verstehen

1.5 Plusaufgaben

1.6 Minus verstehen

1.7 Minusaufgaben

1.8 +/− gemischt

1.1 Zählen

1.2 Zahlen

1.3 Zahlenraum

1.4 Plus verstehen

1.5 Plusaufgaben

1.6 Minus verstehen

1.7 Minusaufgaben

1.8 +/– gemischt

8	6	8	7
8	7	5	8
6	7	8	4
8	6	5	8
5	6	7	8
8	7	6	5

Streit · Jansen **Mathe lernen nach dem IntraActPlus-Konzept**
© Springer-Verlag GmbH Deutschland, ein Teil von Springer Nature 2020

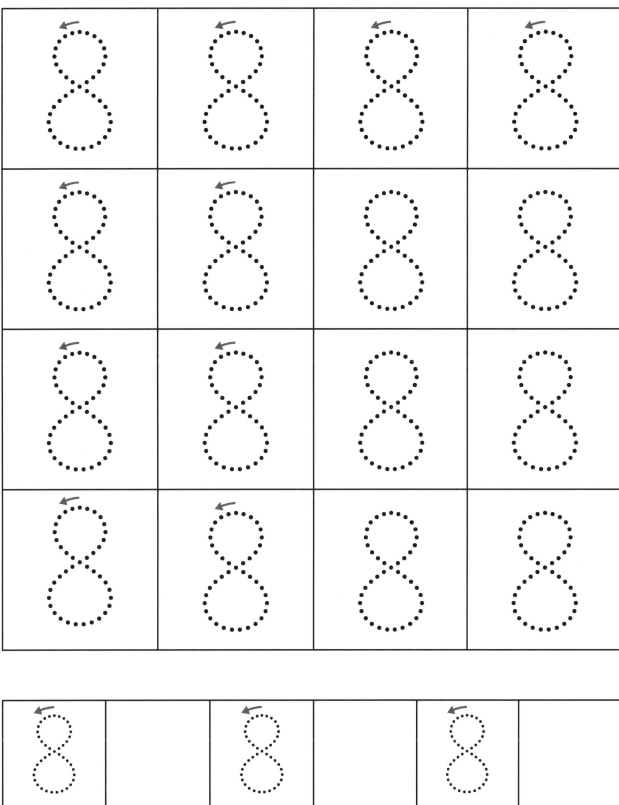

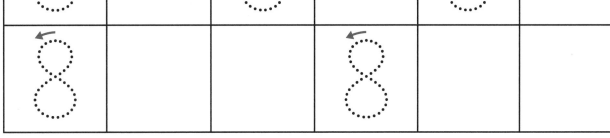

1.1 Zählen

1.2 Zahlen

1.3 Zahlenraum

1.4 Plus verstehen

1.5 Plusaufgaben

1.6 Minus verstehen

1.7 Minusaufgaben

1.8 +/– gemischt

1.1 Zählen

1.2 Zahlen

1.3 Zahlenraum

1.4 Plus verstehen

1.5 Plusaufgaben

1.6 Minus verstehen

1.7 Minusaufgaben

1.8 +/− gemischt

Streit · Jansen **Mathe lernen nach dem IntraActPlus-Konzept**
© Springer-Verlag GmbH Deutschland, ein Teil von Springer Nature 2020

••••• ••• ___	••••• ••• ___	••••• ••• ___
••••• •• ___	••••• ••• ___	••••• •• ___
•••• ••• ___	••••• •• ___	••••• ••• ___
•••• •• ___	••••• •• ___	••••• •• ___
••••• ••• ___	••••• •• ___	••••• ••• ___
••••• ••• ___	••••• ••• ___	••••• •• ___
••••• •• ___	••••• ••• ___	••••• ••• ___

1.1 Zählen

1.2 Zahlen

1.3 Zahlenraum

1.4 Plus verstehen

1.5 Plusaufgaben

1.6 Minus verstehen

1.7 Minusaufgaben

1.8 +/- gemischt

••••• •	•••• ••	••••• •••
_____	_____	_____
•••• •	••••• ••	••••• •••
_____	_____	_____
•••• •	•••• ••	••••• ••
_____	_____	_____
•••• •••	•••• ••	••••• •
_____	_____	_____
••••• •••	•••• ••	••••• •
_____	_____	_____
••••• •	••••• ••	••••• •••
_____	_____	_____
••••• •••	••••• ••	••••• •
_____	_____	_____

Streit · Jansen   **Mathe lernen nach dem IntraActPlus-Konzept**
© Springer-Verlag GmbH Deutschland, ein Teil von Springer Nature 2020

9	9	9	
9		9	9
9	9		9
9	9	9	
9	9		9
	9	9	9

1.1 Zählen

1.2 Zahlen

1.3 Zahlenraum

1.4 Plus verstehen

1.5 Plusaufgaben

1.6 Minus verstehen

1.7 Minusaufgaben

1.8 +/− gemischt

1.1 Zählen

1.2 Zahlen

1.3 Zahlenraum

1.4 Plus verstehen

1.5 Plusaufgaben

1.6 Minus verstehen

1.7 Minusaufgaben

1.8 +/−gemischt

9	8	9	9
7	8	9	8
9	3	5	2
9	6	9	7
6	7	8	9
9	8	7	6

Streit · Jansen **Mathe lernen nach dem IntraActPlus-Konzept**
© Springer-Verlag GmbH Deutschland, ein Teil von Springer Nature 2020

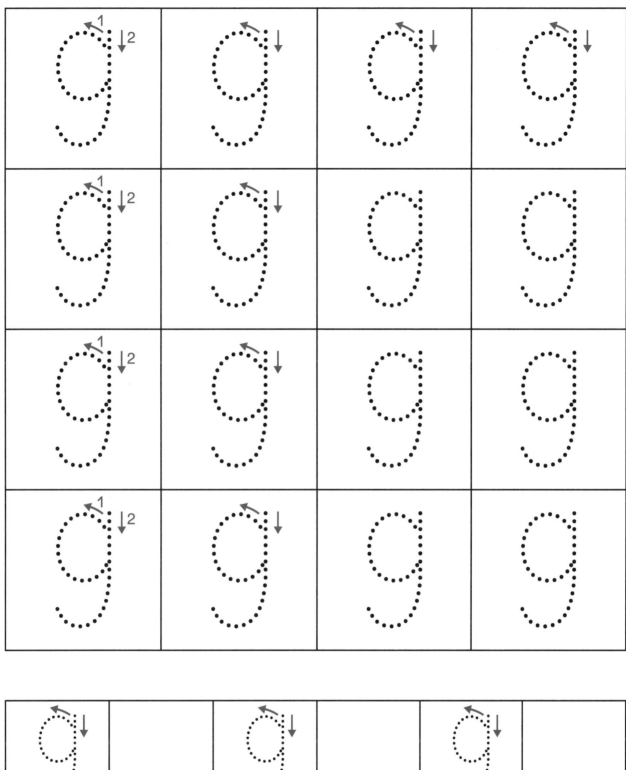

1.1 Zählen

1.2 Zahlen

1.3 Zahlenraum

1.4 Plus verstehen

1.5 Plusaufgaben

1.6 Minus verstehen

1.7 Minusaufgaben

1.8 +/− gemischt

1.1 Zählen

1.2 Zahlen

1.3 Zahlenraum

1.4 Plus verstehen

1.5 Plusaufgaben

1.6 Minus verstehen

1.7 Minusaufgaben

1.8 +/− gemischt

Streit · Jansen   **Mathe lernen nach dem IntraActPlus-Konzept**
© Springer-Verlag GmbH Deutschland, ein Teil von Springer Nature 2020

1.1 Zählen
1.2 Zahlen
1.3 Zahlenraum
1.4 Plus verstehen
1.5 Plusaufgaben
1.6 Minus verstehen
1.7 Minusaufgaben
1.8 +/– gemischt

1.1 Zählen

1.2 Zahlen

1.3 Zahlenraum

1.4 Plus verstehen

1.5 Plusaufgaben

1.6 Minus verstehen

1.7 Minusaufgaben

1.8 +/− gemischt

Streit · Jansen **Mathe lernen nach dem IntraActPlus-Konzept**
© Springer-Verlag GmbH Deutschland, ein Teil von Springer Nature 2020

10		10	10
	10	10	
10	10		10
	10	10	10
10	10	10	
10		10	10

1.1 Zählen

1.2 Zahlen

1.3 Zahlenraum

1.4 Plus verstehen

1.5 Plusaufgaben

1.6 Minus verstehen

1.7 Minusaufgaben

1.8 +/– gemischt

1.1 Zählen

1.2 Zahlen

1.3 Zahlenraum

1.4 Plus verstehen

1.5 Plusaufgaben

1.6 Minus verstehen

1.7 Minusaufgaben

1.8 +/− gemischt

10	9	10	8
8	10	1	10
10	8	10	9
7	10	1	10
7	8	9	10
10	9	8	7

Streit · Jansen **Mathe lernen nach dem IntraActPlus-Konzept**
© Springer-Verlag GmbH Deutschland, ein Teil von Springer Nature 2020

Immer mit der 1 anfangen! Sie kommt in das rote Kästchen.

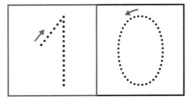 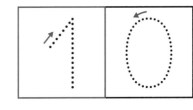

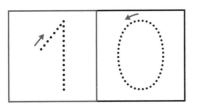 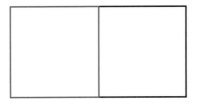 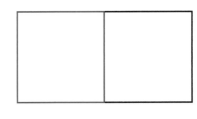

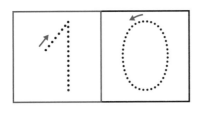 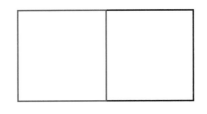 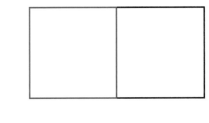

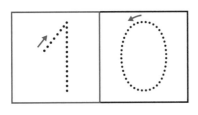 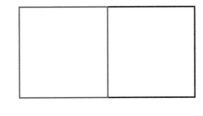 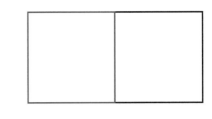

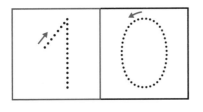 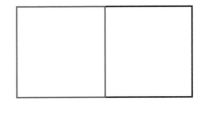 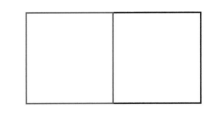

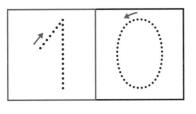  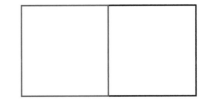

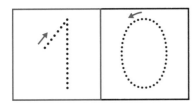 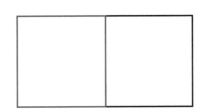 

1.1 Zählen
1.2 Zahlen
1.3 Zahlenraum
1.4 Plus verstehen
1.5 Plusaufgaben
1.6 Minus verstehen
1.7 Minusaufgaben
1.8 +/– gemischt

Streit · Jansen **Mathe lernen nach dem IntraActPlus-Konzept**
© Springer-Verlag GmbH Deutschland, ein Teil von Springer Nature 2020

73

1.1 Zählen

1.2 Zahlen

1.3 Zahlenraum

1.4 Plus verstehen

1.5 Plusaufgaben

1.6 Minus verstehen

1.7 Minusaufgaben

1.8 +/– gemischt

Immer mit der 1 anfangen!

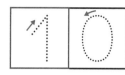  

  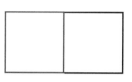 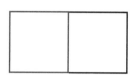

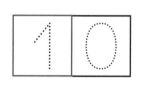 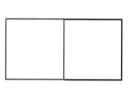 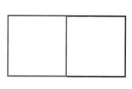 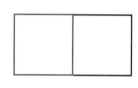

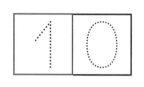 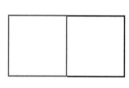  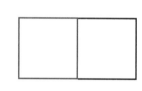

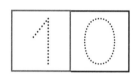  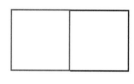 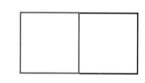

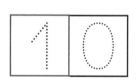 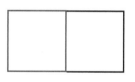 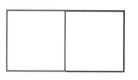 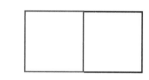

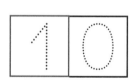 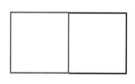 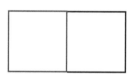 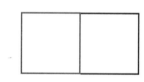

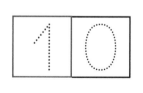 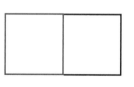 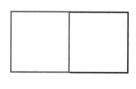 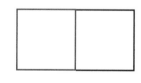

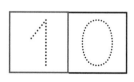 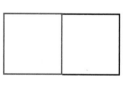  

Streit · Jansen **Mathe lernen nach dem IntraActPlus-Konzept**
© Springer-Verlag GmbH Deutschland, ein Teil von Springer Nature 2020

Streit · Jansen **Mathe lernen nach dem IntraActPlus-Konzept**

1.1 Zählen

1.2 Zahlen

1.3 Zahlenraum

1.4 Plus verstehen

1.5 Plusaufgaben

1.6 Minus verstehen

1.7 Minusaufgaben

1.8 +/– gemischt

Streit · Jansen **Mathe lernen nach dem IntraActPlus-Konzept**
© Springer-Verlag GmbH Deutschland, ein Teil von Springer Nature 2020

0	0		0
0		0	0
	0	0	0
	0		0
0		0	0
0	0		0

1.1 Zählen
1.2 Zahlen
1.3 Zahlenraum
1.4 Plus verstehen
1.5 Plusaufgaben
1.6 Minus verstehen
1.7 Minusaufgaben
1.8 +/– gemischt

0	1	10	0
0	10	1	0
1	10	0	10
0	1	10	0
0	10	0	10
1	0	1	0

Streit · Jansen **Mathe lernen nach dem IntraActPlus-Konzept**
© Springer-Verlag GmbH Deutschland, ein Teil von Springer Nature 2020

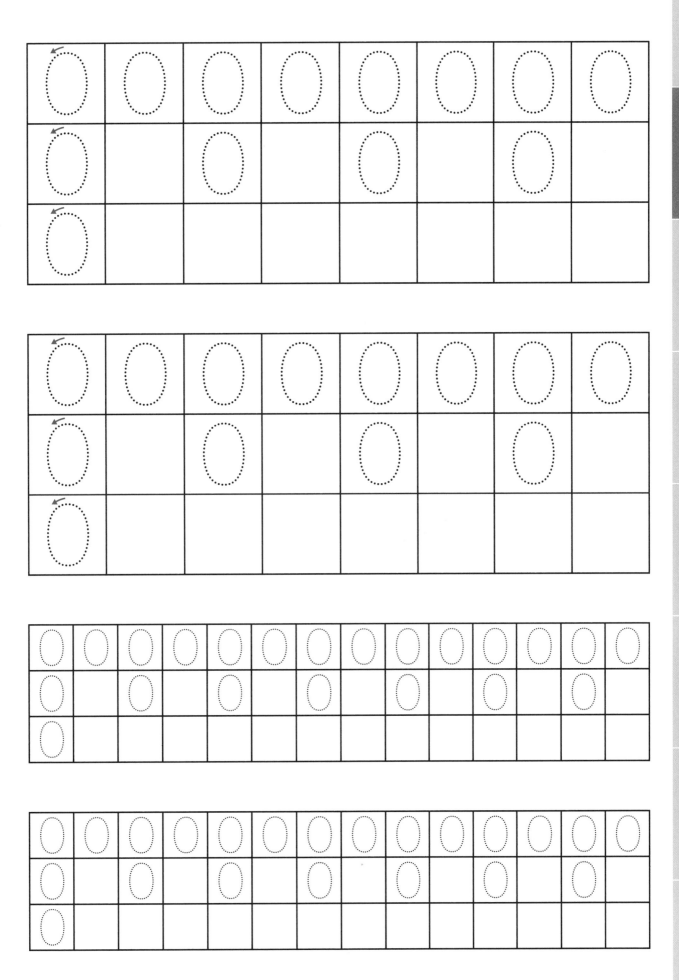

1.1 Zählen

1.2 Zahlen

1.3 Zahlenraum

1.4 Plus verstehen

1.5 Plusaufgaben

1.6 Minus verstehen

1.7 Minusaufgaben

1.8 +/− gemischt

1.1 Zählen

1.2 **Zahlen**

1.3 Zahlenraum

1.4 Plus verstehen

1.5 Plusaufgaben

1.6 Minus verstehen

1.7 Minusaufgaben

1.8 +/- gemischt

_____	0 _____	_____	_____
_____	_____	_____	_____
_____	_____	_____	_____
_____	_____	_____	_____
_____	_____	_____	_____
_____	_____	_____	_____

Streit · Jansen **Mathe lernen nach dem IntraActPlus-Konzept**
© Springer-Verlag GmbH Deutschland, ein Teil von Springer Nature 2020

1.3 Zahlenraum

Lernziel

Sichere bildliche Vorstellung des Zahlenraums bis 10.

Eine sichere bildliche Vorstellung des Zahlenraums (zunächst bis 10, dann 20, 100 usw.) ist eine grundlegende Voraussetzung für das Rechnen (vgl. S. XIV). Daher ist es wichtig, die Übungen in diesem Kapitel so oft zu machen, bis das Kind schnell und sicher weiß, wie die Zahlen im Zahlenraum angeordnet sind.

Das Lernziel ist erreicht, wenn das Kind im unbeschrifteten Zahlenfeld[1] (vgl. S. 85) die Position jeder Zahl zwischen 1 und 10 schnell und sicher findet.

Vorübung

Material

Zahlenfeld bis 10 aus Pappe – liegt dem Material bei.

So geht es

- *Schwierigkeitsstufe 1*: Das Kind legt den Zeigefinger unter die Zahl »1« und spricht dazu „1". Dann wird der Finger auf die »2« gelegt und dazu „2" gesprochen usw. bis zur Zahl »10«.
- *Schwierigkeitsstufe 2*: Das Zahlenfeld wird mit einem Blatt Papier so abgedeckt, dass nur die Zahl »1« sichtbar ist. Das Kind nennt die folgende Zahl „2" aus dem Gedächtnis. Dann wird das Abdeckblatt ein Kästchen weitergeschoben, geprüft, ob es richtig war, und die nächste Zahl genannt.

Siehe Video unter: www.intraactplus.de/mathe/

Leistungsdifferenzierung

Kinder, die sich mit dieser Übung schwertun, üben zunächst nur mit dem Anfang des Zahlenfelds, z. B. nur mit den Zahlen von 1 bis 3. Mit zunehmender Sicherheit wird dann allmählich im Zahlenfeld weitergegangen.

Zahlen im Zahlenfeld schreiben

Material

Übungsblatt „Schreibe die Zahlen in das Zahlenfeld!"

So geht es

- Die Zahlen werden in der richtigen Reihenfolge in die Kästchen geschrieben. Auch hier wird wieder auf die richtige Schreibrichtung geachtet.
- Es empfiehlt sich, die schon ausgefüllten Zahlenfelder mit einem Blatt Papier abzudecken. So muss die Zahlenfolge immer wieder neu aus dem Gedächtnis abgerufen werden.

Fehlende Zahlen im Zahlenfeld ergänzen

Material

Übungsblatt „Ergänze die fehlenden Zahlen!"

Und so geht es

Die fehlenden Zahlen werden ergänzt. Es empfiehlt sich, alle Aufgaben abzudecken, die gerade nicht dran sind, damit sich das Kind beim Ausfüllen nicht mit den Zahlen in den anderen dargestellten Zahlenfeldern hilft.

Leistungsdifferenzierung

Sollte das Kind mehr Übungsmaterial benötigen, können diese Übungsblätter im Internet heruntergeladen werden unter: www.intraactplus.de/mathe/.

Zahlen im Zahlenfeld finden

Material

Übungsblatt „Wo steht die Zahl?"

So geht es

- Sie zeigen auf eines der leeren Kästchen im Zahlenfeld. Das Kind nennt die Zahl, die dort stehen würde. Üben Sie zunächst nur im Bereich von 1 bis 5, dann nur im Bereich von 6 bis 10 und erst dann mit dem gesamten Zahlenfeld.
- Für das Üben mit der gesamten Klasse wird das Zahlenfeld auf die Tafel gemalt. Weiteres Wiederholen kann in Partner- oder Kleingruppenarbeit erfolgen.

Siehe Video unter: www.intraactplus.de/mathe/

Leistungsdifferenzierung

Kinder, die sich mit dieser Übung schwertun, üben zunächst nur mit dem Anfang des Zahlenfelds, z. B. nur mit den Zahlen bis 3. Mit zunehmender Sicherheit wird dann allmählich im Zahlenfeld weitergegangen.

▶▶▶

---

1   Zu den Begriffen „Zahlenraum" und „Zahlenfeld": Der Zahlenraum ist eine definierte Menge von Zahlen, beispielsweise die Zahlen von 1 bis 20. Dieser Zahlenraum kann auf unterschiedliche Weise abgebildet werden, z. B. in Form eines Zahlenstrahls oder des hier verwendeten Zahlenfelds. Mit „Zahlenfeld" meinen wir also immer das konkrete Übungsmaterial.

1.1 Zählen
1.2 Zählen
1.3 Zahlenraum
1.4 Plus verstehen
1.5 Plusaufgaben
1.6 Minus verstehen
1.7 Minusaufgaben
1.8 +/- gemischt

1.1 Zählen

1.2 Zahlen

1.3 Zahlenraum

1.4 Plus verstehen

1.5 Plusaufgaben

1.6 Minus verstehen

1.7 Minusaufgaben

1.8 +/− gemischt

Fragen zum Zahlenfeld

Material
Übungsblätter „Fragen zum Zahlenfeld"

So geht es
Die Fragen können in der Einzelsituation und im Frontalunterricht gestellt werden. Sie sind auch gut für die Partner- und Gruppenarbeit geeignet.

Leistungsdifferenzierung
Kinder, die sicher lesen können, lesen die Fragen selbst oder lesen sie ihrem Lernpartner vor. Kinder, die nicht sicher lesen können, bekommen die Fragen vorgelesen.

Leistungsstarke Kinder überlegen sich selbst Fragen zum Zahlenfeld und stellen sie ihrem Lernpartner.

Kinder, für die diese Übung zu schwierig ist, beginnen zunächst mit einer, zwei oder drei Fragen. Diese Fragen werden im Wechsel so oft wiederholt, bis das Antworten leichtfällt. Mit zunehmender Sicherheit werden dann allmählich weitere Fragen in das Üben einbezogen.

Schreibe die Zahlen in das Zahlenfeld!

| 1 | 2 | 3 | 4 | 5 | 6 | 7 | 8 | 9 | 10 |

1.1 Zählen

1.2 Zahlen

1.3 Zahlenraum

1.4 Plus verstehen

1.5 Plusaufgaben

1.6 Minus verstehen

1.7 Minusaufgaben

1.8 +/– gemischt

1.1 Zählen

1.2 Zahlen

1.3 Zahlenraum

1.4 Plus verstehen

1.5 Plusaufgaben

1.6 Minus verstehen

1.7 Minusaufgaben

1.8 +/– gemischt

Ergänze die fehlenden Zahlen!

| 1 | | 3 | | 5 | | 7 | | 9 | |

| | 2 | | 4 | | 6 | | 8 | | 10 |

| 1 | 2 | | 4 | | | 7 | | | 10 |

| 1 | | 3 | | | 6 | | | 9 | |

| 1 | | | 4 | 5 | | | 8 | | 10 |

| | 2 | 3 | | | | 7 | | 9 | |

| | | | | 5 | | | | | 10 |

Streit · Jansen   **Mathe lernen nach dem IntraActPlus-Konzept**
© Springer-Verlag GmbH Deutschland, ein Teil von Springer Nature 2020

Wo steht die Zahl?

1.1 Zählen

1.2 Zahlen

1.3 Zahlenraum

1.4 Plus verstehen

1.5 Plusaufgaben

1.6 Minus verstehen

1.7 Minusaufgaben

1.8 +/- gemischt

1.1 Zählen

1.2 Zahlen

1.3 Zahlenraum

1.4 Plus verstehen

1.5 Plusaufgaben

1.6 Minus verstehen

1.7 Minusaufgaben

1.8 +/− gemischt

Fragen zum Zahlenfeld

Welche Zahl kommt nach der 1?

Welche Zahl kommt nach der 3?

Welche Zahl kommt nach der 4?

Welche Zahl kommt nach der 7?

Welche Zahl kommt nach der 8?

Welche Zahl kommt nach der 9?

Welche Zahl kommt nach der 5?

Welche Zahl kommt nach der 2?

Welche Zahl kommt nach der 6?

Streit · Jansen   **Mathe lernen nach dem IntraActPlus-Konzept**
© Springer-Verlag GmbH Deutschland, ein Teil von Springer Nature 2020

Welche Zahl kommt vor der 10?

Welche Zahl kommt vor der 8?

Welche Zahl kommt vor der 9?

Welche Zahl kommt vor der 6?

Welche Zahl kommt vor der 4?

Welche Zahl kommt vor der 2?

Welche Zahl kommt vor der 5?

Welche Zahl kommt vor der 7?

Welche Zahl kommt vor der 3?

1.1 Zählen

1.2 Zahlen

1.3 Zahlenraum

1.4 Plus verstehen

1.5 Plusaufgaben

1.6 Minus verstehen

1.7 Minusaufgaben

1.8 +/− gemischt

Zu welcher Zahl kommst du, wenn du von der 2 zwei Kästchen vorgehst?

Zu welcher Zahl kommst du, wenn du von der 4 zwei Kästchen vorgehst?

Zu welcher Zahl kommst du, wenn du von der 6 zwei Kästchen vorgehst?

Zu welcher Zahl kommst du, wenn du von der 8 zwei Kästchen vorgehst?

Zu welcher Zahl kommst du, wenn du von der 1 zwei Kästchen vorgehst?

Zu welcher Zahl kommst du, wenn du von der 3 zwei Kästchen vorgehst?

Zu welcher Zahl kommst du, wenn du von der 5 zwei Kästchen vorgehst?

Zu welcher Zahl kommst du, wenn du von der 7 zwei Kästchen vorgehst?

Streit · Jansen **Mathe lernen nach dem IntraActPlus-Konzept**
© Springer-Verlag GmbH Deutschland, ein Teil von Springer Nature 2020

Zu welcher Zahl kommst du, wenn du von der 10 zwei Kästchen zurückgehst?

Zu welcher Zahl kommst du, wenn du von der 8 zwei Kästchen zurückgehst?

Zu welcher Zahl kommst du, wenn du von der 6 zwei Kästchen zurückgehst?

Zu welcher Zahl kommst du, wenn du von der 4 zwei Kästchen zurückgehst?

Zu welcher Zahl kommst du, wenn du von der 9 zwei Kästchen zurückgehst?

Zu welcher Zahl kommst du, wenn du von der 7 zwei Kästchen zurückgehst?

Zu welcher Zahl kommst du, wenn du von der 5 zwei Kästchen zurückgehst?

Zu welcher Zahl kommst du, wenn du von der 3 zwei Kästchen zurückgehst?

1.1 Zählen
1.2 Zahlen
1.3 Zahlenraum
1.4 Plus verstehen
1.5 Plusaufgaben
1.6 Minus verstehen
1.7 Minusaufgaben
1.8 +/– gemischt

1.1 Zählen

1.2 Zahlen

1.3 Zahlenraum

1.4 Plus verstehen

1.5 Plusaufgaben

1.6 Minus verstehen

1.7 Minusaufgaben

1.8 +/– gemischt

Fragen zum Zahlenfeld

Zu welcher Zahl kommst du, wenn du von der 5 zwei Kästchen vorgehst?

Zu welcher Zahl kommst du, wenn du von der 5 zwei Kästchen zurückgehst?

Zu welcher Zahl kommst du, wenn du von der 6 zwei Kästchen vorgehst?

Zu welcher Zahl kommst du, wenn du von der 6 zwei Kästchen zurückgehst?

Zu welcher Zahl kommst du, wenn du von der 3 zwei Kästchen vorgehst?

Zu welcher Zahl kommst du, wenn du von der 3 zwei Kästchen zurückgehst?

Zu welcher Zahl kommst du, wenn du von der 8 zwei Kästchen vorgehst?

Zu welcher Zahl kommst du, wenn du von der 8 zwei Kästchen zurückgehst?

Streit · Jansen **Mathe lernen nach dem IntraActPlus-Konzept**
© Springer-Verlag GmbH Deutschland, ein Teil von Springer Nature 2020

1.4 Plus verstehen

Lernziele
- Das Plusrechnen (Addition) durch Abzählen konkreter Mengen verstehen.
- Das Prinzip des Tauschens verstehen.
- Das Plusrechnen anhand des Zahlenfelds verstehen.

Achtung
Es geht auf dieser Stufe des Lernens noch nicht um ein gezieltes Speichern der Rechenergebnisse. Dies erfolgt anhand der Übungen in Kap. 1.5.

Plusrechnen mit konkreten Mengen

Material
Übungsblätter „Plus verstehen"

So geht es
Schritt 1: Verstehen des Plusrechnens
- Erklären Sie dem Kind die erste Aufgabe beispielsweise so: „*Schau, hier ist eine Schnecke.*" Sie zeigen auf die erste Schnecke. „*Hier ist noch eine Schnecke.*" Sie zeigen auf die zweite Schnecke. „*Wie viele Schnecken sind es zusammen? Zähl mal!*"
- Helfen Sie falls nötig, indem Sie das Zählen vormachen.

Schritt 2: Lesen von Plusaufgaben
- Lesen Sie die erste Aufgabe »1 + 1 = « langsam vor: „*1 plus 1 gleich*". Zeigen Sie dabei mit dem Finger jeweils auf die Zahl bzw. das Zeichen, das Sie gerade sprechen.
- Bitten Sie das Kind, es Ihnen genau nachzumachen, d. h. die Aufgabe zu sprechen und dabei mit dem Finger auf die entsprechende Zahl bzw. das entsprechende Zeichen zu zeigen.
- Wiederholen Sie das Vor- und Nachsprechen so oft, bis das Kind die Aufgabe sicher lesen kann.
- Dann bitten Sie das Kind noch einmal, die dargestellten Gegenstände bzw. Punkte zusammenzuzählen, um das Ergebnis der Rechenaufgabe zu finden.

Leistungsdifferenzierung
Lassen Sie das Kind die Ergebnisse erst dann in das Übungsblatt eintragen, wenn es die Aufgaben sicher lösen kann. Kinder, die sich etwas schwerer tun, wiederholen das jeweilige Übungsblatt, ohne zu schreiben, so oft, bis sie es sicher können. Erst dann werden im nächsten Durchgang die Ergebnisse aufgeschrieben.

Sollte das Kind mehr Übungsmaterial benötigen, können diese Übungsblätter im Internet heruntergeladen werden unter: www.intraactplus.de/mathe/.

Ergänzung
Plusrechnen mit Gegenständen: z. B. „*Hier sind zwei Löffel. Wenn ich noch einen Löffel dazulege, wie viele Löffel sind es dann?*"

Das Prinzip des Tauschens verstehen

Material
Übungsblätter „Tauschen verstehen"

So geht es
Lassen Sie das Kind die ersten beiden Aufgaben »2 + 1« und »1 + 2« so lösen wie bei den vorangegangenen Übungsblättern. Machen Sie es auf die getauschten Zahlen in der zweiten Aufgabe »1 + 2« aufmerksam.
Führen Sie die Bezeichnung „Tauschaufgabe" ein.

Leistungsdifferenzierung
Sollte das Kind mehr Übungsmaterial benötigen, können diese Übungsblätter im Internet heruntergeladen werden unter: www.intraactplus.de/mathe/.

Selbst Rechenaufgaben schreiben

Material
Übungsblätter „Plusaufgaben schreiben"

So geht es
Das Kind zählt die dargestellten Punkte oder Gegenstände, schreibt die Anzahl auf die Linie darunter und löst die Aufgabe durch Zählen.

Leistungsdifferenzierung
Diese Übung ist eine Zusatzaufgabe für schnelle Lerner. Kinder, die an anderen Stellen des Lernens mehr Zeit benötigen, können sie weglassen.

Das Plusrechnen anhand des Zahlenfelds verstehen

Damit ein Kind auch in höheren Zahlenbereichen sicher rechnen kann, muss es eine bildliche Vorstellung des Zahlenraums aufbauen, um sich beim Rechnen in diesem Zahlenraum orientieren zu können (vgl. S. XIV). Nachdem das Kind anhand des Handelns und Denkens mit konkreten Mengen verstanden hat, was Plusrechnen bedeutet, lernt es, sich bei der Lösung entsprechender Aufgaben im abstrakten Zahlenraum zu orientieren.

Ab Kap. 1.5 sollte als Hilfsmittel nur auf das Zahlenfeld zurückgegriffen werden.

Material
Übungsblätter „Plus 1 im Zahlenfeld verstehen", „Plus 2 im Zahlenfeld verstehen"

▶▶▶

1.1 Zählen
1.2 Zahlen
1.3 Zahlenraum
1.4 Plus verstehen
1.5 Plusaufgaben
1.6 Minus verstehen
1.7 Minusaufgaben
1.8 +/- gemischt

1.1 Zählen

1.2 Zahlen

1.3 Zahlenraum

1.4 Plus verstehen

1.5 Plusaufgaben

1.6 Minus verstehen

1.7 Minusaufgaben

1.8 +/− gemischt

So geht es

Die erste Aufgabe »2 + 1 = 3« wird gelesen. Die »2« wird im Zahlenfeld gesucht. Dann wird ein Kästchen weitergegangen (roter Pfeil) um das Ergebnis zu finden. Weitere Aufgaben werden in gleicher Weise besprochen.

Die Aufgaben auf der folgenden Seite werden jeweils gelöst, indem die erste Zahl im Zahlenfeld gesucht und dann ein bzw. zwei Kästchen weitergegangen wird.

Streit · Jansen **Mathe lernen nach dem IntraActPlus-Konzept**
© Springer-Verlag GmbH Deutschland, ein Teil von Springer Nature 2020

Plus verstehen

$$1 \quad + \quad 1 \quad = \quad \_\_\_\_$$

$$2 \quad + \quad 1 \quad = \quad \_\_\_\_$$

$$3 \quad + \quad 1 \quad = \quad \_\_\_\_$$

$$2 \quad + \quad 1 \quad = \quad \_\_\_\_$$

$$4 \quad + \quad 1 \quad = \quad \_\_\_\_$$

$$3 \quad + \quad 1 \quad = \quad \_\_\_\_$$

1.1 Zählen
1.2 Zahlen
1.3 Zahlenraum
1.4 Plus verstehen
1.5 Plusaufgaben
1.6 Minus verstehen
1.7 Minusaufgaben
1.8 +/– gemischt

1.1 Zählen

1.2 Zahlen

1.3 Zahlenraum

1.4 Plus verstehen

1.5 Plusaufgaben

1.6 Minus verstehen

1.7 Minusaufgaben

1.8 +/− gemischt

Plus verstehen

1 + 1 = _____

2 + 1 = _____

3 + 1 = _____

4 + 1 = _____

3 + 1 = _____

4 + 1 = _____

Streit · Jansen **Mathe lernen nach dem IntraActPlus-Konzept**
© Springer-Verlag GmbH Deutschland, ein Teil von Springer Nature 2020

Plus verstehen

● ●　　　● ●

$$2 \quad + \quad 2 \quad = \ \_\_\_\_$$

● ● ●　　　● ●

$$3 \quad + \quad 2 \quad = \ \_\_\_\_$$

● ● ● ●　　　● ●

$$4 \quad + \quad 2 \quad = \ \_\_\_\_$$

● ●　　　● ●

$$2 \quad + \quad 2 \quad = \ \_\_\_\_$$

● ● ●　　　● ●

$$3 \quad + \quad 2 \quad = \ \_\_\_\_$$

● ● ● ●　　　● ●

$$4 \quad + \quad 2 \quad = \ \_\_\_\_$$

1.1 Zählen

1.2 Zahlen

1.3 Zahlenraum

1.4 Plus verstehen

1.5 Plusaufgaben

1.6 Minus verstehen

1.7 Minusaufgaben

1.8 +/– gemischt

1.1 Zählen

1.2 Zahlen

1.3 Zahlenraum

1.4 Plus verstehen

1.5 Plusaufgaben

1.6 Minus verstehen

1.7 Minusaufgaben

1.8 +/– gemischt

Plus verstehen

● ● ● ● ●   ●

$$5 \quad + \quad 1 \quad = \underline{}$$

● ● ● ● ●   ● ●

$$5 \quad + \quad 2 \quad = \underline{}$$

● ● ● ● ●   ● ● ●

$$5 \quad + \quad 3 \quad = \underline{}$$

● ● ● ● ●   ● ● ● ●

$$5 \quad + \quad 4 \quad = \underline{}$$

● ● ● ● ●   ● ● ● ● ●

$$5 \quad + \quad 5 \quad = \underline{}$$

● ● ● ● ●   ● ● ● ● ●

$$5 \quad + \quad 5 \quad = \underline{}$$

Streit · Jansen **Mathe lernen nach dem IntraActPlus-Konzept**
© Springer-Verlag GmbH Deutschland, ein Teil von Springer Nature 2020

Tauschen verstehen

2 + 1 = ____

1 + 2 = ____

3 + 1 = ____

1 + 3 = ____

4 + 1 = ____

1 + 4 = ____

1.1 Zählen

1.2 Zahlen

1.3 Zahlenraum

1.4 Plus verstehen

1.5 Plusaufgaben

1.6 Minus verstehen

1.7 Minusaufgaben

1.8 +/– gemischt

1.1 Zählen

1.2 Zahlen

1.3 Zahlenraum

1.4 Plus verstehen

1.5 Plusaufgaben

1.6 Minus verstehen

1.7 Minusaufgaben

1.8 +/– gemischt

Tauschen verstehen

● ● ● ●   ●

$$4 \quad + \quad 1 \quad = \underline{\hspace{2em}}$$

●   ● ● ● ●

$$1 \quad + \quad 4 \quad = \underline{\hspace{2em}}$$

● ● ●   ● ●

$$3 \quad + \quad 2 \quad = \underline{\hspace{2em}}$$

● ●   ● ● ●

$$2 \quad + \quad 3 \quad = \underline{\hspace{2em}}$$

● ● ● ●   ● ●

$$4 \quad + \quad 2 \quad = \underline{\hspace{2em}}$$

● ●   ● ● ● ●

$$2 \quad + \quad 4 \quad = \underline{\hspace{2em}}$$

Streit · Jansen   **Mathe lernen nach dem IntraActPlus-Konzept**
© Springer-Verlag GmbH Deutschland, ein Teil von Springer Nature 2020

Plusaufgaben schreiben

●●● ●●

3 + 2 = 5
___ ___ ___

●●●● ●●

___ + ___ = ___

●●● ●●●

___ + ___ = ___

●● ●●●

___ + ___ = ___

●● ●●●●

___ + ___ = ___

●●●● ●

___ + ___ = ___

●●●● ●●●

___ + ___ = ___

●●●●● ●●●●

___ + ___ = ___

● ●●●●

___ + ___ = ___

●●● ●●●

___ + ___ = ___

1.1 Zählen

1.2 Zahlen

1.3 Zahlenraum

1.4 Plus verstehen

1.5 Plusaufgaben

1.6 Minus verstehen

1.7 Minusaufgaben

1.8 +/– gemischt

1.1 Zählen

1.2 Zahlen

1.3 Zahlenraum

1.4 Plus verstehen

1.5 Plusaufgaben

1.6 Minus verstehen

1.7 Minusaufgaben

1.8 +/- gemischt

Plusaufgaben schreiben

2 + 2 = 4

___ + ___ = ___

___ + ___ = ___

___ + ___ = ___

___ + ___ = ___

___ + ___ = ___

___ + ___ = ___

___ + ___ = ___

___ + ___ = ___

___ + ___ = ___

Streit · Jansen   **Mathe lernen nach dem IntraActPlus-Konzept**
© Springer-Verlag GmbH Deutschland, ein Teil von Springer Nature 2020

Plusaufgaben schreiben

$$3 \quad + \quad 1 \quad = \quad 4$$

$$\underline{} \quad + \quad \underline{} \quad = \quad \underline{}$$

$$\underline{} \quad + \quad \underline{} \quad = \quad \underline{}$$

$$\underline{} \quad + \quad \underline{} \quad = \quad \underline{}$$

$$\underline{} \quad + \quad \underline{} \quad = \quad \underline{}$$

$$\underline{} \quad + \quad \underline{} \quad = \quad \underline{}$$

$$\underline{} \quad + \quad \underline{} \quad = \quad \underline{}$$

$$\underline{} \quad + \quad \underline{} \quad = \quad \underline{}$$

$$\underline{} \quad + \quad \underline{} \quad = \quad \underline{}$$

$$\underline{} \quad + \quad \underline{} \quad = \quad \underline{}$$

1.1 Zählen

1.2 Zahlen

1.3 Zahlenraum

1.4 **Plus verstehen**

1.5 Plusaufgaben

1.6 Minus verstehen

1.7 Minusaufgaben

1.8 +/− gemischt

Plusaufgaben schreiben

1 + 1 + 1 = 3

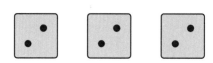

___ + ___ + ___ = ___

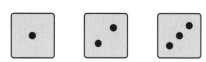

___ + ___ + ___ = ___

___ + ___ + ___ = ___

___ + ___ + ___ = ___

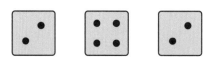

___ + ___ + ___ = ___

___ + ___ + ___ = ___

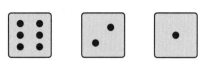

___ + ___ + ___ = ___

___ + ___ + ___ = ___

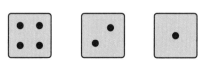

___ + ___ + ___ = ___

___ + ___ + ___ = ___

1.1 Zählen
1.2 Zahlen
1.3 Zahlenraum
1.4 Plus verstehen
1.5 Plusaufgaben
1.6 Minus verstehen
1.7 Minusaufgaben
1.8 +/− gemischt

Streit · Jansen **Mathe lernen nach dem IntraActPlus-Konzept**
© Springer-Verlag GmbH Deutschland, ein Teil von Springer Nature 2020

Plus 1 im Zahlenfeld verstehen

2 + 1 = 3

1	2	3	4	5	6	7	8	9	10

3 + 1 = 4

1	2	3	4	5	6	7	8	9	10

5 + 1 = 6

1	2	3	4	5	6	7	8	9	10

8 + 1 = 9

1	2	3	4	5	6	7	8	9	10

9 + 1 = 10

1	2	3	4	5	6	7	8	9	10

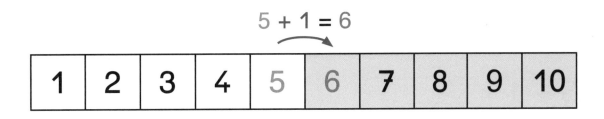
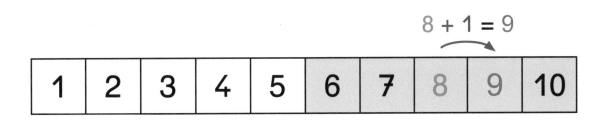
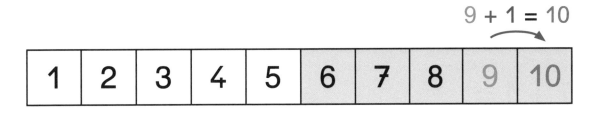

1.1 Zählen

1.2 Zahlen

1.3 Zahlenraum

1.4 Plus verstehen

1.5 Plusaufgaben

1.6 Minus verstehen

1.7 Minusaufgaben

1.8 +/− gemischt

1.1 Zählen

1.2 Zahlen

1.3 Zahlenraum

1.4 Plus verstehen

1.5 Plusaufgaben

1.6 Minus verstehen

1.7 Minusaufgaben

1.8 +/- gemischt

Plus 1 im Zahlenfeld verstehen

| 1 | 2 | 3 | 4 | 5 | 6 | 7 | 8 | 9 | 10 |

Hilf dir mit dem Zahlenfeld:

1 + 1 = _____

3 + 1 = _____

6 + 1 = _____

8 + 1 = _____

2 + 1 = _____

5 + 1 = _____

4 + 1 = _____

9 + 1 = _____

7 + 1 = _____

Streit · Jansen   **Mathe lernen nach dem IntraActPlus-Konzept**
© Springer-Verlag GmbH Deutschland, ein Teil von Springer Nature 2020

1.1 Zählen

1.2 Zahlen

1.3 Zahlenraum

1.4 Plus verstehen

1.5 Plusaufgaben

1.6 Minus verstehen

1.7 Minusaufgaben

1.8 +/– gemischt

Plus 2 im Zahlenfeld verstehen

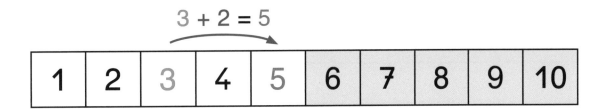

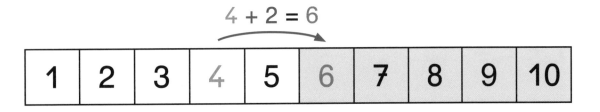

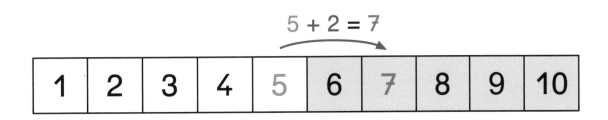

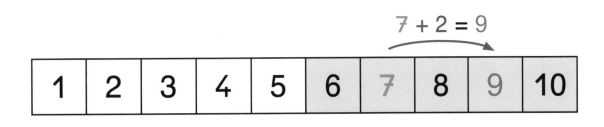

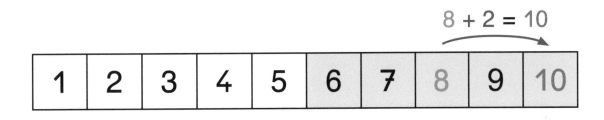

1.1 Zählen

1.2 Zahlen

1.3 Zahlenraum

1.4 Plus verstehen

1.5 Plusaufgaben

1.6 Minus verstehen

1.7 Minusaufgaben

1.8 +/- gemischt

Plus 2 im Zahlenfeld verstehen

| 1 | 2 | 3 | 4 | 5 | 6 | 7 | 8 | 9 | 10 |

Hilf dir mit dem Zahlenfeld:

1 + 2 = ____

3 + 2 = ____

6 + 2 = ____

8 + 2 = ____

2 + 2 = ____

5 + 2 = ____

4 + 2 = ____

7 + 2 = ____

Streit · Jansen   **Mathe lernen nach dem IntraActPlus-Konzept**
© Springer-Verlag GmbH Deutschland, ein Teil von Springer Nature 2020

1.5 Plusaufgaben

Lernziele

- Ergebnisse der Additionen im Zahlenraum bis 10 speichern und den Abruf automatisieren.
- Das Gelernte auf Sachaufgaben anwenden.

Leistungsdifferenzierung

- *Grün:* grundlegende Lerninhalte für alle Lernenden
- *Blau:* Lerninhalte, die von langsamer lernenden Kindern weggelassen oder zu einem späteren Zeitpunkt bearbeitet werden können
- *Orange:* schwierigere Zusatzaufgaben für schnell lernende Kinder

Vorübung

Material

0 + 1 =	1 + 1 =
2 + 1 =	3 + 1 =
4 + 1 =	5 + 1 =
6 + 1 =	7 + 1 =
8 + 1 =	9 + 1 =

Übungsmaterial (Beispiel)

1	2	3	4	5	6	7	8	9	10

Zahlenfeld bis 10 aus Pappe – liegt dem Material bei.

Vorbereitung des Materials

Die Lernkärtchen werden an den gestrichelten Linien auseinandergeschnitten.

So geht es

- Das Zahlenfeld bis 10 liegt auf dem Tisch. Beginnen Sie mit dem Lernkärtchen »1+1=«, und legen Sie es vor das Kind.
- Besprechen Sie sinngemäß: „*Jetzt suchen wir hier im Zahlenfeld die 1*" (auf die Zahl »1« zeigen) „*und da steht plus 1. Ich muss also ein Kästchen weitergehen. Bei welcher Zahl sind wir dann?*" Das Lernkärtchen wird umgedreht und die Lösung gespeichert.
- Die Aufgabe »2+1=« wird entsprechend besprochen.
- Dann werden die beiden Aufgaben »1+1=« und »2+1=« im Wechsel abgefragt. Das Kind soll versuchen, die Ergebnisse aus dem Gedächtnis abzurufen.

Siehe Video unter: www.intraactplus.de/mathe/

Leistungsdifferenzierung

Das Zahlenfeld wird nur zu Hilfe genommen, wenn es dem Kind nicht gelingt, das Ergebnis aus dem Gedächtnis abzurufen. Langsamer lernende Kinder können sich noch über längere Zeit mit dem Zahlenfeld helfen.

Übungsblätter zum Speichern und Automatisieren

Material

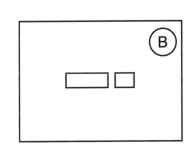

	✋
1 + 1 =	2
2 + 1 =	3
1 + 1 =	2
2 + 1 =	3
3 + 1 =	4
2 + 1 =	3
3 + 1 =	4
1 + 1 =	2
3 + 1 =	4
2 + 1 =	3
1 + 1 =	2
3 + 1 =	4

Übungsmaterial (Beispiel)   Schablone B – liegt dem Material bei.

So geht es

- Die Schablone B wird so auf das Übungsblatt gelegt, dass nur die beiden grünen Felder zu sehen sind.
- Das Kind deckt das rechte ausgestanzte Fenster der Schablone mit seiner rechten Hand ab.
- Die Schablone wird nach unten geschoben, bis die erste Aufgabe sichtbar ist. Das Kind löst die Aufgabe. Dann nimmt es die Hand von der Schablone und prüft, ob es richtig gerechnet hat.
- Das Kind deckt das Ergebnisfeld wieder mit der Hand ab und schiebt die Schablone eine Zeile weiter nach unten.

Siehe Video unter: www.intraactplus.de/mathe/

Leistungsdifferenzierung

- Ziel ist es, dass die Lösungen ohne Verwendung von Hilfestellungen wie innerem Zählen oder Benutzen des Zahlenfelds abgerufen werden können. Das Übungsblatt wird so oft wiederholt, bis dies mühelos und fehlerfrei gelingt.
- Kinder, denen diese Aufgaben schwerfallen, können in der Anfangszeit das Zahlenfeld als Hilfsmittel nutzen.

▶▶▶

1.1 Zählen
1.2 Zahlen
1.3 Zahlenraum
1.4 Plus verstehen
1.5 Plusaufgaben
1.6 Minus verstehen
1.7 Minusaufgaben
1.8 +/- gemischt

1.1 Zählen

1.2 Zahlen

1.3 Zahlenraum

1.4 Plus verstehen

1.5 Plusaufgaben

1.6 Minus verstehen

1.7 Minusaufgaben

1.8 +/- gemischt

Überprüfung des Lernstandes

Material
Übungsblätter „Aufgaben"

So geht es
Das Kind bearbeitet das Übungsblatt selbstständig. Damit der Lernstoff ausreichend tief gelernt wird, empfiehlt sich:
- Wenn es die Aufgaben mühelos gelöst und höchstens zwei Fehler gemacht hat, wird mit dem nächsten Übungsblatt weitergemacht.
- Wenn es sich noch anstrengen musste oder mehr als zwei Fehler gemacht hat, werden die vorangegangenen Übungsblätter wiederholt.

Hilfe zur Korrektur
Die Lösungen stehen jeweils auf der folgenden Seite.

Anwendung in Sachaufgaben

Material
Übungsblätter „Sachaufgaben", „Schwierige Sachaufgaben"

So geht es
Entscheiden Sie zunächst, ob das Kind die Aufgaben selbst liest oder vorgelesen bekommt.
- Kinder, die mühelos und sicher lesen, lesen die Texte selbst.
- Kinder, die sich noch etwas mit dem Lesen schwertun, bezüglich der mathematischen Inhalte jedoch sicher sind, versuchen, die Aufgaben selbst zu lesen.
- Alle anderen Kinder bekommen die Aufgaben vorgelesen.

Darüber hinaus kann der Schwierigkeitsgrad wie folgt an den Leistungsstand des Kindes angepasst werden:

Schwierigkeitsstufe 1
1. Der Text wird gelesen oder langsam vorgelesen.
2. Das Kind formuliert die Rechnung.
3. Das Kind schreibt die Rechnung auf.
Wenn es dem Kind schwerfällt, den richtigen Rechenweg zu finden, dann zeigen Sie ihm zunächst, wie es geht. Schreiben Sie die Rechnung auf und lassen Sie das Kind den Rechenweg speichern. Dann wird die Rechnung abgedeckt und noch einmal von vorne (mit Punkt 1) begonnen.

Schwierigkeitsstufe 2
Wie Schwierigkeitsstufe 1, zusätzlich wird der Antwortsatz mündlich formuliert.

Schwierigkeitsstufe 3
1. Das Kind schreibt den Buchstaben vor der Aufgabe und die zugehörige Rechnung auf ein Blatt Papier oder in sein Rechenheft.
Beispielsweise:
A 2 + 1 = 3
B 1 + 3 = 4
usw.
2. Das Kind prüft seine Ergebnisse mithilfe der Lösungsseite.
3. Das Kind rechnet die Aufgaben, die beim ersten Durchgang falsch waren, noch einmal.

Schwierigkeitsstufe 4
Wie Schwierigkeitsstufe 3, zusätzlich werden die Antwortsätze aufgeschrieben.

Hilfe zur Korrektur
Die Lösungen stehen jeweils auf der folgenden Seite.

Tauschaufgaben

Material
Übungsblätter „Tauschaufgaben"

So geht es
Unter jede Aufgabe wird die Tauschaufgabe geschrieben.

Lückenaufgaben

Material

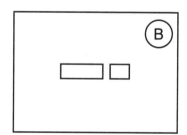

Übungsmaterial (Beispiel)   Schablone B – liegt dem Material bei.

So geht es
Diese Übungsblätter werden genauso bearbeitet wie alle anderen Übungsblätter mit dem Handsymbol. Damit auch diese Übung bei Bedarf öfter wiederholt werden kann, werden die Ergebnisse mündlich genannt und nicht in die Kästchen geschrieben.

Streit · Jansen **Mathe lernen nach dem IntraActPlus-Konzept**
© Springer-Verlag GmbH Deutschland, ein Teil von Springer Nature 2020

$0 + 1 =$	$1 + 1 =$
$2 + 1 =$	$3 + 1 =$
$4 + 1 =$	$5 + 1 =$
$6 + 1 =$	$7 + 1 =$
$8 + 1 =$	$9 + 1 =$

2	1
4	3
6	5
8	7
10	9

		✋
1 + 1 =		2
2 + 1 =		3
1 + 1 =		2
2 + 1 =		3
3 + 1 =		4
2 + 1 =		3
3 + 1 =		4
1 + 1 =		2
3 + 1 =		4
2 + 1 =		3
1 + 1 =		2
3 + 1 =		4

1.1 Zählen

1.2 Zahlen

1.3 Zahlenraum

1.4 Plus verstehen

1.5 Plusaufgaben

1.6 Minus verstehen

1.7 Minusaufgaben

1.8 +/– gemischt

1.1 Zählen

1.2 Zahlen

1.3 Zahlenraum

1.4 Plus verstehen

1.5 Plusaufgaben

1.6 Minus verstehen

1.7 Minusaufgaben

1.8 +/– gemischt

		✋
4 + 1 =		5
5 + 1 =		6
4 + 1 =		5
5 + 1 =		6
6 + 1 =		7
4 + 1 =		5
6 + 1 =		7
5 + 1 =		6
4 + 1 =		5
6 + 1 =		7
5 + 1 =		6
6 + 1 =		7

Streit · Jansen **Mathe lernen nach dem IntraActPlus-Konzept**
© Springer-Verlag GmbH Deutschland, ein Teil von Springer Nature 2020

		✋
7 + 1 =		8
8 + 1 =		9
9 + 1 =		10
8 + 1 =		9
9 + 1 =		10
7 + 1 =		8
9 + 1 =		10
8 + 1 =		9
9 + 1 =		10
7 + 1 =		8
8 + 1 =		9
7 + 1 =		8

1.1 Zählen

1.2 Zahlen

1.3 Zahlenraum

1.4 Plus verstehen

1.5 Plusaufgaben

1.6 Minus verstehen

1.7 Minusaufgaben

1.8 +/− gemischt

1.1 Zählen

1.2 Zahlen

1.3 Zahlenraum

1.4 Plus verstehen

1.5 Plusaufgaben

1.6 Minus verstehen

1.7 Minusaufgaben

1.8 +/- gemischt

		✋
8 + 1 =		9
2 + 1 =		3
7 + 1 =		8
4 + 1 =		5
9 + 1 =		10
3 + 1 =		4
5 + 1 =		6
1 + 1 =		2
9 + 1 =		10
6 + 1 =		7
9 + 1 =		10
8 + 1 =		9

Streit · Jansen **Mathe lernen nach dem IntraActPlus-Konzept**
© Springer-Verlag GmbH Deutschland, ein Teil von Springer Nature 2020

		✋
0 + 1 =		1
2 + 1 =		3
4 + 1 =		5
6 + 1 =		7
8 + 1 =		9
0 + 1 =		1
1 + 1 =		2
3 + 1 =		4
5 + 1 =		6
7 + 1 =		8
9 + 1 =		10
0 + 1 =		1

1.1 Zählen

1.2 Zahlen

1.3 Zahlenraum

1.4 Plus verstehen

1.5 Plusaufgaben

1.6 Minus verstehen

1.7 Minusaufgaben

1.8 +/− gemischt

1.1 Zahlen

1.2 Zahlen

1.3 Zahlenraum

1.4 Plus verstehen

1.5 Plusaufgaben

1.6 Minus verstehen

1.7 Minusaufgaben

1.8 +/- gemischt

3 + 1 = _____	9 + 1 = _____
2 + 1 = _____	3 + 1 = _____
4 + 1 = _____	6 + 1 = _____
1 + 1 = _____	8 + 1 = _____
5 + 1 = _____	4 + 1 = _____
6 + 1 = _____	7 + 1 = _____
3 + 1 = _____	5 + 1 = _____
9 + 1 = _____	8 + 1 = _____
2 + 1 = _____	7 + 1 = _____
5 + 1 = _____	9 + 1 = _____
7 + 1 = _____	6 + 1 = _____
8 + 1 = _____	4 + 1 = _____

Streit · Jansen **Mathe lernen nach dem IntraActPlus-Konzept**
© Springer-Verlag GmbH Deutschland, ein Teil von Springer Nature 2020

3 + 1 = 4	9 + 1 = 10
2 + 1 = 3	3 + 1 = 4
4 + 1 = 5	6 + 1 = 7
1 + 1 = 2	8 + 1 = 9
5 + 1 = 6	4 + 1 = 5
6 + 1 = 7	7 + 1 = 8
3 + 1 = 4	5 + 1 = 6
9 + 1 = 10	8 + 1 = 9
2 + 1 = 3	7 + 1 = 8
5 + 1 = 6	9 + 1 = 10
7 + 1 = 8	6 + 1 = 7
8 + 1 = 9	4 + 1 = 5

1.1 Zählen

1.2 Zahlen

1.3 Zahlenraum

1.4 Plus verstehen

1.5 Plusaufgaben

1.6 Minus verstehen

1.7 Minusaufgaben

1.8 +/- gemischt

1.1 Zählen

1.2 Zahlen

1.3 Zahlenraum

1.4 Plus verstehen

1.5 Plusaufgaben

1.6 Minus verstehen

1.7 Minusaufgaben

1.8 +/- gemischt

Tauschaufgaben

Schreibe unter jede Aufgabe die Tauschaufgabe!

$3 + 1 = 4$

$\underline{} + \underline{} = \underline{}$

$2 + 1 = 3$

$\underline{} + \underline{} = \underline{}$

$3 + 1 = 4$

$\underline{} + \underline{} = \underline{}$

$4 + 1 = 5$

$\underline{} + \underline{} = \underline{}$

$5 + 1 = 6$

$\underline{} + \underline{} = \underline{}$

$6 + 1 = 7$

$\underline{} + \underline{} = \underline{}$

$7 + 1 = 8$

$\underline{} + \underline{} = \underline{}$

$8 + 1 = 9$

$\underline{} + \underline{} = \underline{}$

$9 + 1 = 10$

$\underline{} + \underline{} = \underline{}$

$0 + 1 = 1$

$\underline{} + \underline{} = \underline{}$

Streit · Jansen **Mathe lernen nach dem IntraActPlus-Konzept**
© Springer-Verlag GmbH Deutschland, ein Teil von Springer Nature 2020

		✋
1 + 2 =		3
1 + 4 =		5
1 + 3 =		4
1 + 5 =		6
1 + 4 =		5
1 + 6 =		7
1 + 5 =		6
1 + 9 =		10
1 + 8 =		9
1 + 9 =		10
1 + 7 =		8
1 + 9 =		10

1.1 Zählen
1.2 Zahlen
1.3 Zahlenraum
1.4 Plus verstehen
1.5 Plusaufgaben
1.6 Minus verstehen
1.7 Minusaufgaben
1.8 +/– gemischt

1.1 Zählen

1.2 Zahlen

1.3 Zahlenraum

1.4 Plus verstehen

1.5 Plusaufgaben

1.6 Minus verstehen

1.7 Minusaufgaben

1.8 +/- gemischt

1 + 2 = _____   1 + 7 = _____

1 + 5 = _____   1 + 5 = _____

1 + 3 = _____   1 + 8 = _____

1 + 1 = _____   1 + 6 = _____

1 + 6 = _____   1 + 9 = _____

1 + 9 = _____   1 + 5 = _____

1 + 4 = _____   1 + 8 = _____

1 + 7 = _____   1 + 6 = _____

1 + 8 = _____   1 + 3 = _____

1 + 3 = _____   1 + 4 = _____

1 + 2 = _____   1 + 7 = _____

1 + 4 = _____   1 + 9 = _____

Streit · Jansen   Mathe lernen nach dem IntraActPlus-Konzept
© Springer-Verlag GmbH Deutschland, ein Teil von Springer Nature 2020

Lösungen

$1 + 2 = \underline{3}$

$1 + 5 = \underline{6}$

$1 + 3 = \underline{4}$

$1 + 1 = \underline{2}$

$1 + 6 = \underline{7}$

$1 + 9 = \underline{10}$

$1 + 4 = \underline{5}$

$1 + 7 = \underline{8}$

$1 + 8 = \underline{9}$

$1 + 3 = \underline{4}$

$1 + 2 = \underline{3}$

$1 + 4 = \underline{5}$

$1 + 7 = \underline{8}$

$1 + 5 = \underline{6}$

$1 + 8 = \underline{9}$

$1 + 6 = \underline{7}$

$1 + 9 = \underline{10}$

$1 + 5 = \underline{6}$

$1 + 8 = \underline{9}$

$1 + 6 = \underline{7}$

$1 + 3 = \underline{4}$

$1 + 4 = \underline{5}$

$1 + 7 = \underline{8}$

$1 + 9 = \underline{10}$

1.1 Zählen

1.2 Zahlen

1.3 Zahlenraum

1.4 Plus verstehen

1.5 Plusaufgaben

1.6 Minus verstehen

1.7 Minusaufgaben

1.8 +/− gemischt

1.1 Zählen

1.2 Zahlen

1.3 Zahlenraum

1.4 Plus verstehen

1.5 Plusaufgaben

1.6 Minus verstehen

1.7 Minusaufgaben

1.8 +/– gemischt

		✋
5 + 1 =		6
1 + 2 =		3
4 + 1 =		5
3 + 1 =		4
1 + 5 =		6
1 + 3 =		4
2 + 1 =		3
1 + 4 =		5
3 + 1 =		4
1 + 3 =		4
1 + 5 =		6
1 + 4 =		5

Wo kannst du tauschen?

Streit · Jansen **Mathe lernen nach dem IntraActPlus-Konzept**
© Springer-Verlag GmbH Deutschland, ein Teil von Springer Nature 2020

Wo kannst du tauschen?

6 + 1 =		7
1 + 7 =		8
8 + 1 =		9
9 + 1 =		10
1 + 8 =		9
1 + 9 =		10
6 + 1 =		7
1 + 9 =		10
8 + 1 =		9
1 + 7 =		8
9 + 1 =		10
1 + 8 =		9

1.2 Zahlen

1.3 Zahlenraum

1.4 Plus verstehen

1.5 Plusaufgaben

1.6 Minus verstehen

1.7 Minusaufgaben

1.8 +/– gemischt

1.1 Zählen

1.2 Zahlen

1.3 Zahlenraum

1.4 Plus verstehen

1.5 Plusaufgaben

1.6 Minus verstehen

1.7 Minusaufgaben

1.8 +/– gemischt

$4 + 1 = \underline{\hphantom{000}}$

$1 + 3 = \underline{\hphantom{000}}$

$1 + 2 = \underline{\hphantom{000}}$

$7 + 1 = \underline{\hphantom{000}}$

$2 + 1 = \underline{\hphantom{000}}$

$1 + 6 = \underline{\hphantom{000}}$

$1 + 8 = \underline{\hphantom{000}}$

$9 + 1 = \underline{\hphantom{000}}$

$1 + 7 = \underline{\hphantom{000}}$

$1 + 4 = \underline{\hphantom{000}}$

$8 + 1 = \underline{\hphantom{000}}$

$1 + 9 = \underline{\hphantom{000}}$

$1 + 5 = \underline{\hphantom{000}}$

$6 + 1 = \underline{\hphantom{000}}$

$3 + 1 = \underline{\hphantom{000}}$

$1 + 4 = \underline{\hphantom{000}}$

$1 + 7 = \underline{\hphantom{000}}$

$9 + 1 = \underline{\hphantom{000}}$

$5 + 1 = \underline{\hphantom{000}}$

$7 + 1 = \underline{\hphantom{000}}$

$1 + 9 = \underline{\hphantom{000}}$

$1 + 6 = \underline{\hphantom{000}}$

$1 + 3 = \underline{\hphantom{000}}$

$4 + 1 = \underline{\hphantom{000}}$

Streit · Jansen **Mathe lernen nach dem IntraActPlus-Konzept**
© Springer-Verlag GmbH Deutschland, ein Teil von Springer Nature 2020

4 + 1 = 5		1 + 5 = 6
1 + 3 = 4		6 + 1 = 7
1 + 2 = 3		3 + 1 = 4
7 + 1 = 8		1 + 4 = 5
2 + 1 = 3		1 + 7 = 8
1 + 6 = 7		9 + 1 = 10
1 + 8 = 9		5 + 1 = 6
9 + 1 = 10		7 + 1 = 8
1 + 7 = 8		1 + 9 = 10
1 + 4 = 5		1 + 6 = 7
8 + 1 = 9		1 + 3 = 4
1 + 9 = 10		4 + 1 = 5

1.1 Zählen

1.2 Zahlen

1.3 Zahlenraum

1.4 Plus verstehen

1.5 Plusaufgaben

1.6 Minus verstehen

1.7 Minusaufgaben

1.8 +/− gemischt

1.1 Zählen

1.2 Zahlen

1.3 Zahlenraum

1.4 Plus verstehen

1.5 Plusaufgaben

1.6 Minus verstehen

1.7 Minusaufgaben

1.8 +/- gemischt

Sachaufgaben

A Paul hat zwei rote Stifte und einen blauen Stift.
Wie viele Stifte hat er zusammen?

B Lara hat einen Stift. Leo hat drei Stifte.
Wie viele Stifte haben beide zusammen?

C Samuel hat fünf Äpfel. Er findet noch einen Apfel.
Wie viele Äpfel hat Samuel jetzt?

D Amir hat sieben Trauben. Sein Papa gibt ihm noch
eine Traube. Wie viele Trauben hat Amir jetzt?

E Emra hat sechs Murmeln. Ihre Oma legt noch eine
Murmel dazu. Wie viele Murmeln hat Emra jetzt?

F Alex hat eine Traube. Er nimmt sich noch acht
Trauben. Wie viele Trauben hat er jetzt?

G In Miriams Mäppchen sind neun Stifte. Sie tut
noch einen Stift dazu. Wie viele Stifte sind jetzt
im Mäppchen?

Streit · Jansen **Mathe lernen nach dem IntraActPlus-Konzept**
© Springer-Verlag GmbH Deutschland, ein Teil von Springer Nature 2020

1.1 Zählen

1.2 Zahlen

1.3 Zahlenraum

1.4 Plus verstehen

1.5 Plusaufgaben

1.6 Minus verstehen

1.7 Minusaufgaben

1.8 +/− gemischt

Lösungen

A Rechnung: $2 + 1 = 3$

Antwort: Paul hat zusammen 3 Stifte.

B Rechnung: $1 + 3 = 4$

Antwort: Lara und Leo haben zusammen 4 Stifte.

C Rechnung: $5 + 1 = 6$

Antwort: Samuel hat 6 Äpfel.

D Rechnung: $7 + 1 = 8$

Antwort: Amir hat 8 Trauben.

E Rechnung: $6 + 1 = 7$

Antwort: Emra hat 7 Murmeln.

F Rechnung: $1 + 8 = 9$

Antwort: Alex hat 9 Trauben.

G Rechnung: $9 + 1 = 10$

Antwort: Im Mäppchen sind 10 Stifte.

1.1 Zählen

1.2 Zahlen

1.3 Zahlenraum

1.4 Plus verstehen

1.5 Plusaufgaben

1.6 Minus verstehen

1.7 Minusaufgaben

1.8 +/- gemischt

Schwierige Sachaufgaben

A Maja hat vier Puppen. Anne hat eine Puppe mehr.
   Wie viele Puppen hat Anne?

B Jonas ist sechs Jahre alt. Sein Bruder Karl ist ein
   Jahr älter. Wie alt ist Karl?

C Marie hat eine Murmel. Nora hat neun Murmeln
   mehr. Wie viele Murmeln hat Nora?

D Im Bus sitzen schon acht Leute. Ein Mann steigt
   noch ein. Wie viele Leute sind jetzt im Bus?

E Die Katze Mimi hat Junge bekommen. Eins ist weiß
   und vier sind schwarz. Wie viele Junge hat Mimi
   insgesamt?

F Auf dem Parkplatz stehen acht blaue Autos und
   ein rotes Auto. Wie viele Autos stehen auf dem
   Parkplatz?

G Lenis Bruder Max ist ein Jahr alt. Leni ist fünf Jahre
   älter als Max. Wie alt ist Leni?

Streit · Jansen   **Mathe lernen nach dem IntraActPlus-Konzept**
© Springer-Verlag GmbH Deutschland, ein Teil von Springer Nature 2020

A Rechnung: $4 + 1 = 5$

Antwort: Anne hat 5 Puppen.

B Rechnung: $6 + 1 = 7$

Antwort: Karl ist 7 Jahre alt.

C Rechnung: $1 + 9 = 10$ oder $9 + 1 = 10$

Antwort: Nora hat 10 Murmeln.

D Rechnung: $8 + 1 = 9$

Antwort: Im Bus sind jetzt 9 Leute.

E Rechnung: $1 + 4 = 5$ oder $4 + 1 = 5$

Antwort: Mimi hat 5 Junge.

F Rechnung: $8 + 1 = 9$ oder $1 + 8 = 9$

Antwort: Auf dem Parkplatz stehen 9 Autos.

G Rechnung: $1 + 5 = 6$

Antwort: Leni ist 6 Jahre alt.

1.1 Zählen
1.2 Zahlen
1.3 Zahlenraum
1.4 Plus verstehen
1.5 Plusaufgaben
1.6 Minus verstehen
1.7 Minusaufgaben
1.8 +/– gemischt

1.1 zählen

1.2 Zahlen

1.3 Zahlenraum

1.4 Plus verstehen

1.5 Plusaufgaben

1.6 Minus verstehen

1.7 Minusaufgaben

1.8 +/–gemischt

		✋
1 + ☐ = 2		1
2 + ☐ = 3		1
1 + ☐ = 3		2
1 + ☐ = 5		4
1 + ☐ = 4		3
1 + ☐ = 6		5
5 + ☐ = 6		1
1 + ☐ = 5		4
7 + ☐ = 8		1
1 + ☐ = 4		3
8 + ☐ = 9		1
1 + ☐ = 10		9

Streit · Jansen   **Mathe lernen nach dem IntraActPlus-Konzept**
© Springer-Verlag GmbH Deutschland, ein Teil von Springer Nature 2020

		✋
☐ + 1 = 3		2
☐ + 1 = 4		3
☐ + 3 = 4		1
☐ + 1 = 10		9
☐ + 1 = 5		4
☐ + 1 = 7		6
☐ + 1 = 9		8
☐ + 7 = 8		1
☐ + 1 = 5		4
☐ + 9 = 10		1
☐ + 1 = 8		7
☐ + 1 = 6		5

1.1 Zählen

1.2 Zahlen

1.3 Zahlenraum

1.4 Plus verstehen

1.5 Plusaufgaben

1.6 Minus verstehen

1.7 Minusaufgaben

1.8 +/- gemischt

1.1 Zählen

1.2 Zahlen

1.3 Zahlenraum

1.4 Plus verstehen

1.5 Plusaufgaben

1.6 Minus verstehen

1.7 Minusaufgaben

1.8 +/-gemischt

		✋
☐ + 2 = 3		1
1 + ☐ = 4		3
☐ + 9 = 10		1
☐ + 1 = 5		4
9 + ☐ = 10		1
☐ + 1 = 7		6
4 + ☐ = 5		1
7 + ☐ = 8		1
☐ + 1 = 6		5
☐ + 9 = 10		1
1 + ☐ = 5		4
☐ + 1 = 8		7

Streit · Jansen **Mathe lernen nach dem IntraActPlus-Konzept**
© Springer-Verlag GmbH Deutschland, ein Teil von Springer Nature 2020

$0 + 2 =$

$1 + 2 =$

$2 + 2 =$

$3 + 2 =$

$4 + 2 =$

$5 + 2 =$

$6 + 2 =$

$7 + 2 =$

$8 + 2 =$

2 + 2 =		4
1 + 2 =		3
2 + 2 =		4
3 + 2 =		5
1 + 2 =		3
0 + 2 =		2
3 + 2 =		5
1 + 2 =		3
3 + 2 =		5
0 + 2 =		2
3 + 2 =		5
2 + 2 =		4

1.1 Zählen

1.2 Zahlen

1.3 Zahlenraum

1.4 Plus verstehen

1.5 Plusaufgaben

1.6 Minus verstehen

1.7 Minusaufgaben

1.8 +/– gemischt

		✋
0 + 2 =		2
2 + 2 =		4
4 + 2 =		6
6 + 2 =		8
8 + 2 =		10
0 + 2 =		2
2 + 2 =		4
4 + 2 =		6
6 + 2 =		8
8 + 2 =		10
6 + 2 =		8
8 + 2 =		10

Streit · Jansen **Mathe lernen nach dem IntraActPlus-Konzept**
© Springer-Verlag GmbH Deutschland, ein Teil von Springer Nature 2020

		🖐
2 + 2 =		4
4 + 2 =		6
2 + 2 =		4
4 + 2 =		6
6 + 2 =		8
4 + 2 =		6
6 + 2 =		8
8 + 2 =		10
6 + 2 =		8
8 + 2 =		10
4 + 2 =		6
8 + 2 =		10

1.1 Zählen

1.2 Zahlen

1.3 Zahlenraum

1.4 Plus verstehen

1.5 Plusaufgaben

1.6 Minus verstehen

1.7 Minusaufgaben

1.8 +/– gemischt

1.1 Zählen

1.2 Zahlen

1.3 Zahlenraum

1.4 Plus verstehen

1.5 Plusaufgaben

1.6 Minus verstehen

1.7 Minusaufgaben

1.8 +/– gemischt

		✋
1 + 2 =		3
3 + 2 =		5
5 + 2 =		7
7 + 2 =		9
5 + 2 =		7
1 + 2 =		3
5 + 2 =		7
7 + 2 =		9
5 + 2 =		7
7 + 2 =		9
3 + 2 =		5
7 + 2 =		9

Streit · Jansen   **Mathe lernen nach dem IntraActPlus-Konzept**
© Springer-Verlag GmbH Deutschland, ein Teil von Springer Nature 2020

		✋
2 + 2 =		4
5 + 2 =		7
6 + 2 =		8
3 + 2 =		5
7 + 2 =		9
5 + 2 =		7
4 + 2 =		6
7 + 2 =		9
1 + 2 =		3
5 + 2 =		7
6 + 2 =		8
8 + 2 =		10

1.1 Zählen
1.2 Zahlen
1.3 Zahlenraum
1.4 Plus verstehen
1.5 Plusaufgaben
1.6 Minus verstehen
1.7 Minusaufgaben
1.8 +/– gemischt

1.1 Zählen

1.2 Zahlen

1.3 Zahlenraum

1.4 Plus verstehen

1.5 Plusaufgaben

1.6 Minus verstehen

1.7 Minusaufgaben

1.8 +/– gemischt

Aufgaben

3 + 2 = _____

2 + 2 = _____

4 + 2 = _____

5 + 2 = _____

7 + 2 = _____

8 + 2 = _____

0 + 2 = _____

3 + 2 = _____

6 + 2 = _____

5 + 2 = _____

8 + 2 = _____

7 + 2 = _____

0 + 2 = _____

5 + 2 = _____

6 + 2 = _____

0 + 2 = _____

4 + 2 = _____

2 + 2 = _____

8 + 2 = _____

4 + 2 = _____

7 + 2 = _____

3 + 2 = _____

6 + 2 = _____

8 + 2 = _____

Streit · Jansen   Mathe lernen nach dem IntraActPlus-Konzept
© Springer-Verlag GmbH Deutschland, ein Teil von Springer Nature 2020

Lösungen

$3 + 2 =$ _5_ $0 + 2 =$ _2_

$2 + 2 =$ _4_ $5 + 2 =$ _7_

$4 + 2 =$ _6_ $6 + 2 =$ _8_

$5 + 2 =$ _7_ $0 + 2 =$ _2_

$7 + 2 =$ _9_ $4 + 2 =$ _6_

$8 + 2 =$ _10_ $2 + 2 =$ _4_

$0 + 2 =$ _2_ $8 + 2 =$ _10_

$3 + 2 =$ _5_ $4 + 2 =$ _6_

$6 + 2 =$ _8_ $7 + 2 =$ _9_

$5 + 2 =$ _7_ $3 + 2 =$ _5_

$8 + 2 =$ _10_ $6 + 2 =$ _8_

$7 + 2 =$ _9_ $8 + 2 =$ _10_

1.1 Zählen
1.2 Zahlen
1.3 Zahlenraum
1.4 Plus verstehen
1.5 Plusaufgaben
1.6 Minus verstehen
1.7 Minusaufgaben
1.8 +/– gemischt

Tauschaufgaben

Schreibe unter jede Aufgabe die Tauschaufgabe!

3 + 2 = 5

2 + 3 = 5

3 + 2 = 5

___ + ___ = ___

4 + 2 = 6

___ + ___ = ___

5 + 2 = 7

___ + ___ = ___

6 + 2 = 8

___ + ___ = ___

7 + 2 = 9

___ + ___ = ___

8 + 2 = 10

___ + ___ = ___

0 + 2 = 2

___ + ___ = ___

5 + 2 = 7

___ + ___ = ___

8 + 2 = 10

___ + ___ = ___

Streit · Jansen **Mathe lernen nach dem IntraActPlus-Konzept**
© Springer-Verlag GmbH Deutschland, ein Teil von Springer Nature 2020

1.1 Zählen
1.2 Zahlen
1.3 Zahlenraum
1.4 Plus verstehen
1.5 Plusaufgaben
1.6 Minus verstehen
1.7 Minusaufgaben
1.8 +/− gemischt

1.1 Zählen
1.2 Zahlen
1.3 Zahlenraum
1.4 Plus verstehen
1.5 Plusaufgaben
1.6 Minus verstehen
1.7 Minusaufgaben
1.8 +/– gemischt

Wo kannst du tauschen?

		✋
$2 + 3 =$		5
$2 + 4 =$		6
$2 + 6 =$		8
$2 + 3 =$		5
$2 + 5 =$		7
$2 + 4 =$		6
$2 + 6 =$		8
$2 + 8 =$		10
$2 + 7 =$		9
$2 + 5 =$		7
$2 + 8 =$		10
$2 + 7 =$		9

1.1 Zählen

1.2 Zahlen

1.3 Zahlenraum

1.4 Plus verstehen

1.5 Plusaufgaben

1.6 Minus verstehen

1.7 Minusaufgaben

1.8 +/– gemischt

2 + 2 = _____

2 + 5 = _____

2 + 3 = _____

2 + 8 = _____

2 + 6 = _____

2 + 4 = _____

2 + 7 = _____

2 + 3 = _____

2 + 8 = _____

2 + 2 = _____

2 + 4 = _____

2 + 6 = _____

2 + 4 = _____

2 + 7 = _____

2 + 5 = _____

2 + 3 = _____

2 + 2 = _____

2 + 5 = _____

2 + 6 = _____

2 + 8 = _____

2 + 4 = _____

2 + 8 = _____

2 + 5 = _____

2 + 7 = _____

Streit · Jansen   **Mathe lernen nach dem IntraActPlus-Konzept**
© Springer-Verlag GmbH Deutschland, ein Teil von Springer Nature 2020

2 + 2 = __4__   2 + 4 = __6__

2 + 5 = __7__   2 + 7 = __9__

2 + 3 = __5__   2 + 5 = __7__

2 + 8 = __10__   2 + 3 = __5__

2 + 6 = __8__   2 + 2 = __4__

2 + 4 = __6__   2 + 5 = __7__

2 + 7 = __9__   2 + 6 = __8__

2 + 3 = __5__   2 + 8 = __10__

2 + 8 = __10__   2 + 4 = __6__

2 + 2 = __4__   2 + 8 = __10__

2 + 4 = __6__   2 + 5 = __7__

2 + 6 = __8__   2 + 7 = __9__

1.1 Zählen

1.2 Zahlen

1.3 Zahlenraum

1.4 Plus verstehen

1.5 Plusaufgaben

1.6 Minus verstehen

1.7 Minusaufgaben

1.8 +/− gemischt

		✋
2 + 1 =		3
3 + 2 =		5
2 + 4 =		6
2 + 2 =		4
5 + 2 =		7
2 + 3 =		5
2 + 5 =		7
4 + 2 =		6
1 + 2 =		3
2 + 5 =		7
3 + 2 =		5
2 + 4 =		6

Streit · Jansen **Mathe lernen nach dem IntraActPlus-Konzept**
© Springer-Verlag GmbH Deutschland, ein Teil von Springer Nature 2020

		✋
2 + 8 =		10
6 + 2 =		8
2 + 0 =		2
8 + 2 =		10
2 + 6 =		8
5 + 2 =		7
2 + 8 =		10
2 + 5 =		7
2 + 7 =		9
2 + 6 =		8
0 + 2 =		2
7 + 2 =		9

1.1 Zählen

1.2 Zahlen

1.3 Zahlenraum

1.4 Plus verstehen

1.5 Plusaufgaben

1.6 Minus verstehen

1.7 Minusaufgaben

1.8 +/− gemischt

1.1 Zählen

1.2 Zahlen

1.3 Zahlenraum

1.4 Plus verstehen

1.5 Plusaufgaben

1.6 Minus verstehen

1.7 Minusaufgaben

1.8 +/– gemischt

Aufgaben

4 + 2 = _____   6 + 2 = _____

2 + 3 = _____   2 + 5 = _____

2 + 5 = _____   3 + 2 = _____

2 + 7 = _____   4 + 2 = _____

6 + 2 = _____   2 + 8 = _____

3 + 2 = _____   7 + 2 = _____

2 + 8 = _____   2 + 4 = _____

5 + 2 = _____   8 + 2 = _____

8 + 2 = _____   2 + 7 = _____

2 + 6 = _____   5 + 2 = _____

7 + 2 = _____   2 + 6 = _____

2 + 4 = _____   2 + 3 = _____

Streit · Jansen **Mathe lernen nach dem IntraActPlus-Konzept**
© Springer-Verlag GmbH Deutschland, ein Teil von Springer Nature 2020

Lösungen

$4 + 2 = \underline{6}$

$2 + 3 = \underline{5}$

$2 + 5 = \underline{7}$

$2 + 7 = \underline{9}$

$6 + 2 = \underline{8}$

$3 + 2 = \underline{5}$

$2 + 8 = \underline{10}$

$5 + 2 = \underline{7}$

$8 + 2 = \underline{10}$

$2 + 6 = \underline{8}$

$7 + 2 = \underline{9}$

$2 + 4 = \underline{6}$

$6 + 2 = \underline{8}$

$2 + 5 = \underline{7}$

$3 + 2 = \underline{5}$

$4 + 2 = \underline{6}$

$2 + 8 = \underline{10}$

$7 + 2 = \underline{9}$

$2 + 4 = \underline{6}$

$8 + 2 = \underline{10}$

$2 + 7 = \underline{9}$

$5 + 2 = \underline{7}$

$2 + 6 = \underline{8}$

$2 + 3 = \underline{5}$

1.1 Zählen

1.2 Zahlen

1.3 Zahlenraum

1.4 Plus verstehen

1.5 Plusaufgaben

1.6 Minus verstehen

1.7 Minusaufgaben

1.8 +/– gemischt

1.1 Zählen

1.2 Zahlen

1.3 Zahlenraum

1.4 Plus verstehen

1.5 Plusaufgaben

1.6 Minus verstehen

1.7 Minusaufgaben

1.8 +/- gemischt

Sachaufgaben

A   Dilara hat sechs Stifte. Emil hat zwei Stifte.
Wie viele Stifte haben beide zusammen?

B   Emma hat sieben grüne und zwei gelbe Perlen.
Wie viele Perlen hat sie zusammen?

C   Leon hat zwei Äpfel. Ben hat fünf Äpfel.
Wie viele Äpfel haben sie zusammen?

D   Achmed hat zwei Nüsse. Er findet noch sieben
Nüsse. Wie viele Nüsse hat Achmed jetzt?

E   Marlene hat acht Trauben. Sie nimmt sich noch
zwei Trauben. Wie viele Trauben hat sie jetzt?

F   Auf der Wiese stehen zwei braune und sechs
schwarze Pferde. Wie viele Pferde stehen auf
der Wiese?

G   Auf dem Ast sitzen zwei Vögel. Vier Vögel setzen
sich noch dazu. Wie viele Vögel sitzen jetzt auf
dem Ast?

Streit · Jansen   **Mathe lernen nach dem IntraActPlus-Konzept**
© Springer-Verlag GmbH Deutschland, ein Teil von Springer Nature 2020

A Rechnung: $6 + 2 = 8$

Antwort: Sie haben zusammen 8 Stifte.

B Rechnung: $7 + 2 = 9$

Antwort: Emma hat zusammen 9 Perlen

C Rechnung: $2 + 5 = 7$

Antwort: Sie haben zusammen 7 Äpfel.

D Rechnung: $2 + 7 = 9$

Antwort: Achmet hat 9 Nüsse.

E Rechnung: $8 + 2 = 10$

Antwort: Marlene hat 10 Trauben.

F Rechnung: $2 + 6 = 8$

Antwort: Auf der Wiese stehen 8 Pferde.

G Rechnung: $2 + 4 = 6$

Antwort: Auf dem Ast sitzen 6 Vögel.

1.1 Zählen

1.2 Zahlen

1.3 Zahlenraum

1.4 Plus verstehen

1.5 Plusaufgaben

1.6 Minus verstehen

1.7 Minusaufgaben

1.8 +/– gemischt

		✋
2 + ☐ = 4		2
2 + ☐ = 8		6
3 + ☐ = 5		2
2 + ☐ = 6		4
8 + ☐ = 10		2
9 + ☐ = 10		1
7 + ☐ = 9		2
2 + ☐ = 7		5
2 + ☐ = 10		8
1 + ☐ = 10		9
8 + ☐ = 9		1
2 + ☐ = 10		8

Streit · Jansen **Mathe lernen nach dem IntraActPlus-Konzept**
© Springer-Verlag GmbH Deutschland, ein Teil von Springer Nature 2020

☐ + 2 = 5		3
☐ + 5 = 7		2
☐ + 2 = 10		8
☐ + 1 = 10		9
☐ + 7 = 9		2
☐ + 2 = 8		6
☐ + 1 = 8		7
☐ + 2 = 4		2
☐ + 1 = 5		4
☐ + 8 = 10		2
☐ + 6 = 8		2
☐ + 1 = 10		9

1.1 Zählen
1.2 Zahlen
1.3 Zahlenraum
1.4 Plus verstehen
1.5 Plusaufgaben
1.6 Minus verstehen
1.7 Minusaufgaben
1.8 +/- gemischt

1.1 Zählen

1.2 Zahlen

1.3 Zahlenraum

1.4 Plus verstehen

1.5 Plusaufgaben

1.6 Minus verstehen

1.7 Minusaufgaben

1.8 +/– gemischt

		✋
☐ + 2 = 3		1
6 + ☐ = 8		2
☐ + 2 = 10		8
☐ + 8 = 10		2
2 + ☐ = 6		4
☐ + 2 = 7		5
4 + ☐ = 5		1
7 + ☐ = 9		2
☐ + 2 = 8		6
☐ + 9 = 10		1
8 + ☐ = 10		2
☐ + 1 = 10		9

Streit · Jansen **Mathe lernen nach dem IntraActPlus-Konzept**
© Springer-Verlag GmbH Deutschland, ein Teil von Springer Nature 2020

$0 + 3 =$

$1 + 3 =$

$2 + 3 =$

$3 + 3 =$

$4 + 3 =$

$5 + 3 =$

$6 + 3 =$

$7 + 3 =$

4	3
6	5
8	7
10	9

1.1 Zählen

1.2 Zahlen

1.3 Zahlenraum

1.4 Plus verstehen

1.5 Plusaufgaben

1.6 Minus verstehen

1.7 Minusaufgaben

1.8 +/− gemischt

0 + 3 =		3
3 + 3 =		6
6 + 3 =		9
3 + 3 =		6
6 + 3 =		9
0 + 3 =		3
3 + 3 =		6
6 + 3 =		9
3 + 3 =		6
0 + 3 =		3
3 + 3 =		6
6 + 3 =		9

1.1 Zählen

1.2 Zahlen

1.3 Zahlenraum

1.4 Plus verstehen

1.5 Plusaufgaben

1.6 Minus verstehen

1.7 Minusaufgaben

1.8 +/– gemischt

		✋
3 + 3 =		6
4 + 3 =		7
3 + 3 =		6
4 + 3 =		7
5 + 3 =		8
4 + 3 =		7
5 + 3 =		8
3 + 3 =		6
5 + 3 =		8
4 + 3 =		7
3 + 3 =		6
4 + 3 =		7

Streit · Jansen   **Mathe lernen nach dem IntraActPlus-Konzept**
© Springer-Verlag GmbH Deutschland, ein Teil von Springer Nature 2020

		🖐
6 + 3 =		9
7 + 3 =		10
6 + 3 =		9
7 + 3 =		10
5 + 3 =		8
7 + 3 =		10
6 + 3 =		9
3 + 3 =		6
6 + 3 =		9
7 + 3 =		10
5 + 3 =		8
7 + 3 =		10

1.1 Zählen
1.2 Zahlen
1.3 Zahlenraum
1.4 Plus verstehen
1.5 Plusaufgaben
1.6 Minus verstehen
1.7 Minusaufgaben
1.8 +/– gemischt

1.1 Zählen

1.2 Zahlen

1.3 Zahlenraum

1.4 Plus verstehen

1.5 Plusaufgaben

1.6 Minus verstehen

1.7 Minusaufgaben

1.8 +/- gemischt

		✋
2 + 3 =		5
5 + 3 =		8
3 + 3 =		6
7 + 3 =		10
4 + 3 =		7
6 + 3 =		9
5 + 3 =		8
2 + 3 =		5
7 + 3 =		10
4 + 3 =		7
5 + 3 =		8
7 + 3 =		10

Streit · Jansen   **Mathe lernen nach dem IntraActPlus-Konzept**
© Springer-Verlag GmbH Deutschland, ein Teil von Springer Nature 2020

		✋
5 + 3 =		8
0 + 3 =		3
5 + 2 =		7
7 + 2 =		9
0 + 2 =		2
7 + 3 =		10
6 + 3 =		9
6 + 2 =		8
4 + 2 =		6
8 + 2 =		10
5 + 2 =		7
8 + 0 =		8

1.1 Zählen
1.2 Zahlen
1.3 Zahlenraum
1.4 Plus verstehen
1.5 Plusaufgaben
1.6 Minus verstehen
1.7 Minusaufgaben
1.8 +/− gemischt

1.1 Zählen

1.2 Zahlen

1.3 Zahlenraum

1.4 Plus verstehen

1.5 Plusaufgaben

1.6 Minus verstehen

1.7 Minusaufgaben

1.8 +/−gemischt

Aufgaben

3 + 3 = _____	7 + 3 = _____
6 + 3 = _____	5 + 3 = _____
4 + 3 = _____	1 + 3 = _____
5 + 3 = _____	6 + 3 = _____
7 + 3 = _____	4 + 3 = _____
4 + 3 = _____	3 + 3 = _____
1 + 3 = _____	2 + 3 = _____
5 + 3 = _____	4 + 3 = _____
3 + 3 = _____	7 + 3 = _____
6 + 3 = _____	5 + 3 = _____
7 + 3 = _____	2 + 3 = _____
2 + 3 = _____	6 + 3 = _____

Streit · Jansen   **Mathe lernen nach dem IntraActPlus-Konzept**
© Springer-Verlag GmbH Deutschland, ein Teil von Springer Nature 2020

Lösungen

$3 + 3 = \underline{6}$

$6 + 3 = \underline{9}$

$4 + 3 = \underline{7}$

$5 + 3 = \underline{8}$

$7 + 3 = \underline{10}$

$4 + 3 = \underline{7}$

$1 + 3 = \underline{4}$

$5 + 3 = \underline{8}$

$3 + 3 = \underline{6}$

$6 + 3 = \underline{9}$

$7 + 3 = \underline{10}$

$2 + 3 = \underline{5}$

$7 + 3 = \underline{10}$

$5 + 3 = \underline{8}$

$1 + 3 = \underline{4}$

$6 + 3 = \underline{9}$

$4 + 3 = \underline{7}$

$3 + 3 = \underline{6}$

$2 + 3 = \underline{5}$

$4 + 3 = \underline{7}$

$7 + 3 = \underline{10}$

$5 + 3 = \underline{8}$

$2 + 3 = \underline{5}$

$6 + 3 = \underline{9}$

1.1 Zählen

1.2 Zahlen

1.3 Zahlenraum

1.4 Plus verstehen

1.5 Plusaufgaben

1.6 Minus verstehen

1.7 Minusaufgaben

1.8 +/- gemischt

Tauschaufgaben

Schreibe unter jede Aufgabe die Tauschaufgabe!

$1 + 3 = 4$
$3 + 1 = 4$

$1 + 3 = 4$
___ + ___ = ___

$2 + 3 = 5$
___ + ___ = ___

$4 + 3 = 7$
___ + ___ = ___

$5 + 3 = 8$
___ + ___ = ___

$6 + 3 = 9$
___ + ___ = ___

$7 + 3 = 10$
___ + ___ = ___

$0 + 3 = 3$
___ + ___ = ___

$5 + 3 = 8$
___ + ___ = ___

$7 + 3 = 10$
___ + ___ = ___

164

Streit · Jansen **Mathe lernen nach dem IntraActPlus-Konzept**
© Springer-Verlag GmbH Deutschland, ein Teil von Springer Nature 2020

1.1 Zählen
1.2 Zahlen
1.3 Zahlenraum
1.4 Plus verstehen
1.5 Plusaufgaben
1.6 Minus verstehen
1.7 Minusaufgaben
1.8 +/- gemischt

Wo kannst du tauschen?

		✋
3 + 4 =		7
3 + 1 =		4
3 + 4 =		7
3 + 5 =		8
3 + 2 =		5
3 + 5 =		8
3 + 6 =		9
3 + 7 =		10
3 + 3 =		6
3 + 6 =		9
3 + 7 =		10
3 + 6 =		9

1.1 Zählen

1.2 Zahlen

1.3 Zahlenraum

1.4 Plus verstehen

1.5 Plusaufgaben

1.6 Minus verstehen

1.7 Minusaufgaben

1.8 +/− gemischt

3 + 2 = _____	3 + 1 = _____
3 + 5 = _____	3 + 7 = _____
3 + 4 = _____	3 + 3 = _____
3 + 7 = _____	3 + 2 = _____
3 + 6 = _____	3 + 4 = _____
3 + 1 = _____	3 + 6 = _____
3 + 7 = _____	3 + 5 = _____
3 + 5 = _____	3 + 4 = _____
3 + 4 = _____	3 + 7 = _____
3 + 3 = _____	3 + 6 = _____
3 + 6 = _____	3 + 2 = _____
3 + 2 = _____	3 + 5 = _____

Streit · Jansen   **Mathe lernen nach dem IntraActPlus-Konzept**
© Springer-Verlag GmbH Deutschland, ein Teil von Springer Nature 2020

Lösungen

$3 + 2 = \underline{5}$

$3 + 5 = \underline{8}$

$3 + 4 = \underline{7}$

$3 + 7 = \underline{10}$

$3 + 6 = \underline{9}$

$3 + 1 = \underline{4}$

$3 + 7 = \underline{10}$

$3 + 5 = \underline{8}$

$3 + 4 = \underline{7}$

$3 + 3 = \underline{6}$

$3 + 6 = \underline{9}$

$3 + 2 = \underline{5}$

$3 + 1 = \underline{4}$

$3 + 7 = \underline{10}$

$3 + 3 = \underline{6}$

$3 + 2 = \underline{5}$

$3 + 4 = \underline{7}$

$3 + 6 = \underline{9}$

$3 + 5 = \underline{8}$

$3 + 4 = \underline{7}$

$3 + 7 = \underline{10}$

$3 + 6 = \underline{9}$

$3 + 2 = \underline{5}$

$3 + 5 = \underline{8}$

1.1 Zählen

1.2 Zahlen

1.3 Zahlenraum

1.4 Plus verstehen

1.5 Plusaufgaben

1.6 Minus verstehen

1.7 Minusaufgaben

1.8 +/– gemischt

1.1 Zählen

1.2 Zahlen

1.3 Zahlenraum

1.4 Plus verstehen

1.5 Plusaufgaben

1.6 Minus verstehen

1.7 Minusaufgaben

1.8 +/– gemischt

Wo kannst du tauschen?

		✋
3 + 4 =		7
3 + 6 =		9
5 + 3 =		8
7 + 3 =		10
3 + 2 =		5
3 + 7 =		10
6 + 3 =		9
3 + 7 =		10
3 + 5 =		8
3 + 4 =		7
7 + 3 =		10
3 + 4 =		7

Streit · Jansen   Mathe lernen nach dem IntraActPlus-Konzept
© Springer-Verlag GmbH Deutschland, ein Teil von Springer Nature 2020

Wo kannst du tauschen?

		✋
2 + 2 =		4
4 + 2 =		6
4 + 3 =		7
2 + 3 =		5
3 + 5 =		8
2 + 6 =		8
6 + 3 =		9
3 + 7 =		10
8 + 2 =		10
2 + 4 =		6
9 + 1 =		10
6 + 3 =		9

1.2 Zahlen

1.3 Zahlenraum

1.4 Plus verstehen

1.5 Plusaufgaben

1.6 Minus verstehen

1.7 Minusaufgaben

1.8 +/− gemischt

1.1 Zählen

1.2 Zahlen

1.3 Zahlenraum

1.4 Plus verstehen

1.5 Plusaufgaben

1.6 Minus verstehen

1.7 Minusaufgaben

1.8 +/− gemischt

Aufgaben

$4 + 3 =$ _____

$2 + 3 =$ _____

$3 + 5 =$ _____

$3 + 7 =$ _____

$6 + 3 =$ _____

$3 + 1 =$ _____

$5 + 3 =$ _____

$3 + 4 =$ _____

$3 + 2 =$ _____

$7 + 3 =$ _____

$0 + 3 =$ _____

$3 + 6 =$ _____

$3 + 6 =$ _____

$3 + 7 =$ _____

$2 + 3 =$ _____

$3 + 3 =$ _____

$5 + 3 =$ _____

$7 + 3 =$ _____

$4 + 3 =$ _____

$6 + 3 =$ _____

$3 + 5 =$ _____

$3 + 4 =$ _____

$3 + 2 =$ _____

$3 + 0 =$ _____

Streit · Jansen   **Mathe lernen nach dem IntraActPlus-Konzept**
© Springer-Verlag GmbH Deutschland, ein Teil von Springer Nature 2020

Lösungen

$4 + 3 = \underline{\quad 7 \quad}$

$2 + 3 = \underline{\quad 5 \quad}$

$3 + 5 = \underline{\quad 8 \quad}$

$3 + 7 = \underline{\quad 10 \quad}$

$6 + 3 = \underline{\quad 9 \quad}$

$3 + 1 = \underline{\quad 4 \quad}$

$5 + 3 = \underline{\quad 8 \quad}$

$3 + 4 = \underline{\quad 7 \quad}$

$3 + 2 = \underline{\quad 5 \quad}$

$7 + 3 = \underline{\quad 10 \quad}$

$0 + 3 = \underline{\quad 3 \quad}$

$3 + 6 = \underline{\quad 9 \quad}$

$3 + 6 = \underline{\quad 9 \quad}$

$3 + 7 = \underline{\quad 10 \quad}$

$2 + 3 = \underline{\quad 5 \quad}$

$3 + 3 = \underline{\quad 6 \quad}$

$5 + 3 = \underline{\quad 8 \quad}$

$7 + 3 = \underline{\quad 10 \quad}$

$4 + 3 = \underline{\quad 7 \quad}$

$6 + 3 = \underline{\quad 9 \quad}$

$3 + 5 = \underline{\quad 8 \quad}$

$3 + 4 = \underline{\quad 7 \quad}$

$3 + 2 = \underline{\quad 5 \quad}$

$3 + 0 = \underline{\quad 3 \quad}$

1.1 Zählen

1.2 Zahlen

1.3 Zahlenraum

1.4 Plus verstehen

1.5 Plusaufgaben

1.6 Minus verstehen

1.7 Minusaufgaben

1.8 +/– gemischt

A An meiner Jacke sind drei rote und drei blaue Knöpfe. Wie viele Knöpfe sind es zusammen?

B Pia hat drei Kirschen. Ella hat vier Kirschen. Wie viele Kirschen haben beide zusammen?

C Jakob hat sieben Murmeln. Sein Freund hat drei Murmeln. Wie viele Murmeln haben beide zusammen?

D Im Zimmer sind sechs Mädchen und drei Jungen. Wie viele Kinder sind im Zimmer?

E In der Vase stehen drei gelbe und fünf rote Blumen. Wie viele Blumen sind es zusammen?

F Im Bus sitzen sieben Leute. Nun steigen noch drei Leute ein. Wie viele Leute sitzen jetzt im Bus?

G Im Bus sitzen fünf Männer und drei Frauen. Wie viele Leute sitzen im Bus?

Streit · Jansen **Mathe lernen nach dem IntraActPlus-Konzept**
© Springer-Verlag GmbH Deutschland, ein Teil von Springer Nature 2020

1.1 Zählen

1.2 Zahlen

1.3 Zahlenraum

1.4 Plus verstehen

1.5 Plusaufgaben

1.6 Minus verstehen

1.7 Minusaufgaben

1.8 +/- gemischt

A Rechnung: 3 + 3 = 6

   Antwort: Es sind zusammen 6 Knöpfe.

B Rechnung: 3 + 4 = 7

   Antwort: Sie haben zusammen 7 Kirschen.

C Rechnung: 7 + 3 = 10

   Antwort: Sie haben zusammen 10 Murmeln.

D Rechnung: 6 + 3 = 9

   Antwort: Im Zimmer sind 9 Kinder.

E Rechnung: 3 + 5 = 8

   Antwort: Es sind zusammen 8 Blumen.

F Rechnung: 7 + 3 = 10

   Antwort: Im Bus sitzen jetzt 10 Leute.

G Rechnung: 5 + 3 = 8

   Antwort: Im Bus sitzen 8 Leute.

1.1 Zählen

1.2 Zahlen

1.3 Zahlenraum

1.4 Plus verstehen

1.5 Plusaufgaben

1.6 Minus verstehen

1.7 Minusaufgaben

1.8 +/– gemischt

Streit · Jansen **Mathe lernen nach dem IntraActPlus-Konzept**
© Springer-Verlag GmbH Deutschland, ein Teil von Springer Nature 2020

1.1 Zählen

1.2 Zahlen

1.3 Zahlenraum

1.4 Plus verstehen

1.5 Plusaufgaben

1.6 Minus verstehen

1.7 Minusaufgaben

1.8 +/– gemischt

		✋
3 + ☐ = 6		3
3 + ☐ = 9		6
3 + ☐ = 10		7
3 + ☐ = 5		2
3 + ☐ = 7		4
3 + ☐ = 8		5
3 + ☐ = 10		7
3 + ☐ = 4		1
3 + ☐ = 9		6
3 + ☐ = 8		5
3 + ☐ = 5		2
3 + ☐ = 6		3

Streit · Jansen **Mathe lernen nach dem IntraActPlus-Konzept**
© Springer-Verlag GmbH Deutschland, ein Teil von Springer Nature 2020

		✋
☐ + 3 = 10		7
☐ + 3 = 4		1
☐ + 3 = 6		3
☐ + 3 = 9		6
☐ + 3 = 10		7
☐ + 3 = 7		4
☐ + 3 = 4		1
☐ + 3 = 8		5
☐ + 3 = 7		4
☐ + 3 = 10		7
☐ + 3 = 9		6
☐ + 3 = 5		2

© Springer-Verlag GmbH Deutschland, ein Teil von Springer Nature 2020

175

1.1 Zählen

1.2 Zahlen

1.3 Zahlenraum

1.4 Plus verstehen

1.5 Plusaufgaben

1.6 Minus verstehen

1.7 Minusaufgaben

1.8 +/– gemischt

		✋
$\square$ + 3 = 4		1
3 + $\square$ = 6		3
$\square$ + 3 = 10		7
$\square$ + 3 = 9		6
3 + $\square$ = 10		7
$\square$ + 3 = 8		5
3 + $\square$ = 5		2
3 + $\square$ = 7		4
$\square$ + 3 = 5		2
$\square$ + 3 = 10		7
3 + $\square$ = 8		5
$\square$ + 3 = 9		6

Streit · Jansen **Mathe lernen nach dem IntraActPlus-Konzept**
© Springer-Verlag GmbH Deutschland, ein Teil von Springer Nature 2020

0 + 4 =	1 + 4 =
2 + 4 =	3 + 4 =
4 + 4 =	5 + 4 =
6 + 4 =	4 + 5 =
4 + 6 =	5 + 5 =

		🖐
0 + 4 =		4
2 + 4 =		6
4 + 4 =		8
6 + 4 =		10
0 + 4 =		4
6 + 4 =		10
2 + 4 =		6
4 + 4 =		8
2 + 4 =		6
6 + 4 =		10
0 + 4 =		4
6 + 4 =		10

1.1 Zählen

1.2 Zahlen

1.3 Zahlenraum

1.4 Plus verstehen

1.5 Plusaufgaben

1.6 Minus verstehen

1.7 Minusaufgaben

1.8 +/– gemischt

1.1 Zählen

1.2 Zahlen

1.3 Zahlenraum

1.4 Plus verstehen

1.5 Plusaufgaben

1.6 Minus verstehen

1.7 Minusaufgaben

1.8 +/− gemischt

1 + 4 =		5
3 + 4 =		7
5 + 4 =		9
3 + 4 =		7
5 + 4 =		9
1 + 4 =		5
5 + 4 =		9
3 + 4 =		7
1 + 4 =		5
5 + 4 =		9
3 + 4 =		7
5 + 4 =		9

Streit · Jansen **Mathe lernen nach dem IntraActPlus-Konzept**
© Springer-Verlag GmbH Deutschland, ein Teil von Springer Nature 2020

		✋
4 + 4 =		8
3 + 4 =		7
5 + 4 =		9
3 + 4 =		7
5 + 4 =		9
4 + 4 =		8
6 + 4 =		10
3 + 4 =		7
6 + 4 =		10
5 + 4 =		9
4 + 4 =		8
6 + 4 =		10

1.1 Zählen
1.2 Zahlen
1.3 Zahlenraum
1.4 Plus verstehen
1.5 Plusaufgaben
1.6 Minus verstehen
1.7 Minusaufgaben
1.8 +/– gemischt

1.1 Zählen

1.2 Zahlen

1.3 Zahlenraum

1.4 Plus verstehen

1.5 Plusaufgaben

1.6 Minus verstehen

1.7 Minusaufgaben

1.8 +/- gemischt

Aufgaben

3 + 4 = _____

1 + 4 = _____

6 + 4 = _____

5 + 4 = _____

2 + 4 = _____

4 + 4 = _____

5 + 4 = _____

3 + 4 = _____

0 + 4 = _____

1 + 4 = _____

6 + 4 = _____

2 + 4 = _____

2 + 4 = _____

5 + 4 = _____

1 + 4 = _____

3 + 4 = _____

0 + 4 = _____

6 + 4 = _____

2 + 4 = _____

4 + 4 = _____

5 + 4 = _____

3 + 4 = _____

0 + 4 = _____

6 + 4 = _____

Streit · Jansen   **Mathe lernen nach dem IntraActPlus-Konzept**
© Springer-Verlag GmbH Deutschland, ein Teil von Springer Nature 2020

$$3 + 4 = \underline{7}$$

$$1 + 4 = \underline{5}$$

$$6 + 4 = \underline{10}$$

$$5 + 4 = \underline{9}$$

$$2 + 4 = \underline{6}$$

$$4 + 4 = \underline{8}$$

$$5 + 4 = \underline{9}$$

$$3 + 4 = \underline{7}$$

$$0 + 4 = \underline{4}$$

$$1 + 4 = \underline{5}$$

$$6 + 4 = \underline{10}$$

$$2 + 4 = \underline{6}$$

$$2 + 4 = \underline{6}$$

$$5 + 4 = \underline{9}$$

$$1 + 4 = \underline{5}$$

$$3 + 4 = \underline{7}$$

$$0 + 4 = \underline{4}$$

$$6 + 4 = \underline{10}$$

$$2 + 4 = \underline{6}$$

$$4 + 4 = \underline{8}$$

$$5 + 4 = \underline{9}$$

$$3 + 4 = \underline{7}$$

$$0 + 4 = \underline{4}$$

$$6 + 4 = \underline{10}$$

1.1 Zählen

1.2 Zahlen

1.3 Zahlenraum

1.4 Plus verstehen

1.5 Plusaufgaben

1.6 Minus verstehen

1.7 Minusaufgaben

1.8 +/− gemischt

1.1 Zählen

1.2 Zahlen

1.3 Zahlenraum

1.4 Plus verstehen

1.5 Plusaufgaben

1.6 Minus verstehen

1.7 Minusaufgaben

1.8 +/– gemischt

		✋
2 + 2 =		4
3 + 3 =		6
4 + 4 =		8
5 + 5 =		10
2 + 2 =		4
3 + 3 =		6
4 + 4 =		8
5 + 5 =		10
2 + 2 =		4
5 + 5 =		10
3 + 3 =		6
5 + 5 =		10

Streit · Jansen   **Mathe lernen nach dem IntraActPlus-Konzept**
© Springer-Verlag GmbH Deutschland, ein Teil von Springer Nature 2020

4 + 2 =		6
3 + 4 =		7
4 + 5 =		9
4 + 6 =		10
5 + 4 =		9
4 + 0 =		4
4 + 6 =		10
4 + 3 =		7
4 + 5 =		9
4 + 0 =		4
4 + 4 =		8
4 + 6 =		10

1.1 Zählen

1.2 Zahlen

1.3 Zahlenraum

1.4 Plus verstehen

1.5 Plusaufgaben

1.6 Minus verstehen

1.7 Minusaufgaben

1.8 +/– gemischt

1.1 Zählen

1.2 Zahlen

1.3 Zahlenraum

1.4 Plus verstehen

1.5 Plusaufgaben

1.6 Minus verstehen

1.7 Minusaufgaben

1.8 +/− gemischt

Aufgaben

2 + 2 = _____

5 + 5 = _____

3 + 3 = _____

4 + 6 = _____

5 + 4 = _____

4 + 2 = _____

4 + 3 = _____

5 + 5 = _____

3 + 3 = _____

4 + 3 = _____

2 + 4 = _____

4 + 5 = _____

4 + 6 = _____

4 + 2 = _____

4 + 5 = _____

3 + 4 = _____

4 + 4 = _____

0 + 4 = _____

2 + 4 = _____

4 + 4 = _____

1 + 4 = _____

4 + 0 = _____

5 + 4 = _____

4 + 6 = _____

Streit · Jansen   **Mathe lernen nach dem IntraActPlus-Konzept**
© Springer-Verlag GmbH Deutschland, ein Teil von Springer Nature 2020

$$2 + 2 = \underline{4}$$

$$5 + 5 = \underline{10}$$

$$3 + 3 = \underline{6}$$

$$4 + 6 = \underline{10}$$

$$5 + 4 = \underline{9}$$

$$4 + 2 = \underline{6}$$

$$4 + 3 = \underline{7}$$

$$5 + 5 = \underline{10}$$

$$3 + 3 = \underline{6}$$

$$4 + 3 = \underline{7}$$

$$2 + 4 = \underline{6}$$

$$4 + 5 = \underline{9}$$

$$4 + 6 = \underline{10}$$

$$4 + 2 = \underline{6}$$

$$4 + 5 = \underline{9}$$

$$3 + 4 = \underline{7}$$

$$4 + 4 = \underline{8}$$

$$0 + 4 = \underline{4}$$

$$2 + 4 = \underline{6}$$

$$4 + 4 = \underline{8}$$

$$1 + 4 = \underline{5}$$

$$4 + 0 = \underline{4}$$

$$5 + 4 = \underline{9}$$

$$4 + 6 = \underline{10}$$

1.1 Zählen
1.2 Zahlen
1.3 Zahlenraum
1.4 Plus verstehen
1.5 Plusaufgaben
1.6 Minus verstehen
1.7 Minusaufgaben
1.8 +/− gemischt

1.1 Zählen

1.2 Zahlen

1.3 Zahlenraum

1.4 Plus verstehen

1.5 Plusaufgaben

1.6 Minus verstehen

1.7 Minusaufgaben

1.8 +/– gemischt

Sachaufgaben

A   Ein Auto hat vier Räder. Wie viele Räder haben
zwei Autos?

B   Mama braucht für einen Kuchen fünf Eier.
Wie viele Eier braucht sie für zwei Kuchen?

C   Im Zimmer sind vier Kinder. Nun kommen noch
drei Kinder ins Zimmer. Wie viele Kinder sind jetzt
im Zimmer?

D   Auf der Wiese sitzen fünf Hasen. Vier Hasen
kommen noch dazu. Wie viele Hasen sitzen jetzt
auf der Wiese?

E   An einer Hand sind fünf Finger. Wie viele Finger
sind an zwei Händen?

F   Jens würfelt eine Fünf und eine Vier.
Wie viele Punkte sind es zusammen?

G   Im Zimmer stehen zwei Tische. An jedem Tisch
sitzen vier Kinder. Wie viele Kinder sind es
zusammen?

Streit · Jansen   **Mathe lernen nach dem IntraActPlus-Konzept**
© Springer-Verlag GmbH Deutschland, ein Teil von Springer Nature 2020

1.1 Zählen

1.2 Zahlen

1.3 Zahlenraum

1.4 Plus verstehen

1.5 Plusaufgaben

1.6 Minus verstehen

1.7 Minusaufgaben

1.8 +/− gemischt

Lösungen

A **Rechnung:** 4 + 4 = 8

Antwort: Zwei Autos haben 8 Räder.

B **Rechnung:** 5 + 5 = 10

Antwort: Sie braucht 10 Eier.

C **Rechnung:** 4 + 3 = 7

Antwort: Im Zimmer sind jetzt 7 Kinder.

D **Rechnung:** 5 + 4 = 9

Antwort: Auf der Wiese sitzen jetzt 9 Hasen.

E **Rechnung:** 5 + 5 = 10

Antwort: An zwei Händen sind 10 Finger.

F **Rechnung:** 5 + 4 = 9

Antwort: Es sind zusammen 9 Punkte.

G **Rechnung:** 4 + 4 = 8

Antwort: Es sind zusammen 8 Kinder.

1.1 Zählen

1.2 Zahlen

1.3 Zahlenraum

1.4 Plus verstehen

1.5 Plusaufgaben

1.6 Minus verstehen

1.7 Minusaufgaben

1.8 +/– gemischt

Schwierige Sachaufgaben

A   Leonie hat zwei gelbe, fünf grüne und drei blaue Perlen. Wie viele Perlen hat sie zusammen?

B   Arian hat drei Nüsse. Nele hat fünf Nüsse. Tim hat zwei Nüsse. Wie viele Nüsse haben die drei Kinder zusammen?

C   Steffi hat vier Kirschen, Hanna hat drei Kirschen, Inge hat zwei Kirschen. Wie viele Kirschen haben die Mädchen zusammen?

D   Im Teich schwimmen drei rote, drei weiße und drei gelbe Fische. Wie viele Fische schwimmen im Teich?

E   Philipp würfelt mit drei Würfeln. Er würfelt eine Fünf, eine Drei und eine Zwei. Wie viele Punkte würfelt er zusammen?

F   Noah ist drei Jahre alt. Felix ist vier Jahre älter als Noah. Lukas ist drei Jahre älter als Felix. Wie alt ist Lukas?

G   Sofia würfelt eine Eins. Emil würfelt zwei mehr als Sofia. Hasan würfelt drei mehr als Emil. Welche Zahl würfelt Hasan?

Streit · Jansen   **Mathe lernen nach dem IntraActPlus-Konzept**
© Springer-Verlag GmbH Deutschland, ein Teil von Springer Nature 2020

A Rechnung: 2 + 5 + 3 = 10

   Antwort: Sie hat zusammen 10 Perlen.

B Rechnung: 3 + 5 + 2 = 10

   Antwort: Sie haben zusammen 10 Nüsse.

C Rechnung: 4 + 3 + 2 = 9

   Antwort: Sie haben zusammen 9 Kirschen

D Rechnung: 3 + 3 + 3 = 9

   Antwort: Im Teich schwimmen 9 Fische.

E Rechnung: 5 + 3 + 2 = 10

   Antwort: Paul würfelt 10 Punkte.

F Rechnung: 3 + 4 + 3 = 10

   Antwort: Lukas ist 10 Jahre alt.

G Rechnung: 1 + 2 + 3 = 6

   Antwort: Hasan würfelt eine 6.

1.1 Zählen

1.2 Zahlen

1.3 Zahlenraum

1.4 Plus verstehen

1.5 Plusaufgaben

1.6 Minus verstehen

1.7 Minusaufgaben

1.8 +/− gemischt

		✋
5 + ☐ = 10		5
4 + ☐ = 6		2
6 + ☐ = 10		4
4 + ☐ = 5		1
4 + ☐ = 9		5
4 + ☐ = 8		4
4 + ☐ = 10		6
5 + ☐ = 9		4
5 + ☐ = 7		2
5 + ☐ = 8		3
4 + ☐ = 9		5
4 + ☐ = 7		3

Streit · Jansen **Mathe lernen nach dem IntraActPlus-Konzept**
© Springer-Verlag GmbH Deutschland, ein Teil von Springer Nature 2020

☐ + 5 = 10		5
☐ + 4 = 10		6
☐ + 4 = 6		2
☐ + 4 = 9		5
☐ + 5 = 7		2
☐ + 5 = 6		1
☐ + 4 = 10		6
☐ + 4 = 8		4
☐ + 5 = 7		2
☐ + 4 = 9		5
☐ + 4 = 6		2
☐ + 5 = 8		3

1.1 Zählen
1.2 Zahlen
1.3 Zahlenraum
1.4 Plus verstehen
1.5 Plusaufgaben
1.6 Minus verstehen
1.7 Minusaufgaben
1.8 +/– gemischt

1.1 Zählen

1.2 Zahlen

1.3 Zahlenraum

1.4 Plus verstehen

1.5 Plusaufgaben

1.6 Minus verstehen

1.7 Minusaufgaben

1.8 +/– gemischt

		✋
☐ + 9 = 10		1
5 + ☐ = 10		5
☐ + 2 = 10		8
☐ + 4 = 10		6
5 + ☐ = 10		5
☐ + 3 = 10		7
6 + ☐ = 10		4
8 + ☐ = 10		2
☐ + 7 = 10		3
☐ + 3 = 10		7
4 + ☐ = 10		6
☐ + 2 = 10		8

Streit · Jansen **Mathe lernen nach dem IntraActPlus-Konzept**
© Springer-Verlag GmbH Deutschland, ein Teil von Springer Nature 2020

1.6 Minus verstehen

Lernziele
- Das Minusrechnen (Subtraktion) anhand konkreter Mengen verstehen.
- Das Minusrechnen anhand des Zahlenfelds verstehen.

Achtung
Es geht auf dieser Stufe des Lernens noch nicht um ein gezieltes Speichern der Rechenergebnisse. Dies erfolgt anhand der Übungen in Kap. 1.7.

Vorübung: Minus anhand von Gegenständen verdeutlichen

So geht es
Legen Sie beispielsweise 3 Klötzchen auf den Tisch. Erklären Sie: *„Jetzt nehme ich ein Klötzchen weg."* Sie nehmen das Klötzchen weg. *„Wie viele Klötzchen sind jetzt noch übrig?"*

Minusrechnen mit konkreten Mengen (Übungsblätter)

Material
Übungsblätter „Minus verstehen"

Und so geht es
- Erklären Sie dem Kind die erste Aufgabe beispielsweise so: *„Schau, hier sind 2 Äpfel."* Sie zeigen auf die beiden Äpfel. *„Dieser Apfel ist durchgestrichen. Der ist also weg. Vielleicht hat ihn jemand aufgegessen."* Sie zeigen auf den durchgestrichenen Apfel. *„Dieser Apfel ist noch übrig."* Sie zeigen auf den nicht durchgestrichenen Apfel.
- Erklären Sie sinngemäß: *„Dazu kann man eine Rechenaufgabe schreiben: 2 minus 1 gleich."* Zeigen Sie dabei mit dem Finger jeweils auf die Zahl bzw. das Zeichen, das Sie gerade sprechen.
- Bitten Sie das Kind, es Ihnen genau nachzumachen, d. h. die Aufgabe zu sprechen und dabei mit dem Finger auf die entsprechende Zahl bzw. das entsprechende Zeichen zu zeigen.
- Wiederholen Sie das Vor- und Nachsprechen so oft, bis das Kind die Aufgabe sicher lesen kann.
- Erklären Sie die Minusaufgabe noch einmal am Beispiel der Äpfel. Ein Apfel ist übrig, also lautet das Ergebnis »1«.

Leistungsdifferenzierung
Lassen Sie das Kind die Ergebnisse erst dann in das Übungsblatt eintragen, wenn es die Aufgaben sicher lösen kann. Kinder, die sich etwas schwerer tun, wiederholen das jeweilige Übungsblatt, ohne zu schreiben, so oft, bis sie es sicher können. Erst dann werden im nächsten Durchgang die Ergebnisse aufgeschrieben.

Sollte das Kind mehr Übungsmaterial benötigen, können diese Übungsblätter im Internet heruntergeladen werden unter: www.intraactplus.de/mathe/.

Selbst Rechenaufgaben schreiben

Material
Übungsblätter „Minusaufgaben schreiben"

Und so geht es
Das Kind schreibt jeweils die zum Bild passende Rechenaufgabe auf.

Leistungsdifferenzierung
Diese Übung ist eine Zusatzaufgabe für schnelle Lerner. Kinder, die an anderen Stellen des Lernens mehr Zeit benötigen, können sie weglassen.

Das Minusrechnen anhand des Zahlenfelds verstehen

Damit ein Kind auch in höheren Zahlenbereichen sicher rechnen kann, muss es eine bildliche Vorstellung des Zahlenraums aufbauen, um sich beim Rechnen in diesem Zahlenraum orientieren zu können. Nachdem das Kind anhand des Handelns und Denkens mit konkreten Mengen verstanden hat, was Minusrechnen bedeutet, gilt es zu lernen, sich bei der Lösung entsprechender Aufgaben im abstrakten Zahlenraum zu orientieren.

Ab Kap. 1.7 sollte als Hilfsmittel nur auf das Zahlenfeld zurückgegriffen werden.

Material
Übungsblätter „Minus 1 im Zahlenfeld verstehen", „Minus 2 im Zahlenfeld verstehen"

Und so geht es
Die erste Aufgabe »3 − 1 = 2« wird gelesen. Die »3« wird im Zahlenfeld gesucht. Dann wird ein Kästchen zurückgegangen (roter Pfeil), um das Ergebnis zu finden. Weitere Aufgaben werden in gleicher Weise besprochen.

Die Aufgaben auf der folgenden Seite werden jeweils gelöst, indem die erste Zahl im Zahlenfeld gesucht und dann ein bzw. zwei Kästchen zurückgegangen wird.

1.1 Zählen

1.2 Zahlen

1.3 Zahlenraum

1.4 Plus verstehen

1.5 Plusaufgaben

1.6 Minus verstehen

1.7 Minusaufgaben

1.8 +/- gemischt

1.1 Zählen

1.2 Zahlen

1.3 Zahlenraum

1.4 Plus verstehen

1.5 Plusaufgaben

1.6 Minus verstehen

1.7 Minusaufgaben

1.8 +/− gemischt

Minus verstehen

2 − 1 = __1__

3 − 1 = ____

4 − 1 = ____

5 − 1 = ____

6 − 1 = ____

2 − 2 = ____

1.1 Zählen

1.2 Zahlen

1.3 Zahlenraum

1.4 Plus verstehen

1.5 Plusaufgaben

1.6 Minus verstehen

1.7 Minusaufgaben

1.8 +/–gemischt

Minus verstehen

3 – 1 = _____

3 – 2 = _____

3 – 3 = _____

4 – 2 = _____

4 – 3 = _____

4 – 4 = _____

Minus verstehen

3 – 2 = _____

4 – 2 = _____

4 – 3 = _____

5 – 1 = _____

5 – 2 = _____

5 – 3 = _____

1.1 Zählen
1.2 Zahlen
1.3 Zahlenraum
1.4 Plus verstehen
1.5 Plusaufgaben
1.6 Minus verstehen
1.7 Minusaufgaben
1.8 +/– gemischt

1.1 Zählen

1.2 Zahlen

1.3 Zahlenraum

1.4 Plus verstehen

1.5 Plusaufgaben

1.6 Minus verstehen

1.7 Minusaufgaben

1.8 +/– gemischt

Minus verstehen

● ● ● ● ● ✖

$6 - 1 =$ _____

● ● ● ● ✖ ✖

$6 - 2 =$ _____

● ● ● ✖ ✖ ✖

$6 - 3 =$ _____

● ● ✖ ✖ ✖ ✖

$6 - 4 =$ _____

● ✖ ✖ ✖ ✖ ✖

$6 - 5 =$ _____

✖ ✖ ✖ ✖ ✖ ✖

$6 - 6 =$ _____

Streit · Jansen   **Mathe lernen nach dem IntraActPlus-Konzept**
© Springer-Verlag GmbH Deutschland, ein Teil von Springer Nature 2020

Minusaufgaben schreiben

$$3 \quad - \quad 1 \quad = \quad 2$$
___ ___ ___

___ − ___ = ___

___ − ___ = ___

___ − ___ = ___

___ − ___ = ___

___ − ___ = ___

___ − ___ = ___

1.1 Zählen
1.2 Zahlen
1.3 Zahlenraum
1.4 Plus verstehen
1.5 Plusaufgaben
1.6 Minus verstehen
1.7 Minusaufgaben
1.8 +/− gemischt

Minusaufgaben schreiben

1.1 Zählen
1.2 Zahlen
1.3 Zahlenraum
1.4 Plus verstehen
1.5 Plusaufgaben
1.6 Minus verstehen
1.7 Minusaufgaben
1.8 +/- gemischt

_____ − _____ = _____

_____ − _____ = _____

_____ − _____ = _____

_____ − _____ = _____

_____ − _____ = _____

_____ − _____ = _____

_____ − _____ = _____

_____ − _____ = _____

_____ − _____ = _____

_____ − _____ = _____

Streit · Jansen **Mathe lernen nach dem IntraActPlus-Konzept**
© Springer-Verlag GmbH Deutschland, ein Teil von Springer Nature 2020

Minus 1 im Zahlenfeld verstehen

3 − 1 = 2

| 1 | 2 | 3 | 4 | 5 | 6 | 7 | 8 | 9 | 10 |

4 − 1 = 3

| 1 | 2 | 3 | 4 | 5 | 6 | 7 | 8 | 9 | 10 |

6 − 1 = 5

| 1 | 2 | 3 | 4 | 5 | 6 | 7 | 8 | 9 | 10 |

9 − 1 = 8

| 1 | 2 | 3 | 4 | 5 | 6 | 7 | 8 | 9 | 10 |

10 − 1 = 9

| 1 | 2 | 3 | 4 | 5 | 6 | 7 | 8 | 9 | 10 |

1.1 Zählen

1.2 Zahlen

1.3 Zahlenraum

1.4 Plus verstehen

1.5 Plusaufgaben

1.6 Minus verstehen

1.7 Minusaufgaben

1.8 +/− gemischt

1.1 Zählen

1.2 Zahlen

1.3 Zahlenraum

1.4 Plus verstehen

1.5 Plusaufgaben

1.6 Minus verstehen

1.7 Minusaufgaben

1.8 +/– gemischt

Minus 1 im Zahlenfeld verstehen

| 1 | 2 | 3 | 4 | 5 | 6 | 7 | 8 | 9 | 10 |

Hilf dir mit dem Zahlenfeld:

$$3 - 1 = \underline{\qquad}$$

$$4 - 1 = \underline{\qquad}$$

$$2 - 1 = \underline{\qquad}$$

$$5 - 1 = \underline{\qquad}$$

$$6 - 1 = \underline{\qquad}$$

$$7 - 1 = \underline{\qquad}$$

$$9 - 1 = \underline{\qquad}$$

$$8 - 1 = \underline{\qquad}$$

$$10 - 1 = \underline{\qquad}$$

Streit · Jansen **Mathe lernen nach dem IntraActPlus-Konzept**
© Springer-Verlag GmbH Deutschland, ein Teil von Springer Nature 2020

Minus 2 im Zahlenfeld verstehen

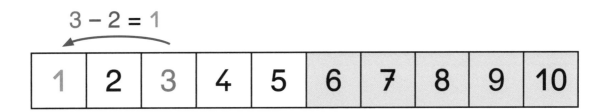

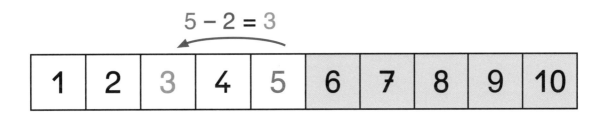

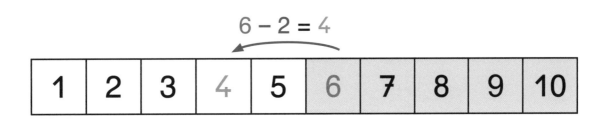

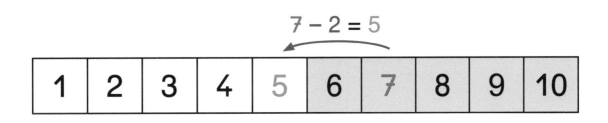

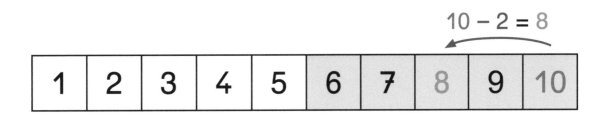

1.1 Zählen

1.2 Zahlen

1.3 Zahlenraum

1.4 Plus verstehen

1.5 Plusaufgaben

1.6 Minus verstehen

1.7 Minusaufgaben

1.8 +/– gemischt

1.1 Zählen

1.2 Zahlen

1.3 Zahlenraum

1.4 Plus verstehen

1.5 Plusaufgaben

1.6 Minus verstehen

1.7 Minusaufgaben

1.8 +/– gemischt

Minus 2 im Zahlenfeld verstehen

| 1 | 2 | 3 | 4 | 5 | 6 | 7 | 8 | 9 | 10 |

Hilf dir mit dem Zahlenfeld:

$3 - 2 =$ _____

$4 - 2 =$ _____

$6 - 2 =$ _____

$8 - 2 =$ _____

$5 - 2 =$ _____

$7 - 2 =$ _____

$9 - 2 =$ _____

$10 - 2 =$ _____

Streit · Jansen   **Mathe lernen nach dem IntraActPlus-Konzept**
© Springer-Verlag GmbH Deutschland, ein Teil von Springer Nature 2020

1.7 Minusaufgaben

Lernziele
– Ergebnisse der Subtraktionen im Zahlenraum bis 10 speichern und den Abruf automatisieren.
– Das Gelernte auf Sachaufgaben anwenden.

Leistungsdifferenzierung
– *Grün:* grundlegende Lerninhalte für alle Lernenden
– *Blau:* Lerninhalte, die von langsamer lernenden Kindern weggelassen oder zu einem späteren Zeitpunkt bearbeitet werden können
– *Orange:* schwierigere Zusatzaufgaben für schnell lernende Kinder

Vorübung

Material

10 – 1 =	9 – 1 =
8 – 1 =	7 – 1 =
6 – 1 =	5 – 1 =
4 – 1 =	3 – 1 =
2 – 1 =	1 – 1 =

Übungsmaterial (Beispiel)

1	2	3	4	5	6	7	8	9	10

Zahlenfeld bis 10 aus Pappe – liegt dem Material bei.

Vorbereitung des Materials
Die Lernkärtchen werden an den gestrichelten Linien auseinandergeschnitten.

So geht es
– Das Zahlenfeld bis 10 liegt auf dem Tisch. Das erste Lernkärtchen »10 – 1 =« liegt vor dem Kind.
– Besprechen Sie sinngemäß: „*Jetzt suchen wir hier im Zahlenfeld die 10*" (auf die Zahl »10« zeigen) „*und da steht minus 1. Ich muss also ein Kästchen zurückgehen. Bei welcher Zahl sind wir dann?*" Das Lernkärtchen wird umgedreht und die Lösung gespeichert.
– In gleicher Weise wird die Aufgabe »9 – 1 =« besprochen.
– Jetzt werden die beiden Aufgaben »10 – 1 =« und »9 – 1« anhand der Lernkärtchen im Wechsel abgefragt. Das Kind versucht, die Ergebnisse aus dem Gedächtnis abzurufen.

Siehe Video unter: www.intraactplus.de/mathe/

Leistungsdifferenzierung
Das Zahlenfeld wird nur zu Hilfe genommen, wenn es dem Kind nicht gelingt, das Ergebnis aus dem Gedächtnis abzurufen. Langsamer lernende Kinder können sich noch über längere Zeit mit dem Zahlenfeld helfen.

Übungsblätter zum Speichern und Automatisieren

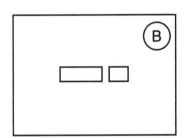

10 – 1 =	9
8 – 1 =	7
6 – 1 =	5
4 – 1 =	3
8 – 1 =	7
10 – 1 =	9
6 – 1 =	5
4 – 1 =	3
10 – 1 =	9
6 – 1 =	5
8 – 1 =	7
2 – 1 =	1

Übungsmaterial (Beispiel)   Schablone B – liegt dem Material bei.

So geht es
– Die Schablone B wird so auf das Übungsblatt gelegt, dass nur die beiden grünen Felder zu sehen sind.
– Das Kind deckt das rechte ausgestanzte Fenster der Schablone mit seiner rechten Hand ab.
– Die Schablone wird nach unten geschoben, bis die erste Aufgabe sichtbar ist. Das Kind löst die Aufgabe. Dann nimmt es die Hand von der Schablone und prüft, ob es richtig gerechnet hat.
– Das Kind deckt das Ergebnisfeld wieder mit der Hand ab und schiebt die Schablone eine Zeile weiter nach unten.

Leistungsdifferenzierung
– Ziel ist es, dass die Lösungen ohne Verwendung von Hilfestellungen wie innerem Zählen oder Benutzen des Zahlenfelds abgerufen werden können. Das Übungsblatt wird so oft wiederholt, bis dies mühelos und fehlerfrei gelingt.
– Kinder, denen diese Aufgaben schwerfallen, können in der Anfangszeit das Zahlenfeld als Hilfsmittel nutzen.

 ▶ ▶ ▶

1.1 Zählen

1.2 Zahlen

1.3 Zahlenraum

1.4 Plus verstehen

1.5 Plusaufgaben

1.6 Minus verstehen

1.7 Minusaufgaben

1.8 +/– gemischt

Überprüfung des Lernstandes

Material
Übungsblätter „Aufgaben"

So geht es
Das Kind bearbeitet das Übungsblatt selbstständig. Damit der Lernstoff ausreichend tief gelernt wird, empfiehlt sich:
- Wenn es die Aufgaben mühelos gelöst und höchstens zwei Fehler gemacht hat, wird mit dem nächsten Übungsblatt weitergemacht.
- Wenn es sich noch anstrengen musste oder mehr als zwei Fehler gemacht hat, werden die vorangegangenen Übungsblätter wiederholt.

Hilfe zur Korrektur
Die Lösungen stehen jeweils auf der folgenden Seite.

Anwendung in Sachaufgaben

Material
Übungsblätter „Sachaufgaben", „Schwierige Sachaufgaben"

So geht es
Siehe „Anwendung in Sachaufgaben" auf S. 108.

Lückenaufgaben

Material

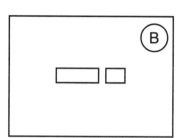

Übungsmaterial (Beispiel)   Schablone B – liegt dem Material bei.

So geht es
Diese Übungsblätter werden genauso bearbeitet wie alle anderen Übungsblätter mit dem Handsymbol. Damit auch diese Übung bei Bedarf öfter wiederholt werden kann, werden die Ergebnisse mündlich genannt und nicht in die Kästchen geschrieben.

Streit · Jansen **Mathe lernen nach dem IntraActPlus-Konzept**
© Springer-Verlag GmbH Deutschland, ein Teil von Springer Nature 2020

10 − 1 =	9 − 1 =
8 − 1 =	7 − 1 =
6 − 1 =	5 − 1 =
4 − 1 =	3 − 1 =
2 − 1 =	1 − 1 =

		✋
10 − 1 =		9
9 − 1 =		8
8 − 1 =		7
7 − 1 =		6
6 − 1 =		5
5 − 1 =		4
4 − 1 =		3
3 − 1 =		2
2 − 1 =		1
1 − 1 =		0

1.1 Zählen

1.2 Zahlen

1.3 Zahlenraum

1.4 Plus verstehen

1.5 Plusaufgaben

1.6 Minus verstehen

1.7 Minusaufgaben

1.8 +/− gemischt

1.1 Zählen

1.2 Zahlen

1.3 Zahlenraum

1.4 Plus verstehen

1.5 Plusaufgaben

1.6 Minus verstehen

1.7 Minusaufgaben

1.8 +/− gemischt

		✋
10 − 1 =		9
8 − 1 =		7
6 − 1 =		5
4 − 1 =		3
8 − 1 =		7
10 − 1 =		9
6 − 1 =		5
4 − 1 =		3
10 − 1 =		9
6 − 1 =		5
8 − 1 =		7
2 − 1 =		1

Streit · Jansen **Mathe lernen nach dem IntraActPlus-Konzept**
© Springer-Verlag GmbH Deutschland, ein Teil von Springer Nature 2020

9 − 1 =		8
7 − 1 =		6
5 − 1 =		4
9 − 1 =		8
5 − 1 =		4
7 − 1 =		6
3 − 1 =		2
5 − 1 =		4
7 − 1 =		6
3 − 1 =		2
9 − 1 =		8
5 − 1 =		4

1.1 Zählen

1.2 Zahlen

1.3 Zahlenraum

1.4 Plus verstehen

1.5 Plusaufgaben

1.6 Minus verstehen

1.7 Minusaufgaben

1.8 +/− gemischt

1.1 Zählen

1.2 Zahlen

1.3 Zahlenraum

1.4 Plus verstehen

1.5 Plusaufgaben

1.6 Minus verstehen

1.7 Minusaufgaben

1.8 +/− gemischt

$3 - 1 = \underline{\qquad}$

$2 - 1 = \underline{\qquad}$

$4 - 1 = \underline{\qquad}$

$5 - 1 = \underline{\qquad}$

$7 - 1 = \underline{\qquad}$

$8 - 1 = \underline{\qquad}$

$9 - 1 = \underline{\qquad}$

$3 - 1 = \underline{\qquad}$

$6 - 1 = \underline{\qquad}$

$8 - 1 = \underline{\qquad}$

$10 - 1 = \underline{\qquad}$

$5 - 1 = \underline{\qquad}$

$10 - 1 = \underline{\qquad}$

$5 - 1 = \underline{\qquad}$

$6 - 1 = \underline{\qquad}$

$3 - 1 = \underline{\qquad}$

$9 - 1 = \underline{\qquad}$

$1 - 1 = \underline{\qquad}$

$8 - 1 = \underline{\qquad}$

$4 - 1 = \underline{\qquad}$

$7 - 1 = \underline{\qquad}$

$9 - 1 = \underline{\qquad}$

$7 - 1 = \underline{\qquad}$

$6 - 1 = \underline{\qquad}$

Streit · Jansen   Mathe lernen nach dem IntraActPlus-Konzept
© Springer-Verlag GmbH Deutschland, ein Teil von Springer Nature 2020

3 − 1 = __2__	10 − 1 = __9__
2 − 1 = __1__	5 − 1 = __4__
4 − 1 = __3__	6 − 1 = __5__
5 − 1 = __4__	3 − 1 = __2__
7 − 1 = __6__	9 − 1 = __8__
8 − 1 = __7__	1 − 1 = __0__
9 − 1 = __8__	8 − 1 = __7__
3 − 1 = __2__	4 − 1 = __3__
6 − 1 = __5__	7 − 1 = __6__
8 − 1 = __7__	9 − 1 = __8__
10 − 1 = __9__	7 − 1 = __6__
5 − 1 = __4__	6 − 1 = __5__

1.1 Zählen

1.2 Zahlen

1.3 Zahlenraum

1.4 Plus verstehen

1.5 Plusaufgaben

1.6 Minus verstehen

1.7 Minusaufgaben

1.8 +/− gemischt

1.1 Zählen

1.2 Zahlen

1.3 Zahlenraum

1.4 Plus verstehen

1.5 Plusaufgaben

1.6 Minus verstehen

1.7 Minusaufgaben

1.8 +/– gemischt

A Klara hat drei Stifte. Sie gibt ihrer Freundin einen Stift ab. Wie viele Stifte hat sie übrig?

B An Finns Hemd sind fünf Knöpfe. Ein Knopf geht ab. Wie viele Knöpfe sind noch am Hemd?

C Auf dem Tisch stehen vier Gläser. Eines davon fällt runter. Wie viele Gläser stehen noch auf dem Tisch?

D In der Tüte sind zehn Nüsse. Anna isst eine Nuss auf. Wie viele Nüsse sind übrig?

E Am Baum hängen neun Äpfel. Einer davon fällt herunter. Wie viele Äpfel hängen noch am Baum?

F Auf dem Teller liegen sieben Trauben. Ali isst eine davon auf. Wie viele Trauben sind noch übrig?

G Paul hat sechs Bälle. Einen davon schenkt er seiner Freundin. Wie viele Bälle hat er noch übrig?

Streit · Jansen **Mathe lernen nach dem IntraActPlus-Konzept**
© Springer-Verlag GmbH Deutschland, ein Teil von Springer Nature 2020

1.1 Zählen

1.2 Zahlen

1.3 Zahlenraum

1.4 Plus verstehen

1.5 Plusaufgaben

1.6 Minus verstehen

1.7 Minusaufgaben

1.8 +/– gemischt

Lösungen

A Rechnung: 3 − 1 = 2

Antwort: Sie hat 2 Stifte übrig.

B Rechnung: 5 − 1 = 4

Antwort: Am Hemd sind noch 4 Knöpfe.

C Rechnung: 4 − 1 = 3

Antwort: Auf dem Tisch stehen noch 3 Gläser.

D Rechnung: 10 − 1 = 9

Antwort: Es sind 9 Nüsse übrig.

E Rechnung: 9 − 1 = 8

Antwort: Am Baum hängen noch 8 Äpfel.

F Rechnung: 7 − 1 = 6

Antwort: Es sind noch 6 Trauben übrig.

G Rechnung: 6 − 1 = 5

Antwort: Er hat noch 5 Bälle übrig.

1.1 Zählen

1.2 Zahlen

1.3 Zahlenraum

1.4 Plus verstehen

1.5 Plusaufgaben

1.6 Minus verstehen

1.7 Minusaufgaben

1.8 +/− gemischt

		🖐
☐ − 1 = 1		2
☐ − 1 = 2		3
☐ − 1 = 4		5
☐ − 1 = 6		7
☐ − 1 = 9		10
☐ − 1 = 7		8
☐ − 1 = 0		1
☐ − 1 = 3		4
☐ − 1 = 6		7
☐ − 1 = 8		9
☐ − 1 = 5		6
☐ − 1 = 9		10

Streit · Jansen **Mathe lernen nach dem IntraActPlus-Konzept**
© Springer-Verlag GmbH Deutschland, ein Teil von Springer Nature 2020

$10 - 2 =$	$9 - 2 =$
$8 - 2 =$	$7 - 2 =$
$6 - 2 =$	$5 - 2 =$
$4 - 2 =$	$3 - 2 =$
$2 - 2 =$	

		✋
10 − 2 =		8
8 − 2 =		6
6 − 2 =		4
4 − 2 =		2
10 − 2 =		8
8 − 2 =		6
6 − 2 =		4
4 − 2 =		2
10 − 2 =		8
8 − 2 =		6
6 − 2 =		4
4 − 2 =		2

1.1 Zählen

1.2 Zahlen

1.3 Zahlenraum

1.4 Plus verstehen

1.5 Plusaufgaben

1.6 Minus verstehen

1.7 Minusaufgaben

1.8 +/− gemischt

1.1 Zählen

1.2 Zahlen

1.3 Zahlenraum

1.4 Plus verstehen

1.5 Plusaufgaben

1.6 Minus verstehen

1.7 Minusaufgaben

1.8 +/– gemischt

		✋
6 – 2 =		4
10 – 2 =		8
2 – 2 =		0
8 – 2 =		6
6 – 2 =		4
10 – 2 =		8
4 – 2 =		2
8 – 2 =		6
2 – 2 =		0
6 – 2 =		4
8 – 2 =		6
10 – 2 =		8

Streit · Jansen **Mathe lernen nach dem IntraActPlus-Konzept**
© Springer-Verlag GmbH Deutschland, ein Teil von Springer Nature 2020

1.1 Zählen

1.2 Zahlen

1.3 Zahlenraum

1.4 Plus verstehen

1.5 Plusaufgaben

1.6 Minus verstehen

1.7 Minusaufgaben

1.8 +/– gemischt

		✋
9 – 2 =		7
7 – 2 =		5
5 – 2 =		3
3 – 2 =		1
9 – 2 =		7
7 – 2 =		5
5 – 2 =		3
3 – 2 =		1
9 – 2 =		7
7 – 2 =		5
5 – 2 =		3
3 – 2 =		1

1.1 Zählen

1.2 Zahlen

1.3 Zahlenraum

1.4 Plus verstehen

1.5 Plusaufgaben

1.6 Minus verstehen

1.7 Minusaufgaben

1.8 +/− gemischt

		🖐
5 − 2 =		3
7 − 2 =		5
9 − 2 =		7
3 − 2 =		1
9 − 2 =		7
7 − 2 =		5
9 − 2 =		7
5 − 2 =		3
7 − 2 =		5
9 − 2 =		7
5 − 2 =		3
3 − 2 =		1

Streit · Jansen **Mathe lernen nach dem IntraActPlus-Konzept**
© Springer-Verlag GmbH Deutschland, ein Teil von Springer Nature 2020

5 – 2 =		3
6 – 2 =		4
4 – 2 =		2
5 – 2 =		3
10 – 2 =		8
7 – 2 =		5
3 – 2 =		1
8 – 2 =		6
10 – 2 =		8
9 – 2 =		7
7 – 2 =		5
8 – 2 =		6

1.1 Zählen

1.2 Zahlen

1.3 Zahlenraum

1.4 Plus verstehen

1.5 Plusaufgaben

1.6 Minus verstehen

1.7 Minusaufgaben

1.8 +/– gemischt

1.1 Zählen

1.2 Zahlen

1.3 Zahlenraum

1.4 Plus verstehen

1.5 Plusaufgaben

1.6 Minus verstehen

1.7 Minusaufgaben

1.8 +/– gemischt

Aufgaben

10 – 2 = _____	4 – 2 = _____
6 – 2 = _____	2 – 2 = _____
8 – 2 = _____	6 – 2 = _____
5 – 2 = _____	3 – 2 = _____
7 – 2 = _____	9 – 2 = _____
4 – 2 = _____	10 – 2 = _____
9 – 2 = _____	8 – 2 = _____
3 – 2 = _____	4 – 2 = _____
6 – 2 = _____	7 – 2 = _____
5 – 2 = _____	9 – 2 = _____
10 – 2 = _____	6 – 2 = _____
7 – 2 = _____	8 – 2 = _____

Streit · Jansen   **Mathe lernen nach dem IntraActPlus-Konzept**
© Springer-Verlag GmbH Deutschland, ein Teil von Springer Nature 2020

10 − 2 = __8__   4 − 2 = __2__

6 − 2 = __4__   2 − 2 = __0__

8 − 2 = __6__   6 − 2 = __4__

5 − 2 = __3__   3 − 2 = __1__

7 − 2 = __5__   9 − 2 = __7__

4 − 2 = __2__   10 − 2 = __8__

9 − 2 = __7__   8 − 2 = __6__

3 − 2 = __1__   4 − 2 = __2__

6 − 2 = __4__   7 − 2 = __5__

5 − 2 = __3__   9 − 2 = __7__

10 − 2 = __8__   6 − 2 = __4__

7 − 2 = __5__   8 − 2 = __6__

1.1 Zählen
1.2 Zahlen
1.3 Zahlenraum
1.4 Plus verstehen
1.5 Plusaufgaben
1.6 Minus verstehen
1.7 Minusaufgaben
1.8 +/− gemischt

1.1 Zählen

1.2 Zahlen

1.3 Zahlenraum

1.4 Plus verstehen

1.5 Plusaufgaben

1.6 Minus verstehen

1.7 Minusaufgaben

1.8 +/–gemischt

Sachaufgaben

A   Luisa hat fünf Stifte. Sie gibt Amir zwei Stifte ab.
    Wie viele Stifte hat Luisa übrig?

B   Tim kauft acht Mandarinen. Zwei davon isst er auf.
    Wie viele Mandarinen bleiben übrig?

C   Im Nest sitzen vier Vögel. Zwei davon fliegen weg.
    Wie viele Vögel sitzen noch im Nest?

D   Jasmin braucht zum Basteln acht Nägel. Zwei Nägel
    hat sie schon. Wie viele Nägel fehlen ihr noch?

E   In der Tüte sind neun Kekse. Moritz isst zwei davon
    auf. Wie viele Kekse sind noch übrig?

F   Am Baum hängen zehn Äpfel. Zwei Äpfel fallen
    herunter. Wie viele Äpfel hängen noch am Baum?

G   Auf einer Wiese stehen sechs Rehe. Zwei Rehe
    laufen davon. Wie viele Rehe sind noch auf der
    Wiese?

Streit · Jansen   **Mathe lernen nach dem IntraActPlus-Konzept**
© Springer-Verlag GmbH Deutschland, ein Teil von Springer Nature 2020

Lösungen

A Rechnung: $5 - 2 = 3$

Antwort: Sie hat 3 Stifte übrig.

B Rechnung: $8 - 2 = 6$

Antwort: Es bleiben 2 Mandarinen übrig.

C Rechnung: $4 - 2 = 2$

Antwort: Im Nest sitzen noch 2 Vögel.

D Rechnung: $8 - 2 = 6$

Antwort: Ihr fehlen noch 6 Nägel.

E Rechnung: $9 - 2 = 7$

Antwort: Es sind noch 7 Kekse übrig.

F Rechnung: $10 - 2 = 8$

Antwort: Am Baum hängen noch 8 Äpfel.

G Rechnung: $6 - 2 = 4$

Antwort: Auf der Wiese sind noch 4 Rehe.

1.1 Zählen
1.2 Zahlen
1.3 Zahlenraum
1.4 Plus verstehen
1.5 Plusaufgaben
1.6 Minus verstehen
1.7 Minusaufgaben
1.8 +/- gemischt

1.1 Zählen

1.2 Zahlen

1.3 Zahlenraum

1.4 Plus verstehen

1.5 Plusaufgaben

1.6 Minus verstehen

1.7 Minusaufgaben

1.8 +/- gemischt

		✋
10 – 1 =		9
10 – 2 =		8
7 – 1 =		6
7 – 2 =		5
5 – 1 =		4
5 – 2 =		3
9 – 1 =		8
9 – 2 =		7
6 – 1 =		5
6 – 2 =		4
8 – 1 =		7
8 – 2 =		6

Streit · Jansen **Mathe lernen nach dem IntraActPlus-Konzept**
© Springer-Verlag GmbH Deutschland, ein Teil von Springer Nature 2020

		✋
5 − 1 =		4
7 − 2 =		5
9 − 1 =		8
10 − 1 =		9
4 − 2 =		2
9 − 2 =		7
8 − 2 =		6
3 − 1 =		2
10 − 2 =		8
6 − 2 =		4
8 − 1 =		7
5 − 2 =		3

1.1 Zählen
1.2 Zahlen
1.3 Zahlenraum
1.4 Plus verstehen
1.5 Plusaufgaben
1.6 Minus verstehen
1.7 Minusaufgaben
1.8 +/− gemischt

1.1 Zählen

1.2 Zahlen

1.3 Zahlenraum

1.4 Plus verstehen

1.5 Plusaufgaben

1.6 Minus verstehen

1.7 Minusaufgaben

1.8 +/– gemischt

Aufgaben

3 – 2 = _____   10 – 2 = _____

2 – 1 = _____   6 – 2 = _____

4 – 2 = _____   5 – 1 = _____

5 – 1 = _____   9 – 2 = _____

7 – 2 = _____   9 – 1 = _____

6 – 2 = _____   8 – 2 = _____

2 – 2 = _____   10 – 2 = _____

7 – 1 = _____   4 – 1 = _____

5 – 2 = _____   5 – 2 = _____

10 – 1 = _____   7 – 2 = _____

8 – 2 = _____   6 – 1 = _____

9 – 2 = _____   4 – 2 = _____

Streit · Jansen   Mathe lernen nach dem IntraActPlus-Konzept
© Springer-Verlag GmbH Deutschland, ein Teil von Springer Nature 2020

Lösungen

3 − 2 = __1__   10 − 2 = __8__

2 − 1 = __1__   6 − 2 = __4__

4 − 2 = __2__   5 − 1 = __4__

5 − 1 = __4__   9 − 2 = __7__

7 − 2 = __5__   9 − 1 = __8__

6 − 2 = __4__   8 − 2 = __6__

2 − 2 = __0__   10 − 2 = __8__

7 − 1 = __6__   4 − 1 = __3__

5 − 2 = __3__   5 − 2 = __3__

10 − 1 = __9__   7 − 2 = __5__

8 − 2 = __6__   6 − 1 = __5__

9 − 2 = __7__   4 − 2 = __2__

1.1 Zählen
1.2 Zahlen
1.3 Zahlenraum
1.4 Plus verstehen
1.5 Plusaufgaben
1.6 Minus verstehen
1.7 Minusaufgaben
1.8 +/− gemischt

1.1 Zählen

1.2 Zahlen

1.3 Zahlenraum

1.4 Plus verstehen

1.5 Plusaufgaben

1.6 Minus verstehen

1.7 Minusaufgaben

1.8 +/– gemischt

		✋
☐ − 2 = 2		4
☐ − 2 = 4		6
☐ − 2 = 6		8
☐ − 2 = 0		2
☐ − 2 = 8		10
☐ − 2 = 1		3
☐ − 2 = 6		8
☐ − 2 = 3		5
☐ − 2 = 7		9
☐ − 2 = 8		10
☐ − 2 = 5		7
☐ − 2 = 3		5

Streit · Jansen **Mathe lernen nach dem IntraActPlus-Konzept**
© Springer-Verlag GmbH Deutschland, ein Teil von Springer Nature 2020

1.1 Zählen

1.2 Zahlen

1.3 Zahlenraum

1.4 Plus verstehen

1.5 Plusaufgaben

1.6 Minus verstehen

1.7 Minusaufgaben

1.8 +/– gemischt

$10 - \square = 9$		1
$10 - \square = 8$		2
$7 - \square = 6$		1
$5 - \square = 3$		2
$8 - \square = 6$		2
$4 - \square = 3$		1
$7 - \square = 5$		2
$8 - \square = 7$		1
$9 - \square = 7$		2
$6 - \square = 4$		2
$4 - \square = 2$		2
$2 - \square = 0$		2

1.1 Zählen

1.2 Zahlen

1.3 Zahlenraum

1.4 Plus verstehen

1.5 Plusaufgaben

1.6 Minus verstehen

1.7 Minusaufgaben

1.8 +/– gemischt

		🖐
10 − ☐ = 9		1
☐ − 2 = 8		10
☐ − 2 = 2		4
☐ − 2 = 6		8
9 − ☐ = 7		2
☐ − 1 = 9		10
5 − ☐ = 3		2
☐ − 1 = 7		8
7 − ☐ = 5		2
☐ − 9 = 1		10
10 − ☐ = 2		8
☐ − 1 = 6		7

Streit · Jansen **Mathe lernen nach dem IntraActPlus-Konzept**
© Springer-Verlag GmbH Deutschland, ein Teil von Springer Nature 2020

10 − 3 =	9 − 3 =
8 − 3 =	7 − 3 =
6 − 3 =	5 − 3 =
4 − 3 =	3 − 3 =

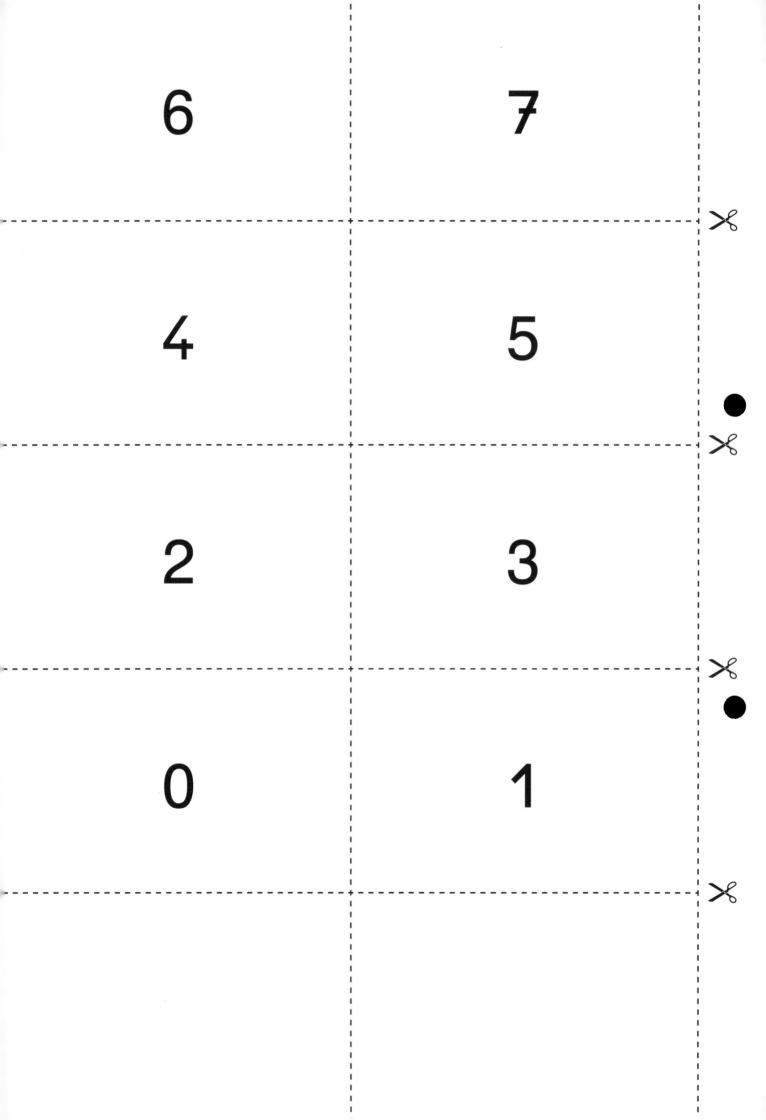

		✋
9 – 3 =		6
6 – 3 =		3
9 – 3 =		6
6 – 3 =		3
5 – 3 =		2
3 – 3 =		0
9 – 3 =		6
5 – 3 =		2
4 – 3 =		1
6 – 3 =		3
4 – 3 =		1
5 – 3 =		2

1.1 Zählen

1.2 Zahlen

1.3 Zahlenraum

1.4 Plus verstehen

1.5 Plusaufgaben

1.6 Minus verstehen

1.7 Minusaufgaben

1.8 +/– gemischt

1.1 Zählen

1.2 Zahlen

1.3 Zahlenraum

1.4 Plus verstehen

1.5 Plusaufgaben

1.6 Minus verstehen

1.7 Minusaufgaben

1.8 +/– gemischt

		✋
7 – 3 =		4
10 – 3 =		7
8 – 3 =		5
10 – 3 =		7
7 – 3 =		4
5 – 3 =		2
8 – 3 =		5
10 – 3 =		7
5 – 3 =		2
7 – 3 =		4
5 – 3 =		2
8 – 3 =		5

Streit · Jansen   **Mathe lernen nach dem IntraActPlus-Konzept**
© Springer-Verlag GmbH Deutschland, ein Teil von Springer Nature 2020

		✋
6 − 3 =		3
10 − 3 =		7
4 − 3 =		1
8 − 3 =		5
5 − 3 =		2
10 − 3 =		7
7 − 3 =		4
8 − 3 =		5
9 − 3 =		6
8 − 3 =		5
7 − 3 =		4
9 − 3 =		6

1.1 Zählen
1.2 Zahlen
1.3 Zahlenraum
1.4 Plus verstehen
1.5 Plusaufgaben
1.6 Minus verstehen
1.7 Minusaufgaben
1.8 +/− gemischt

1.1 Zählen

1.2 Zahlen

1.3 Zahlenraum

1.4 Plus verstehen

1.5 Plusaufgaben

1.6 Minus verstehen

1.7 Minusaufgaben

1.8 +/− gemischt

9 − 3 = _____   10 − 3 = _____

6 − 3 = _____   5 − 3 = _____

3 − 3 = _____   7 − 3 = _____

5 − 3 = _____   4 − 3 = _____

7 − 3 = _____   9 − 3 = _____

8 − 3 = _____   5 − 3 = _____

4 − 3 = _____   8 − 3 = _____

10 − 3 = _____   10 − 3 = _____

8 − 3 = _____   7 − 3 = _____

5 − 3 = _____   6 − 3 = _____

7 − 3 = _____   4 − 3 = _____

9 − 3 = _____   8 − 3 = _____

Streit · Jansen   **Mathe lernen nach dem IntraActPlus-Konzept**
© Springer-Verlag GmbH Deutschland, ein Teil von Springer Nature 2020

9 − 3 = 6	10 − 3 = 7
6 − 3 = 3	5 − 3 = 2
3 − 3 = 0	7 − 3 = 4
5 − 3 = 2	4 − 3 = 1
7 − 3 = 4	9 − 3 = 6
8 − 3 = 5	5 − 3 = 2
4 − 3 = 1	8 − 3 = 5
10 − 3 = 7	10 − 3 = 7
8 − 3 = 5	7 − 3 = 4
5 − 3 = 2	6 − 3 = 3
7 − 3 = 4	4 − 3 = 1
9 − 3 = 6	8 − 3 = 5

1.1 Zählen
1.2 Zahlen
1.3 Zahlenraum
1.4 Plus verstehen
1.5 Plusaufgaben
1.6 Minus verstehen
1.7 Minusaufgaben
1.8 +/− gemischt

1.1 Zählen

1.2 Zahlen

1.3 Zahlenraum

1.4 Plus verstehen

1.5 Plusaufgaben

1.6 Minus verstehen

1.7 Minusaufgaben

1.8 +/– gemischt

Sachaufgaben

A Auf dem Parkplatz stehen neun Autos. Drei Autos fahren weg. Wie viele Autos stehen noch auf dem Parkplatz?

B Bäcker Kurt hat sieben Brote gebacken. Drei davon hat er schon verkauft. Wie viele Brote hat Bäcker Kurt übrig?

C Im Zimmer sind acht Kinder. Drei Kinder gehen aus dem Zimmer. Wie viele Kinder bleiben im Zimmer?

D Im Schrank sind zehn Eier. Papa nimmt drei davon und macht Spiegeleier. Wie viele Eier sind jetzt noch im Schrank?

E Florian ist drei Jahre jünger als Henri. Henri ist sieben Jahre alt. Wie alt ist Florian?

F Mia möchte ihre Sandburg schmücken. Dafür braucht sie zehn Muscheln. Drei Muscheln hat sie schon gefunden. Wie viele Muscheln muss sie noch suchen?

G Auf dem Teller sind zehn Bonbons. Milan nascht drei Bonbons. Seine kleine Schwester nascht auch drei Bonbons. Wie viele Bonbons bleiben übrig?

Streit · Jansen **Mathe lernen nach dem IntraActPlus-Konzept**
© Springer-Verlag GmbH Deutschland, ein Teil von Springer Nature 2020

A Rechnung: 9 − 3 = 6

Antwort: Auf dem Parkplatz stehen noch 6 Autos.

B Rechnung: 7 − 3 = 4

Antwort: Er hat noch 4 Brote übrig.

C Rechnung: 8 − 3 = 5

Antwort: Im Zimmer bleiben 5 Kinder.

D Rechnung: 10 − 3 = 7

Antwort: Im Schrank sind noch 7 Eier.

E Rechnung: 7 − 3 = 4

Antwort: Florian ist vier Jahre alt.

F Rechnung: 10 − 3 = 7

Antwort: Sie muss noch 7 Muscheln suchen.

G Rechnung: 10 − 3 − 3 = 4

Antwort: 4 Bonbons bleiben übrig.

A Auf der Bank haben fünf Leute Platz. Zwei Frauen und ein Mann sitzen schon auf der Bank. Wie viele Leute können sich noch auf die Bank setzen?

B Unser Auto hat sechs Sitzplätze. Mama sitzt schon im Auto. Jetzt steigen noch zwei Kinder ein. Wie viele Plätze sind noch frei?

C Im Bus sitzen zehn Leute. An den nächsten beiden Haltestellen steigen jeweils drei Leute aus. Wie viele Leute sitzen noch im Bus?

D Mama kauft zehn Bananen. Sie gibt jedem ihrer drei Kinder zwei Bananen. Wie viele Bananen sind noch übrig?

E David ist zehn Jahre alt. Nele ist zwei Jahre jünger als David, Sarah ist drei Jahre jünger als Nele. Wie alt ist Sarah?

F In unserem Garten stehen acht Stühle. Auf drei Stühlen sitzen Kinder. Auf zwei Stühlen sitzen Erwachsene. Wie viele Stühle sind noch frei?

G Papa kauft fünf Mandarinen. Er gibt jedem seiner beiden Kinder zwei davon. Eine Mandarine isst er selbst. Wie viele Mandarinen sind noch übrig?

1.1 Zählen
1.2 Zahlen
1.3 Zahlenraum
1.4 Plus verstehen
1.5 Plusaufgaben
1.6 Minus verstehen
1.7 Minusaufgaben
1.8 +/- gemischt

A Rechnung: $5 - 2 - 1 = 2$

   Antwort: Auf die Bank können sich noch 2 Leute setzen.

B Rechnung: $6 - 1 - 2 = 3$

   Antwort: 3 Plätze sind noch frei.

C Rechnung: $10 - 3 - 3 = 4$

   Antwort: Im Bus sitzen noch 4 Leute.

D Rechnung: $10 - 2 - 2 - 2 = 4$

   Antwort: 4 Bananen sind noch übrig.

E Rechnung: $10 - 2 - 3 = 5$

   Antwort: Sarah ist 5 Jahre alt.

F Rechnung: $8 - 3 - 2 = 3$

   Antwort: 3 Stühle sind noch frei.

G Rechnung: $5 - 2 - 2 - 1 = 0$

   Antwort: Es ist keine Mandarine übrig.

1.1 Zählen

1.2 Zahlen

1.3 Zahlenraum

1.4 Plus verstehen

1.5 Plusaufgaben

1.6 Minus verstehen

1.7 Minusaufgaben

1.8 +/– gemischt

		✋
☐ – 3 = 1		4
☐ – 3 = 3		6
☐ – 3 = 6		9
☐ – 3 = 0		3
☐ – 3 = 2		5
☐ – 3 = 6		9
☐ – 3 = 3		6
☐ – 3 = 4		7
☐ – 3 = 7		10
☐ – 3 = 5		8
☐ – 3 = 7		10
☐ – 3 = 4		7

Streit · Jansen   **Mathe lernen nach dem IntraActPlus-Konzept**
© Springer-Verlag GmbH Deutschland, ein Teil von Springer Nature 2020

10 – 4 =

9 – 4 =

8 – 4 =

7 – 4 =

6 – 4 =

5 – 4 =

4 – 4 =

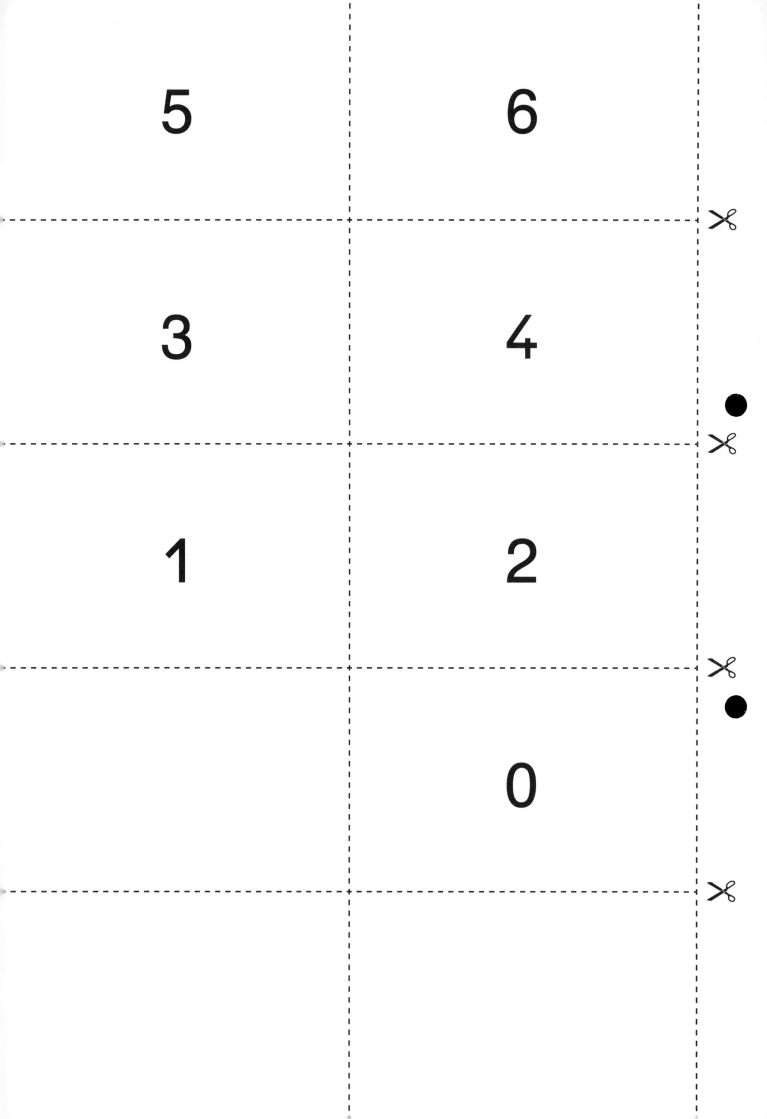

		✋
10 − 4 =		6
8 − 4 =		4
10 − 4 =		6
6 − 4 =		2
8 − 4 =		4
10 − 4 =		6
6 − 4 =		2
8 − 4 =		4
10 − 4 =		6
8 − 4 =		4
6 − 4 =		2
10 − 4 =		6

1.1 Zählen

1.2 Zahlen

1.3 Zahlenraum

1.4 Plus verstehen

1.5 Plusaufgaben

1.6 Minus verstehen

1.7 Minusaufgaben

1.8 +/− gemischt

1.1 Zählen

1.2 Zahlen

1.3 Zahlenraum

1.4 Plus verstehen

1.5 Plusaufgaben

1.6 Minus verstehen

1.7 Minusaufgaben

1.8 +/− gemischt

		✋
7 − 4 =		3
9 − 4 =		5
5 − 4 =		1
9 − 4 =		5
7 − 4 =		3
9 − 4 =		5
5 − 4 =		1
7 − 4 =		3
5 − 4 =		1
9 − 4 =		5
7 − 4 =		3
9 − 4 =		5

Streit · Jansen **Mathe lernen nach dem IntraActPlus-Konzept**
© Springer-Verlag GmbH Deutschland, ein Teil von Springer Nature 2020

		✋
10 – 4 =		6
7 – 4 =		3
8 – 4 =		4
6 – 4 =		2
10 – 4 =		6
9 – 4 =		5
7 – 4 =		3
8 – 4 =		4
6 – 4 =		2
10 – 4 =		6
7 – 4 =		3
9 – 4 =		5

1.1 Zählen
1.2 Zahlen
1.3 Zahlenraum
1.4 Plus verstehen
1.5 Plusaufgaben
1.6 Minus verstehen
1.7 Minusaufgaben
1.8 +/– gemischt

1.1 Zählen

1.2 Zahlen

1.3 Zahlenraum

1.4 Plus verstehen

1.5 Plusaufgaben

1.6 Minus verstehen

1.7 Minusaufgaben

1.8 +/– gemischt

Aufgaben

9 – 4 = _____

6 – 4 = _____

10 – 4 = _____

8 – 4 = _____

4 – 4 = _____

5 – 4 = _____

7 – 4 = _____

10 – 4 = _____

6 – 4 = _____

9 – 4 = _____

5 – 4 = _____

8 – 4 = _____

6 – 4 = _____

8 – 4 = _____

4 – 4 = _____

10 – 4 = _____

9 – 4 = _____

7 – 4 = _____

5 – 4 = _____

9 – 4 = _____

8 – 4 = _____

6 – 4 = _____

10 – 4 = _____

7 – 4 = _____

Streit · Jansen   **Mathe lernen nach dem IntraActPlus-Konzept**
© Springer-Verlag GmbH Deutschland, ein Teil von Springer Nature 2020

9 − 4 = __5__   6 − 4 = __2__

6 − 4 = __2__   8 − 4 = __4__

10 − 4 = __6__   4 − 4 = __0__

8 − 4 = __4__   10 − 4 = __6__

4 − 4 = __0__   9 − 4 = __5__

5 − 4 = __1__   7 − 4 = __3__

7 − 4 = __3__   5 − 4 = __1__

10 − 4 = __6__   9 − 4 = __5__

6 − 4 = __2__   8 − 4 = __4__

9 − 4 = __5__   6 − 4 = __2__

5 − 4 = __1__   10 − 4 = __6__

8 − 4 = __4__   7 − 4 = __3__

1.1 Zählen
1.2 Zahlen
1.3 Zahlenraum
1.4 Plus verstehen
1.5 Plusaufgaben
1.6 Minus verstehen
1.7 Minusaufgaben
1.8 +/− gemischt

1.1 Zählen

1.2 Zahlen

1.3 Zahlenraum

1.4 Plus verstehen

1.5 Plusaufgaben

1.6 Minus verstehen

1.7 Minusaufgaben

1.8 +/- gemischt

		✋
8 − 4 =		4
8 − 3 =		5
6 − 4 =		2
5 − 4 =		1
7 − 3 =		4
9 − 4 =		5
10 − 3 =		7
6 − 3 =		3
5 − 3 =		2
7 − 4 =		3
10 − 4 =		6
9 − 3 =		6

Streit · Jansen   **Mathe lernen nach dem IntraActPlus-Konzept**
© Springer-Verlag GmbH Deutschland, ein Teil von Springer Nature 2020

1.1 Zählen

1.2 Zahlen

1.3 Zahlenraum

1.4 Plus verstehen

1.5 Plusaufgaben

1.6 Minus verstehen

1.7 Minusaufgaben

1.8 +/- gemischt

		✋
☐ – 4 = 1		5
☐ – 4 = 6		10
☐ – 4 = 4		8
☐ – 4 = 2		6
☐ – 4 = 5		9
☐ – 4 = 6		10
☐ – 4 = 2		6
☐ – 4 = 3		7
☐ – 4 = 5		9
☐ – 4 = 0		4
☐ – 4 = 3		7
☐ – 4 = 5		9

1.1 Zählen

1.2 Zahlen

1.3 Zahlenraum

1.4 Plus verstehen

1.5 Plusaufgaben

1.6 Minus verstehen

1.7 Minusaufgaben

1.8 +/- gemischt

		🖐
10 − ☐ = 7		3
7 − ☐ = 3		4
10 − ☐ = 6		4
7 − ☐ = 4		3
8 − ☐ = 4		4
4 − ☐ = 1		3
8 − ☐ = 5		3
9 − ☐ = 5		4
6 − ☐ = 2		4
6 − ☐ = 3		3
9 − ☐ = 6		3
9 − ☐ = 5		4

Streit · Jansen **Mathe lernen nach dem IntraActPlus-Konzept**
© Springer-Verlag GmbH Deutschland, ein Teil von Springer Nature 2020

$10 - 5 =$	$9 - 5 =$
$8 - 5 =$	$7 - 5 =$
$6 - 5 =$	$5 - 5 =$

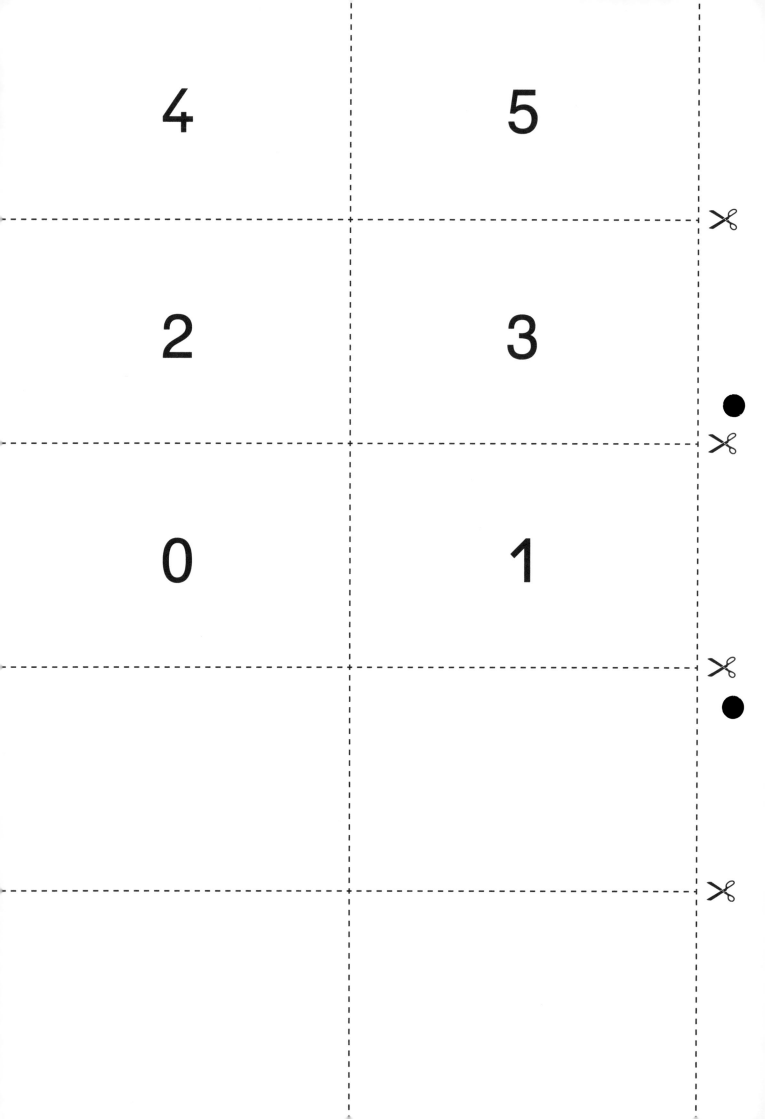

		✋
10 − 5 =		5
7 − 5 =		2
5 − 5 =		0
9 − 5 =		4
10 − 5 =		5
8 − 5 =		3
9 − 5 =		4
7 − 5 =		2
9 − 5 =		4
6 − 5 =		1
10 − 5 =		5
8 − 5 =		3

1.1 Zählen

1.2 Zahlen

1.3 Zahlenraum

1.4 Plus verstehen

1.5 Plusaufgaben

1.6 Minus verstehen

1.7 Minusaufgaben

1.8 +/− gemischt

1.1 Zählen

1.2 Zahlen

1.3 Zahlenraum

1.4 Plus verstehen

1.5 Plusaufgaben

1.6 Minus verstehen

1.7 Minusaufgaben

1.8 +/- gemischt

Aufgaben

10 − 5 = ____

8 − 5 = ____

6 − 5 = ____

9 − 5 = ____

7 − 5 = ____

5 − 5 = ____

8 − 5 = ____

10 − 5 = ____

7 − 5 = ____

5 − 5 = ____

9 − 5 = ____

6 − 5 = ____

9 − 5 = ____

7 − 5 = ____

10 − 5 = ____

6 − 5 = ____

5 − 5 = ____

8 − 5 = ____

9 − 5 = ____

6 − 5 = ____

7 − 5 = ____

10 − 5 = ____

5 − 5 = ____

8 − 5 = ____

Streit · Jansen   **Mathe lernen nach dem IntraActPlus-Konzept**
© Springer-Verlag GmbH Deutschland, ein Teil von Springer Nature 2020

10 − 5 = 5

8 − 5 = 3

6 − 5 = 1

9 − 5 = 4

7 − 5 = 2

5 − 5 = 0

8 − 5 = 3

10 − 5 = 5

7 − 5 = 2

5 − 5 = 0

9 − 5 = 4

6 − 5 = 1

9 − 5 = 4

7 − 5 = 2

10 − 5 = 5

6 − 5 = 1

5 − 5 = 0

8 − 5 = 3

9 − 5 = 4

6 − 5 = 1

7 − 5 = 2

10 − 5 = 5

5 − 5 = 0

8 − 5 = 3

1.1 Zählen

1.2 Zahlen

1.3 Zahlenraum

1.4 Plus verstehen

1.5 Plusaufgaben

1.6 Minus verstehen

1.7 Minusaufgaben

1.8 +/− gemischt

A Yusuf braucht zehn Nägel. Er hat schon fünf Nägel gefunden. Wie viele Nägel fehlen ihm noch?

B Papa braucht sieben Schrauben. Er hat nur fünf Schrauben. Wie viele Schrauben fehlen ihm?

C Im Stall sind neun Hasen. Fünf Hasen laufen weg. Wie viele Hasen sind noch im Stall?

D Linda möchte Pfannkuchen machen und braucht acht Eier. Sie hat nur fünf Eier. Wie viele Eier fehlen Linda?

E Stefan hat neun Kirschen. Er isst fünf davon auf. Wie viele Kirschen bleiben übrig?

F Emma möchte zehn Kekse backen. Fünf Kekse sind schon fertig. Wie viele Kekse muss Emma noch backen?

G Auf dem Ast sitzen sieben Vögel. Fünf Vögel fliegen davon. Wie viele Vögel sitzen noch auf dem Ast?

1.1 Zählen

1.2 Zahlen

1.3 Zahlenraum

1.4 Plus verstehen

1.5 Plusaufgaben

1.6 Minus verstehen

1.7 Minusaufgaben

1.8 +/– gemischt

Streit · Jansen **Mathe lernen nach dem IntraActPlus-Konzept**
© Springer-Verlag GmbH Deutschland, ein Teil von Springer Nature 2020

A Rechnung: $10 - 5 = 5$

  Antwort: Ihm fehlen noch 5 Nägel.

B Rechnung: $7 - 5 = 2$

  Antwort: Ihm fehlen 2 Schrauben.

C Rechnung: $9 - 5 = 4$

  Antwort: Im Stall sind noch 4 Hasen.

D Rechnung: $8 - 5 = 3$

  Antwort: Ihr fehlen 3 Eier.

E Rechnung: $9 - 5 = 4$

  Antwort: Es bleiben 4 Kirschen übrig.

F Rechnung: $10 - 5 = 5$

  Antwort: Sie muss noch 5 Kekse backen.

G Rechnung: $7 - 5 = 2$

  Antwort: Auf dem Ast sitzen noch 2 Vögel.

1.1 Zählen

1.2 Zahlen

1.3 Zahlenraum

1.4 Plus verstehen

1.5 Plusaufgaben

1.6 Minus verstehen

1.7 Minusaufgaben

1.8 +/– gemischt

1.1 Zählen

1.2 Zahlen

1.3 Zahlenraum

1.4 Plus verstehen

1.5 Plusaufgaben

1.6 Minus verstehen

1.7 Minusaufgaben

1.8 +/− gemischt

		✋
☐ − 5 = 5		10
☐ − 5 = 4		9
☐ − 5 = 0		5
☐ − 5 = 2		7
☐ − 5 = 3		8
☐ − 5 = 4		9
☐ − 5 = 5		10
☐ − 5 = 3		8
☐ − 5 = 1		6
☐ − 5 = 5		10
☐ − 5 = 3		8
☐ − 5 = 2		7

Streit · Jansen **Mathe lernen nach dem IntraActPlus-Konzept**
© Springer-Verlag GmbH Deutschland, ein Teil von Springer Nature 2020

10 – 6 =

9 – 6 =

8 – 6 =

7 – 6 =

6 – 6 =

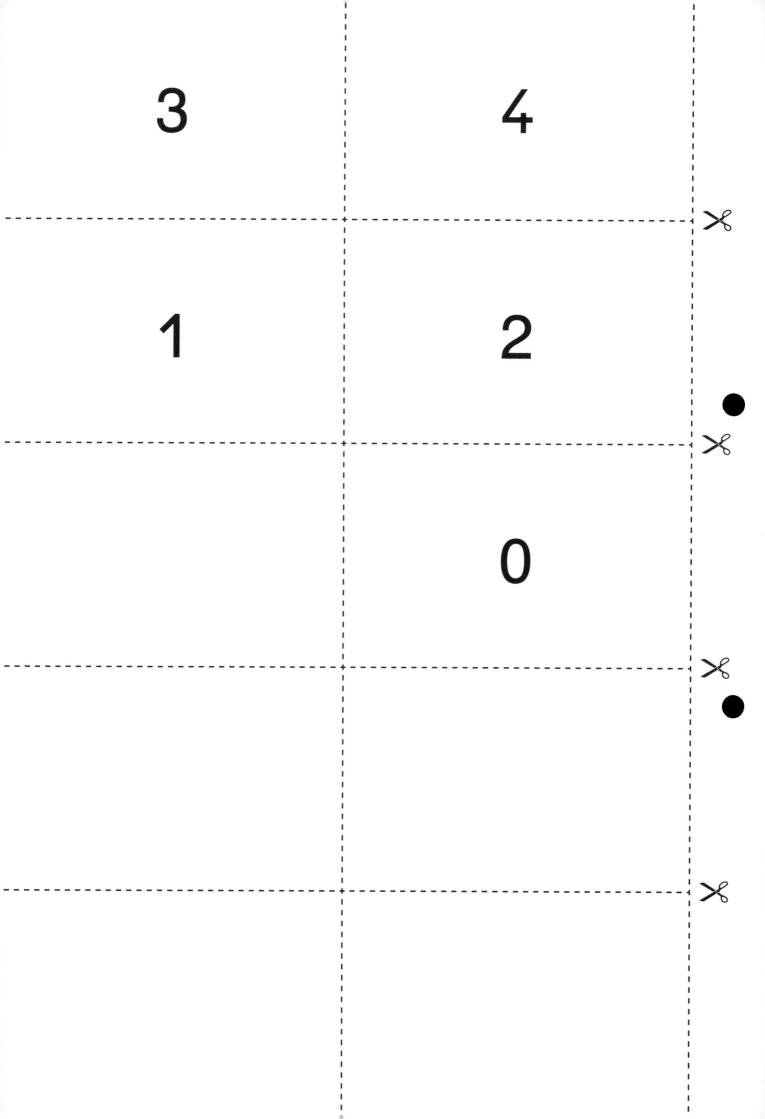

		✋
10 – 6 =		4
9 – 6 =		3
7 – 6 =		1
9 – 6 =		3
10 – 6 =		4
8 – 6 =		2
7 – 6 =		1
10 – 6 =		4
8 – 6 =		2
6 – 6 =		0
9 – 6 =		3
8 – 6 =		2

1.1 Zählen
1.2 Zahlen
1.3 Zahlenraum
1.4 Plus verstehen
1.5 Plusaufgaben
1.6 Minus verstehen
1.7 Minusaufgaben
1.8 +/- gemischt

1.1 Zählen

1.2 Zahlen

1.3 Zahlenraum

1.4 Plus verstehen

1.5 Plusaufgaben

1.6 Minus verstehen

1.7 Minusaufgaben

1.8 +/- gemischt

$9 - 6 = \underline{\quad}$	$7 - 6 = \underline{\quad}$
$8 - 6 = \underline{\quad}$	$9 - 6 = \underline{\quad}$
$10 - 6 = \underline{\quad}$	$8 - 6 = \underline{\quad}$
$6 - 6 = \underline{\quad}$	$6 - 6 = \underline{\quad}$
$7 - 6 = \underline{\quad}$	$10 - 6 = \underline{\quad}$
$9 - 6 = \underline{\quad}$	$9 - 6 = \underline{\quad}$
$10 - 6 = \underline{\quad}$	$7 - 6 = \underline{\quad}$
$8 - 6 = \underline{\quad}$	$10 - 6 = \underline{\quad}$
$6 - 6 = \underline{\quad}$	$6 - 6 = \underline{\quad}$
$7 - 6 = \underline{\quad}$	$8 - 6 = \underline{\quad}$
$10 - 6 = \underline{\quad}$	$10 - 6 = \underline{\quad}$
$9 - 6 = \underline{\quad}$	$9 - 6 = \underline{\quad}$

Streit · Jansen **Mathe lernen nach dem IntraActPlus-Konzept**
© Springer-Verlag GmbH Deutschland, ein Teil von Springer Nature 2020

9 – 6 = 3		7 – 6 = 1
8 – 6 = 2		9 – 6 = 3
10 – 6 = 4		8 – 6 = 2
6 – 6 = 0		6 – 6 = 0
7 – 6 = 1		10 – 6 = 4
9 – 6 = 3		9 – 6 = 3
10 – 6 = 4		7 – 6 = 1
8 – 6 = 2		10 – 6 = 4
6 – 6 = 0		6 – 6 = 0
7 – 6 = 1		8 – 6 = 2
10 – 6 = 4		10 – 6 = 4
9 – 6 = 3		9 – 6 = 3

1.1 Zählen

1.2 Zahlen

1.3 Zahlenraum

1.4 Plus verstehen

1.5 Plusaufgaben

1.6 Minus verstehen

1.7 Minusaufgaben

1.8 +/– gemischt

1.1 Zählen

1.2 Zahlen

1.3 Zahlenraum

1.4 Plus verstehen

1.5 Plusaufgaben

1.6 Minus verstehen

1.7 Minusaufgaben

1.8 +/– gemischt

		✋
9 – 6 =		3
10 – 5 =		5
8 – 6 =		2
9 – 5 =		4
7 – 5 =		2
6 – 5 =		1
10 – 6 =		4
7 – 6 =		1
9 – 5 =		4
7 – 5 =		2
10 – 4 =		6
8 – 5 =		3

Streit · Jansen   **Mathe lernen nach dem IntraActPlus-Konzept**
© Springer-Verlag GmbH Deutschland, ein Teil von Springer Nature 2020

		✋
8 − 6 =		2
7 − 3 =		4
7 − 5 =		2
9 − 1 =		8
6 − 4 =		2
9 − 2 =		7
10 − 6 =		4
3 − 1 =		2
8 − 5 =		3
10 − 4 =		6
9 − 6 =		3
10 − 3 =		7

1.1 Zählen
1.2 Zahlen
1.3 Zahlenraum
1.4 Plus verstehen
1.5 Plusaufgaben
1.6 Minus verstehen
1.7 Minusaufgaben
1.8 +/− gemischt

1.1 Zählen

1.2 Zahlen

1.3 Zahlenraum

1.4 Plus verstehen

1.5 Plusaufgaben

1.6 Minus verstehen

1.7 Minusaufgaben

1.8 +/− gemischt

		✋
☐ − 6 = 2		8
☐ − 6 = 3		9
☐ − 6 = 4		10
☐ − 6 = 0		6
☐ − 6 = 3		9
☐ − 6 = 1		7
☐ − 6 = 4		10
☐ − 6 = 0		6
☐ − 6 = 3		9
☐ − 6 = 1		7
☐ − 6 = 2		8
☐ − 6 = 3		9

Streit · Jansen **Mathe lernen nach dem IntraActPlus-Konzept**
© Springer-Verlag GmbH Deutschland, ein Teil von Springer Nature 2020

10 – 7 =	9 – 7 =
8 – 7 =	7 – 7 =
10 – 8 =	9 – 8 =
8 – 8 =	10 – 9 =
9 – 9 =	

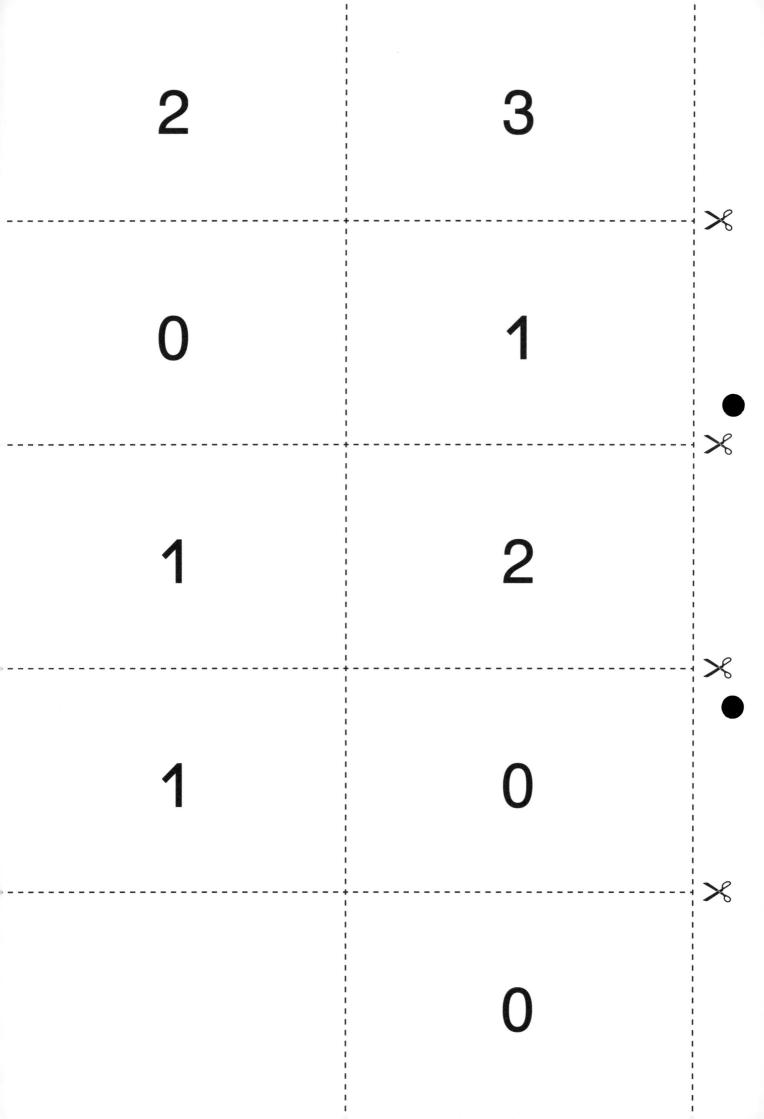

		✋
10 − 7 =		3
9 − 7 =		2
9 − 9 =		0
10 − 7 =		3
9 − 8 =		1
10 − 8 =		2
8 − 7 =		1
7 − 7 =		0
10 − 8 =		2
10 − 7 =		3
10 − 9 =		1
9 − 7 =		2

1.1 Zählen
1.2 Zahlen
1.3 Zahlenraum
1.4 Plus verstehen
1.5 Plusaufgaben
1.6 Minus verstehen
1.7 Minusaufgaben
1.8 +/− gemischt

1.1 Zahlen

1.2 Zahlen

1.3 Zahlenraum

1.4 Plus verstehen

1.5 Plusaufgaben

1.6 Minus verstehen

1.7 Minusaufgaben

1.8 +/– gemischt

Aufgaben

9 – 8 = _____

10 – 7 = _____

8 – 7 = _____

10 – 8 = _____

7 – 7 = _____

10 – 9 = _____

9 – 7 = _____

9 – 8 = _____

10 – 7 = _____

8 – 7 = _____

10 – 8 = _____

10 – 9 = _____

10 – 8 = _____

9 – 7 = _____

10 – 9 = _____

10 – 7 = _____

9 – 7 = _____

9 – 8 = _____

10 – 9 = _____

10 – 8 = _____

8 – 7 = _____

9 – 7 = _____

9 – 8 = _____

10 – 7 = _____

Streit · Jansen   **Mathe lernen nach dem IntraActPlus-Konzept**
© Springer-Verlag GmbH Deutschland, ein Teil von Springer Nature 2020

9 – 8 = __1__	10 – 8 = __2__
10 – 7 = __3__	9 – 7 = __2__
8 – 7 = __1__	10 – 9 = __1__
10 – 8 = __2__	10 – 7 = __3__
7 – 7 = __0__	9 – 7 = __2__
10 – 9 = __1__	9 – 8 = __1__
9 – 7 = __2__	10 – 9 = __1__
9 – 8 = __1__	10 – 8 = __2__
10 – 7 = __3__	8 – 7 = __1__
8 – 7 = __1__	9 – 7 = __2__
10 – 8 = __2__	9 – 8 = __1__
10 – 9 = __1__	10 – 7 = __3__

1.1 Zählen
1.2 Zahlen
1.3 Zahlenraum
1.4 Plus verstehen
1.5 Plusaufgaben
1.6 Minus verstehen
1.7 Minusaufgaben
1.8 +/− gemischt

A Niklas möchte Pfannkuchen machen und braucht acht Eier. Er hat nur sieben Eier. Wie viele Eier fehlen Niklas?

B Nadja braucht zum Basteln zehn Kastanien. Sie hat schon sieben Kastanien gefunden. Wie viele Kastanien fehlen ihr noch?

C Auf der Wiese stehen neun Rehe. Sieben Rehe laufen weg. Wie viele Rehe bleiben auf der Wiese?

D Sina ist acht Jahre alt. Ihre Schwester Lea ist sieben Jahre jünger. Wie alt ist Lea?

E Anja hat zehn Nüsse. Ihr Freund Anton hat sieben Nüsse. Wie viele Nüsse hat Anja mehr als Anton?

F Tarek hat zehn Autos. Sein Freund Severin hat acht Autos. Wie viele Autos hat Tarek mehr als Severin?

G Auf dem Spielplatz sind zehn Kinder. Neun Kinder gehen nach Hause. Wie viele Kinder bleiben auf dem Spielplatz?

Streit · Jansen **Mathe lernen nach dem IntraActPlus-Konzept**
© Springer-Verlag GmbH Deutschland, ein Teil von Springer Nature 2020

1.1 Zählen

1.2 Zahlen

1.3 Zahlenraum

1.4 Plus verstehen

1.5 Plusaufgaben

1.6 Minus verstehen

1.7 Minusaufgaben

1.8 +/− gemischt

A Rechnung: 8 − 7 = 1

   Antwort: Ihm fehlt noch 1 Ei.

B Rechnung: 10 − 7 = 3

   Antwort: Ihr fehlen noch 3 Kastanien.

C Rechnung: 9 − 7 = 2

   Antwort: Auf der Wiese bleiben 2 Rehe.

D Rechnung: 8 − 7 = 1

   Antwort: Lea ist 1 Jahr alt.

E Rechnung: 10 − 7 = 3

   Antwort: Anja hat 3 Nüsse mehr als Anton.

F Rechnung: 10 − 8 = 2

   Antwort: Tarek hat 2 Autos mehr als Severin.

G Rechnung: 10 − 9 = 1

   Antwort: Auf dem Spielplatz bleibt 1 Kind.

1.1 Zählen

1.2 Zahlen

1.3 Zahlenraum

1.4 Plus verstehen

1.5 Plusaufgaben

1.6 Minus verstehen

1.7 Minusaufgaben

1.8 +/− gemischt

1.1 Zählen

1.2 Zahlen

1.3 Zahlenraum

1.4 Plus verstehen

1.5 Plusaufgaben

1.6 Minus verstehen

1.7 Minusaufgaben

1.8 +/− gemischt

		✋
10 − 8 =		2
10 − 5 =		5
10 − 6 =		4
10 − 4 =		6
10 − 2 =		8
10 − 6 =		4
10 − 7 =		3
10 − 5 =		5
10 − 9 =		1
10 − 4 =		6
10 − 3 =		7
10 − 1 =		9

Streit · Jansen   **Mathe lernen nach dem IntraActPlus-Konzept**
© Springer-Verlag GmbH Deutschland, ein Teil von Springer Nature 2020

1.1 Zählen

1.2 Zahlen

1.3 Zahlenraum

1.4 Plus verstehen

1.5 Plusaufgaben

1.6 Minus verstehen

1.7 Minusaufgaben

1.8 +/– gemischt

10 − ☐ = 1		9
10 − ☐ = 5		5
10 − ☐ = 9		1
10 − ☐ = 8		2
10 − ☐ = 3		7
10 − ☐ = 6		4
10 − ☐ = 7		3
10 − ☐ = 2		8
10 − ☐ = 6		4
10 − ☐ = 3		7
10 − ☐ = 8		2
10 − ☐ = 4		6

1.8 Plus und Minus gemischt

Lernziele
- Sicher zwischen Plus- und Minusaufgaben wechseln.
- Das Gelernte auf Sachaufgaben anwenden.
- Unterschiedliche sprachliche Formulierungen für Plus- und Minusrechnen (mehr – weniger, älter – jünger usw.) sicher verstehen und in die entsprechende Rechenoperation übersetzen können.

Leistungsdifferenzierung
- *Grün:* grundlegende Lerninhalte für alle Lernenden
- *Blau:* Lerninhalte, die von langsamer lernenden Kindern weggelassen oder zu einem späteren Zeitpunkt bearbeitet werden können
- *Orange:* schwierigere Zusatzaufgaben für schnell lernende Kinder

So geht es
Siehe Übungsaufbau in Kap. 1.5 bzw. Kap. 1.7.

1.1 Zählen
1.2 Zahlen
1.3 Zahlenraum
1.4 Plus verstehen
1.5 Plusaufgaben
1.6 Minus verstehen
1.7 Minusaufgaben
1.8 +/– gemischt

9 + 1 =		10
9 – 1 =		8
5 – 1 =		4
5 + 1 =		6
8 + 1 =		9
8 – 1 =		7
10 – 1 =		9
7 + 1 =		8
7 – 1 =		6
4 – 1 =		3
6 + 1 =		7
6 – 1 =		5

1.1 Zählen
1.2 Zahlen
1.3 Zahlenraum
1.4 Plus verstehen
1.5 Plusaufgaben
1.6 Minus verstehen
1.7 Minusaufgaben
1.8 +/– gemischt

1.1 Zählen

1.2 Zahlen

1.3 Zahlenraum

1.4 Plus verstehen

1.5 Plusaufgaben

1.6 Minus verstehen

1.7 Minusaufgaben

1.8 +/− gemischt

		✋
7 + 2 =		9
8 + 2 =		10
9 − 2 =		7
8 − 2 =		6
5 + 2 =		7
10 − 2 =		8
9 − 3 =		6
7 + 3 =		10
4 + 3 =		7
8 − 3 =		5
5 + 3 =		8
10 − 3 =		7

Streit · Jansen   **Mathe lernen nach dem IntraActPlus-Konzept**
© Springer-Verlag GmbH Deutschland, ein Teil von Springer Nature 2020

3 + 4 =		7
5 + 4 =		9
10 − 4 =		6
7 − 4 =		3
2 + 4 =		6
9 − 4 =		5
6 + 4 =		10
8 − 4 =		4
10 − 5 =		5
3 + 5 =		8
7 − 5 =		2
4 + 5 =		9

1.1 Zählen
1.2 Zahlen
1.3 Zahlenraum
1.4 Plus verstehen
1.5 Plusaufgaben
1.6 Minus verstehen
1.7 Minusaufgaben
1.8 +/− gemischt

1.1 Zählen

1.2 Zahlen

1.3 Zahlenraum

1.4 Plus verstehen

1.5 Plusaufgaben

1.6 Minus verstehen

1.7 Minusaufgaben

1.8 +/- gemischt

		✋
4 + 6 =		10
9 − 6 =		3
10 − 6 =		4
3 + 6 =		9
10 − 7 =		3
2 + 7 =		9
9 − 5 =		4
1 + 9 =		10
8 − 5 =		3
3 + 7 =		10
9 − 7 =		2
2 + 8 =		10

Streit · Jansen   **Mathe lernen nach dem IntraActPlus-Konzept**
© Springer-Verlag GmbH Deutschland, ein Teil von Springer Nature 2020

Sachaufgaben

A   Jan hat sieben Trauben. Paul hat zwei Trauben weniger. Wie viele Trauben hat Paul?

B   Samira hat vier Bücher. Maria hat drei Bücher mehr. Wie viele Bücher hat Maria?

C   Im Schrank sind acht Teller. Tom stellt noch zwei Teller in den Schrank. Wie viele Teller sind jetzt im Schrank?

D   Im Schrank sind neun Teller. Mama stellt fünf davon auf den Tisch. Wie viele Teller sind noch im Schrank?

E   In Kerstins Mäppchen sind sechs Stifte. Sie steckt noch drei Stifte dazu. Wie viele Stifte sind jetzt im Mäppchen?

F   Pauline hat acht Stifte. Sie verliert zwei Stifte. Wie viele Stifte hat Pauline noch?

G   Im Zimmer sind zehn Kinder. Es gibt aber nur sieben Stühle. Wie viele Kinder haben keinen Stuhl?

Streit · Jansen **Mathe lernen nach dem IntraActPlus-Konzept**
© Springer-Verlag GmbH Deutschland, ein Teil von Springer Nature 2020

1.1 zählen
1.2 Zahlen
1.3 Zahlenraum
1.4 Plus verstehen
1.5 Plusaufgaben
1.6 Minus verstehen
1.7 Minusaufgaben
1.8 +/– gemischt

1.1 Zählen

1.2 Zahlen

1.3 Zahlenraum

1.4 Plus verstehen

1.5 Plusaufgaben

1.6 Minus verstehen

1.7 Minusaufgaben

1.8 +/− gemischt

Lösungen

A Rechnung: $7 - 2 = 5$
   Antwort: Paul hat 5 Trauben.

B Rechnung: $4 + 3 = 7$
   Antwort: Maria hat 7 Bücher.

C Rechnung: $8 + 2 = 10$
   Antwort: Im Schrank sind jetzt 10 Teller.

D Rechnung: $9 - 5 = 4$
   Antwort: Im Schrank sind noch 4 Teller.

E Rechnung: $6 + 3 = 9$
   Antwort: Im Mäppchen sind jetzt 9 Stifte.

F Rechnung: $8 - 2 = 6$
   Antwort: Pauline hat noch 7 Stifte.

G Rechnung: $10 - 7 = 3$
   Antwort: 3 Kinder haben keinen Stuhl.

Streit · Jansen **Mathe lernen nach dem IntraActPlus-Konzept**
© Springer-Verlag GmbH Deutschland, ein Teil von Springer Nature 2020

A   Im Zimmer sind zehn Kinder. Fünf davon sind Jungen. Wie viele Mädchen sind im Zimmer?

B   Im Bus sitzen zehn Erwachsene. Zwei davon sind Männer. Wie viele Frauen sitzen im Bus?

C   Im Bus sitzen neun Leute. Vier davon sind Kinder. Wie viele Erwachsene sitzen im Bus?

D   Auf dem Spielplatz sind zehn Kinder. Sechs davon haben eine Mütze auf. Wie viele Kinder haben keine Mütze auf?

E   Im Stall stehen fünf Kühe und vier Pferde. Wie viele Tiere sind es zusammen?

F   Im Stall stehen zehn Tiere. Vier davon sind Kühe, die anderen sind Pferde. Wie viele Pferde stehen im Stall?

G   Auf dem Baum sitzen sechs Meisen und ein paar Spatzen. Zusammen sind es neun Vögel. Wie viele Spatzen sitzen auf dem Baum?

A Rechnung: $10 - 5 = 5$

Antwort: Im Zimmer sind 5 Mädchen.

B Rechnung: $10 - 2 = 8$

Antwort: Im Bus sitzen 8 Frauen.

C Rechnung: $9 - 4 = 5$

Antwort: Im Bus sitzen 5 Erwachsene.

D Rechnung: $10 - 6 = 4$

Antwort: 4 Kinder haben keine Mütze auf.

E Rechnung: $5 + 4 = 9$

Antwort: Es sind zusammen 9 Tiere.

F Rechnung: $10 - 4 = 6$

Antwort: Im Stall stehen 6 Pferde.

G Rechnung: $9 - 6 = 3$

Antwort: Auf dem Baum sitzen 3 Spatzen.

Streit · Jansen **Mathe lernen nach dem IntraActPlus-Konzept**
© Springer-Verlag GmbH Deutschland, ein Teil von Springer Nature 2020

1.1 Zählen

1.2 Zahlen

1.3 Zahlenraum

1.4 Plus verstehen

1.5 Plusaufgaben

1.6 Minus verstehen

1.7 Minusaufgaben

1.8 +/- gemischt

A Eriks Turm ist acht Klötze hoch. Stefans Turm ist zwei Klötze höher. Wie hoch ist Stefans Turm?

B Ingas Turm ist neun Klötze hoch. Claras Turm ist zwei Klötze niedriger. Wie hoch ist Claras Turm?

C Paula hat zehn Kekse. Ihr Freund Florian hat drei Kekse weniger. Wie viele Kekse hat Florian?

D Florian hat acht Nüsse. Paula hat fünf Nüsse. Wie viele Nüsse hat Paula weniger als Florian?

E Sven hat sechs Stifte. Hans hat drei Stifte mehr als Sven. Wie viele Stifte hat Hans?

F Sven hat sechs Stifte. Leon hat zehn Stifte. Wie viele Stifte hat Leon mehr als Sven?

G Tahir hat zwei Stifte mehr als Max. Tahir hat fünf Stifte. Wie viele Stifte hat Max?

1.1 Zählen

1.2 Zahlen

1.3 Zahlenraum

1.4 Plus verstehen

1.5 Plusaufgaben

1.6 Minus verstehen

1.7 Minusaufgaben

1.8 +/– gemischt

1.1 Zählen

1.2 Zahlen

1.3 Zahlenraum

1.4 Plus verstehen

1.5 Plusaufgaben

1.6 Minus verstehen

1.7 Minusaufgaben

1.8 +/– gemischt

Lösungen

A Rechnung: $8 + 2 = 10$

Antwort: Stefans Turm ist 10 Klötze hoch.

B Rechnung: $9 - 2 = 7$

Antwort: Claras Turm ist 7 Klötze hoch.

C Rechnung: $10 - 3 = 7$

Antwort: Florian hat 7 Kekse.

D Rechnung: $8 - 5 = 3$

Antwort: Paula hat 3 Nüsse weniger als Florian.

E Rechnung: $6 + 3 = 9$

Antwort: Hans hat 9 Stifte.

F Rechnung: $10 - 6 = 4$

Antwort: Leon hat 4 Stifte mehr als Sven.

G Rechnung: $5 - 2 = 3$

Antwort: Max hat 3 Stifte.

Streit · Jansen **Mathe lernen nach dem IntraActPlus-Konzept**
© Springer-Verlag GmbH Deutschland, ein Teil von Springer Nature 2020

2

Zahlenraum bis 20

2.1 Zählen

Lernziele
Sicheres Abzählen bis 20.

Material
Lernkärtchen auf der folgenden Seite.

Vorbereitung des Materials
Die Kärtchen werden an den gestrichelten Linien auseinandergeschnitten.

So geht es
- Es wird nur mit der Seite mit den Punkten gearbeitet. Die 10 blauen Punkte in der ersten Reihe jedes Kärtchens werden nicht mehr einzeln gezählt sondern als Ganzes benannt.
- Das erste Lernkärtchen (11 Punkte) liegt vor dem Kind auf dem Tisch. Zeigen Sie zunächst auf die Reihe mit den 10 blauen Punkten und sprechen Sie dazu „zehn". Dann zeigen Sie auf den einzelnen Punkt und sprechen dazu „elf". Bitten Sie das Kind, es Ihnen nachzumachen.
- In entsprechender Weise wird beim nächsten Lernkärtchen zunächst auf die Reihe mit 10 blauen Punkten gezeigt und dazu „zehn" gesprochen. Dann wird mit den roten Punkten weitergezählt: „zehn, elf".
- Nun wird zwischen dem Zählen von 11 und 12 Punkten abgewechselt. In entsprechender Weise wird immer dann ein weiteres Lernkärtchen mit in das Üben einbezogen, wenn das Zählen der bisher geübten Mengen mühelos und fehlerfrei gelingt.

Siehe Video unter: www.intraactplus.de/mathe/

2.1 Zählen

2.2 Zahlen

2.3 Zahlenraum

2.4 Plus ohne ZÜ

2.5 Plus mit ZÜ

2.6 Minus ohne ZÜ

2.7 Minus mit ZÜ

2.8 +/− gemischt

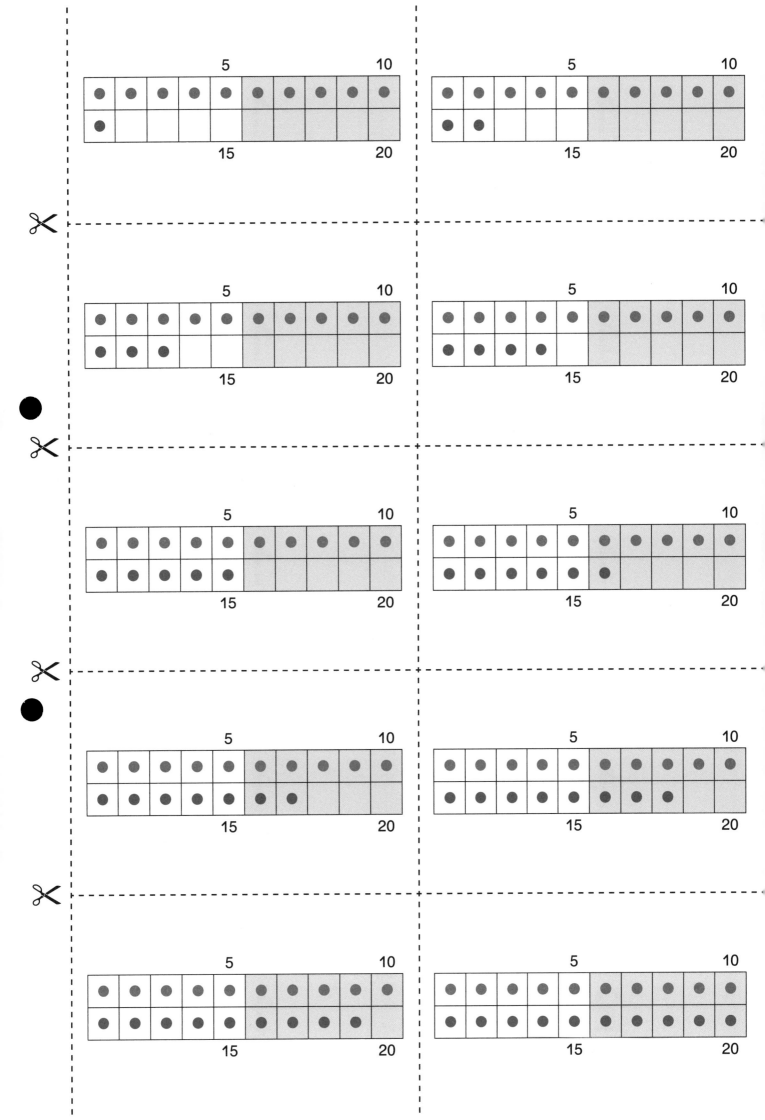

12	11
14	13
16	15
18	17
20	19

2.2 Zahlen

Lernziele
– Zahlen 11 bis 20 sicher lesen.
– Zehner (Z) und Einer (E) sicher erkennen.
– Zahlen 11 bis 20 sicher schreiben.

Zahlen 11 bis 20 sicher lesen – Vorübung

Material

12	11
14	13
16	15
18	17
20	19

Übungsmaterial (Beispiel)

Es wird wieder mit den Lernkärtchen aus dem vorangegangenen Kap. 2.1 geübt, jetzt mit der Seite, auf der die Zahlen stehen.

So geht es
Siehe Video unter: www.intraactplus.de/mathe/

Zahlen 11 bis 20 sicher lesen – Übungsblätter

Material

11	11		11
11		11	11
	11	11	11
11	11	11	
11		11	11
11	11		11

Übungsmaterial (Beispiel)

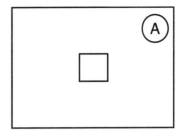

Schablone A – liegt dem Material bei.

So geht es
Die Schablone A wird so auf das Übungsblatt gelegt, dass nur das Kästchen oben links zu sehen ist. Das Kind benennt die Zahl. Dann wird die Schablone ein Kästchen weitergeschoben. Das Kind benennt wieder die Zahl usw. Bei den farbigen Feldern wird die Farbe benannt.

Siehe Video unter: www.intraactplus.de/mathe/

Leistungsdifferenzierung
Das Übungsblatt wird so oft wiederholt, bis alle Zahlen mühelos und fehlerfrei gelesen werden. Um diese Sicherheit zu erlangen, müssen manche Kinder das Blatt oft wiederholen, andere nur ein oder wenige Male.

Zehner (Z) und Einer (E) sicher erkennen

Material
Übungsblätter „Zehner (Z) und Einer (E)"

So geht es
Zu den abgebildeten Mengen werden jeweils Zehner (Z) und Einer (E) in die entsprechenden Kästchen geschrieben.

Achtung
Wir empfehlen, mehrstellige Zahlen von Anfang an immer von links nach rechts, also erst den Zehner (Z) und dann die Einer (E), zu schreiben.

Leistungsdifferenzierung
Das Verständnis des Stellenwertes (zunächst der Position von Zehnern und Einern) ist grundlegend für alles Rechnen im Zahlenraum ab 10. Daher ist es wichtig, dass jedes Kind diese Übungen so oft wiederholt, bis es Zehner und Einer mühelos und fehlerfrei erkennt.

Damit die Übungen nach Bedarf des Kindes mehrfach wiederholt werden können, ist es sinnvoll, das Übungsblatt zunächst nur mündlich zu bearbeiten. Erst wenn das Kind sich ganz sicher ist, werden dann die Zehner und Einer in das jeweilige Kästchen eingetragen.

Sollte das Kind mehr Übungsmaterial benötigen, können diese Übungsblätter im Internet heruntergeladen werden unter: www.intraactplus.de/mathe/. ▶▶▶

2.1 Zählen
2.2 Zahlen
2.3 Zahlenraum
2.4 Plus ohne ZÜ
2.5 Plus mit ZÜ
2.6 Minus ohne ZÜ
2.7 Minus mit ZÜ
2.8 +/− gemischt

2.1 Zählen

2.2 Zahlen

2.3 Zahlenraum

2.4 Plus ohne ZÜ

2.5 Plus mit ZÜ

2.6 Minus ohne ZÜ

2.7 Minus mit ZÜ

2.8 +/– gemischt

Zahlen 11 bis 20 sicher schreiben

Material
Übungsblätter „Zahlen bis 20 nach Diktat schreiben"

So geht es
Zahlen von 11 bis 20 werden nach Diktat in die Kästchen geschrieben.

Siehe Video unter: www.intraactplus.de/mathe/

Achtung
Wir empfehlen, mehrstellige Zahlen von Anfang an immer von links nach rechts, also erst die Zehner (Z) und dann die Einer (E), zu schreiben.

Leistungsdifferenzierung
Beginnen Sie zunächst nur mit den Zahlen 11 und 12. Diese werden abwechselnd diktiert, bis sie sicher geschrieben werden. Dann wird die 13 in das Üben mit einbezogen usw.

Jedes Kind übt so lange, bis es die Zahlen von 11 bis 20 mühelos und fehlerfrei schreiben kann.

Sollte das Kind mehr Übungsmaterial benötigen, können diese Übungsblätter im Internet heruntergeladen werden unter: www.intraactplus.de/mathe/.

Streit · Jansen **Mathe lernen nach dem IntraActPlus-Konzept**
© Springer-Verlag GmbH Deutschland, ein Teil von Springer Nature 2020

2.1 Zählen

2.2 Zahlen

2.3 Zahlenraum

2.4 Plus ohne ZÜ

2.5 Plus mit ZÜ

2.6 Minus ohne ZÜ

2.7 Minus mit ZÜ

2.8 +/− gemischt

11	11		11
11		11	11
	11	11	11
11	11	11	
11		11	11
11	11		11

2.1 Zählen

2.2 Zahlen

2.3 Zahlenraum

2.4 Plus ohne ZÜ

2.5 Plus mit ZÜ

2.6 Minus ohne ZÜ

2.7 Minus mit ZÜ

2.8 +/– gemischt

12	12		12
12		12	12
12		12	12
	12	12	12
12		12	12
12	12		12

Streit · Jansen **Mathe lernen nach dem IntraActPlus-Konzept**
© Springer-Verlag GmbH Deutschland, ein Teil von Springer Nature 2020

12	11	12	11
11	12	12	11
11	12	11	12
12	12	11	12
12	11	11	12
11	12	11	12

2.1 Zählen

2.2 Zahlen

2.3 Zahlenraum

2.4 Plus ohne ZÜ

2.5 Plus mit ZÜ

2.6 Minus ohne ZÜ

2.7 Minus mit ZÜ

2.8 +/− gemischt

2.1 Zählen

2.2 **Zahlen**

2.3 Zahlenraum

2.4 Plus ohne ZÜ

2.5 Plus mit ZÜ

2.6 Minus ohne ZÜ

2.7 Minus mit ZÜ

2.8 +/– gemischt

13		13	13
	13	13	13
13		13	13
13	13		13
13	13		13
13		13	13

Streit · Jansen **Mathe lernen nach dem IntraActPlus-Konzept**
© Springer-Verlag GmbH Deutschland, ein Teil von Springer Nature 2020

13	10	10	13
13	10	13	10
10	13	13	13
10	13	10	13
13	10	10	13
13	3	10	13

2.1 Zählen

2.2 Zahlen

2.3 Zahlenraum

2.4 Plus ohne ZÜ

2.5 Plus mit ZÜ

2.6 Minus ohne ZÜ

2.7 Minus mit ZÜ

2.8 +/– gemischt

2.1 Zählen

2.2 Zahlen

2.3 Zahlenraum

2.4 Plus ohne ZÜ

2.5 Plus mit ZÜ

2.6 Minus ohne ZÜ

2.7 Minus mit ZÜ

2.8 +/− gemischt

11	12	13	11
13	12	11	13
11	13	12	13
13	10	12	13
13	12	11	10
13	12	11	10

Streit · Jansen   **Mathe lernen nach dem IntraActPlus-Konzept**
© Springer-Verlag GmbH Deutschland, ein Teil von Springer Nature 2020

2.1 Zählen

2.2 Zahlen

2.3 Zahlenraum

2.4 Plus ohne ZÜ

2.5 Plus mit ZÜ

2.6 Minus ohne ZÜ

2.7 Minus mit ZÜ

2.8 +/– gemischt

14	14	14	
14	14		14
14		14	14
14	14		14
14		14	14
	14	14	14

2.1 Zählen

2.2 Zahlen

2.3 Zahlenraum

2.4 Plus ohne ZÜ

2.5 Plus mit ZÜ

2.6 Minus ohne ZÜ

2.7 Minus mit ZÜ

2.8 +/- gemischt

14	11	14	14
14	12	14	13
14	11	12	14
14	10	4	14
10	14	4	14
14	13	12	11

15		15	15
15		15	15
15	15	15	
15	15		15
15		15	15
15	15		15

2.1 Zählen
2.2 Zahlen
2.3 Zahlenraum
2.4 Plus ohne ZÜ
2.5 Plus mit ZÜ
2.6 Minus ohne ZÜ
2.7 Minus mit ZÜ
2.8 +/− gemischt

2.1 Zählen

2.2 **Zahlen**

2.3 Zahlenraum

2.4 Plus ohne ZÜ

2.5 Plus mit ZÜ

2.6 Minus ohne ZÜ

2.7 Minus mit ZÜ

2.8 +/– gemischt

5	10	15	15
10	5	15	10
15	10	15	5
15	15	10	5
10	15	5	15
15	14	13	12

Streit · Jansen **Mathe lernen nach dem IntraActPlus-Konzept**
© Springer-Verlag GmbH Deutschland, ein Teil von Springer Nature 2020

16	16	16	
16	16		16
16		16	16
16	16		16
16		16	16
16	16		16

2.1 Zählen

2.2 Zahlen

2.3 Zahlenraum

2.4 Plus ohne ZÜ

2.5 Plus mit ZÜ

2.6 Minus ohne ZÜ

2.7 Minus mit ZÜ

2.8 +/− gemischt

2.1 Zählen

2.2 Zahlen

2.3 Zahlenraum

2.4 Plus ohne ZÜ

2.5 Plus mit ZÜ

2.6 Minus ohne ZÜ

2.7 Minus mit ZÜ

2.8 +/– gemischt

16	15	16	14
10	12	14	16
10	12	14	16
16	6	10	16
10	16	6	16
16	15	14	13

2.1 Zählen

2.2 Zahlen

2.3 Zahlenraum

2.4 Plus ohne ZÜ

2.5 Plus mit ZÜ

2.6 Minus ohne ZÜ

2.7 Minus mit ZÜ

2.8 +/− gemischt

17		17	17
17	17		17
17		17	17
	17	17	17
17		17	17
17	17		17

2.1 Zählen

2.2 Zahlen

2.3 Zahlenraum

2.4 Plus ohne ZÜ

2.5 Plus mit ZÜ

2.6 Minus ohne ZÜ

2.7 Minus mit ZÜ

2.8 +/− gemischt

17	16	17	15
14	15	16	17
17	15	17	12
10	17	7	17
17	10	7	17
17	16	15	14

Streit · Jansen **Mathe lernen nach dem IntraActPlus-Konzept**
© Springer-Verlag GmbH Deutschland, ein Teil von Springer Nature 2020

18		18	18
	18	18	18
18		18	18
18	18		18
18		18	18
18	18	18	

2.1 Zählen

2.2 Zahlen

2.3 Zahlenraum

2.4 Plus ohne ZÜ

2.5 Plus mit ZÜ

2.6 Minus ohne ZÜ

2.7 Minus mit ZÜ

2.8 +/– gemischt

2.1 Zählen

2.2 Zahlen

2.3 Zahlenraum

2.4 Plus ohne ZÜ

2.5 Plus mit ZÜ

2.6 Minus ohne ZÜ

2.7 Minus mit ZÜ

2.8 +/- gemischt

12	14	16	18
18	16	14	12
12	14	16	18
8	18	10	18
18	8	10	18
18	17	16	15

19	19	19	
19		19	19
	19	19	19
19	19	19	
19	19		19
	19	19	19

2.1 Zählen
2.2 Zahlen
2.3 Zahlenraum
2.4 Plus ohne ZÜ
2.5 Plus mit ZÜ
2.6 Minus ohne ZÜ
2.7 Minus mit ZÜ
2.8 +/− gemischt

2.1 Zählen

2.2 Zahlen

2.3 Zahlenraum

2.4 Plus ohne ZÜ

2.5 Plus mit ZÜ

2.6 Minus ohne ZÜ

2.7 Minus mit ZÜ

2.8 +/- gemischt

19	18	19	17
19	16	19	15
19	18	17	16
19	9	10	19
10	19	9	19
19	18	17	16

Streit · Jansen **Mathe lernen nach dem IntraActPlus-Konzept**
© Springer-Verlag GmbH Deutschland, ein Teil von Springer Nature 2020

20	20	20	20
	20	20	
20	20		20
20	20		20
	20	20	20
20			20

2.1 Zählen

2.2 Zahlen

2.3 Zahlenraum

2.4 Plus ohne ZÜ

2.5 Plus mit ZÜ

2.6 Minus ohne ZÜ

2.7 Minus mit ZÜ

2.8 +/− gemischt

2.1 Zählen

2.2 Zahlen

2.3 Zahlenraum

2.4 Plus ohne ZÜ

2.5 Plus mit ZÜ

2.6 Minus ohne ZÜ

2.7 Minus mit ZÜ

2.8 +/– gemischt

5	10	15	20
5	10	15	20
20	15	10	5
5	10	15	20
20	15	10	5
20	15	10	5

Streit · Jansen **Mathe lernen nach dem IntraActPlus-Konzept**
© Springer-Verlag GmbH Deutschland, ein Teil von Springer Nature 2020

Zehner (Z) und Einer (E)

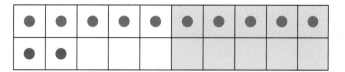

Z	E
1	2

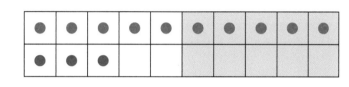

Z	E
1	3

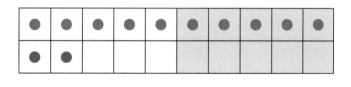

Z	E

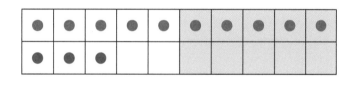

Z	E

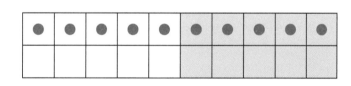

Z	E

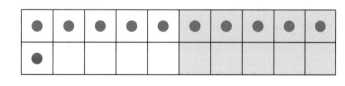

Z	E

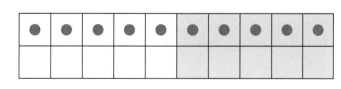

Z	E

2.1 Zählen
2.2 Zahlen
2.3 Zahlenraum
2.4 Plus ohne ZÜ
2.5 Plus mit ZÜ
2.6 Minus ohne ZÜ
2.7 Minus mit ZÜ
2.8 +/− gemischt

2.1 Zählen

2.2 Zahlen

2.3 Zahlenraum

2.4 Plus ohne ZÜ

2.5 Plus mit ZÜ

2.6 Minus ohne ZÜ

2.7 Minus mit ZÜ

2.8 +/– gemischt

Zehner (Z) und Einer (E)

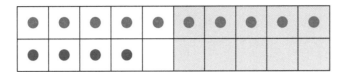

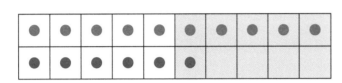

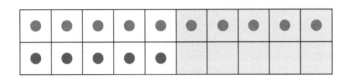

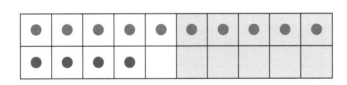

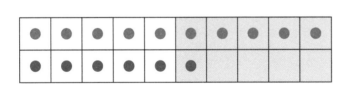

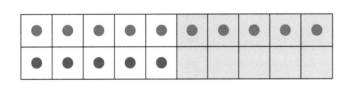

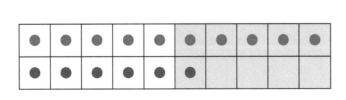

Streit · Jansen **Mathe lernen nach dem IntraActPlus-Konzept**
© Springer-Verlag GmbH Deutschland, ein Teil von Springer Nature 2020

Zehner (Z) und Einer (E)

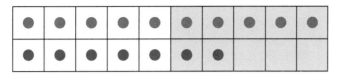

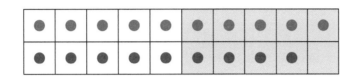

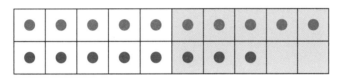

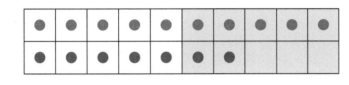

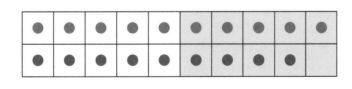

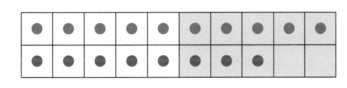

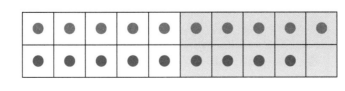

2.1 Zählen
2.2 Zahlen
2.3 Zahlenraum
2.4 Plus ohne ZÜ
2.5 Plus mit ZÜ
2.6 Minus ohne ZÜ
2.7 Minus mit ZÜ
2.8 +/− gemischt

2.1 Zählen

2.2 Zahlen

2.3 Zahlenraum

2.4 Plus ohne ZÜ

2.5 Plus mit ZÜ

2.6 Minus ohne ZÜ

2.7 Minus mit ZÜ

2.8 +/– gemischt

Zehner (Z) und Einer (E)

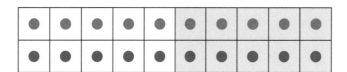

Z	E
2	0

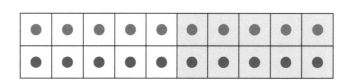

Z	E

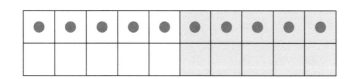

Z	E

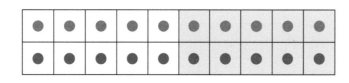

Z	E

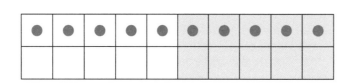

Z	E

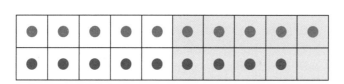

Z	E

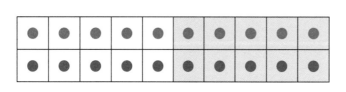

Z	E

Streit · Jansen **Mathe lernen nach dem IntraActPlus-Konzept**
© Springer-Verlag GmbH Deutschland, ein Teil von Springer Nature 2020

2.1 Zählen

2.2 Zahlen

2.3 Zahlenraum

2.4 Plus ohne ZÜ

2.5 Plus mit ZÜ

2.6 Minus ohne ZÜ

2.7 Minus mit ZÜ

2.8 +/– gemischt

Zahlen bis 20 nach Diktat schreiben

2.1 Zählen

2.2 Zahlen

2.3 Zahlenraum

2.4 Plus ohne ZÜ

2.5 Plus mit ZÜ

2.6 Minus ohne ZÜ

2.7 Minus mit ZÜ

2.8 +/- gemischt

Zahlen bis 20 nach Diktat schreiben

Streit · Jansen **Mathe lernen nach dem IntraActPlus-Konzept**
© Springer-Verlag GmbH Deutschland, ein Teil von Springer Nature 2020

2.3 Zahlenraum

Lernziel
Sichere bildliche Vorstellung des Zahlenraums bis 20.

Das Lernziel ist erreicht, wenn das Kind im unbeschrifteten Zahlenfeld[1] (vgl. S. 335) die Position jeder Zahl zwischen 1 und 20 schnell und sicher findet.

Vorübung

Material

1	2	3	4	5	6	7	8	9	10
11	12	13	14	15	16	17	18	19	20

Zahlenfeld bis 20 aus Pappe – liegt dem Material bei.

So geht es
- *Schwierigkeitsstufe 1:* Das Kind legt den Zeigefinger unter die »11« und spricht dazu „11". Dann wird der Finger unter die »12« gelegt und dazu „12" gesprochen usw.
- *Schwierigkeitsstufe 2:* Das Zahlenfeld wird mit einem Blatt Papier so abgedeckt, dass nur die »11« und die »1« sichtbar sind. Geübt wird mit den Zahlen ab »11«. Das Kind nennt die folgende Zahl (»12«) aus dem Gedächtnis. Dann wird das Abdeckblatt ein Kästchen weitergeschoben, geprüft, ob es richtig war, und die nächste Zahl genannt.

Siehe Video unter: www.intraactplus.de/mathe/

Fehlende Zahlen im Zahlenfeld ergänzen

Material
Übungsblätter „Fehlende Zahlen ergänzen",
„Zahlen in den rot umrandeten Kästchen ergänzen"

So geht es
Die fehlenden Zahlen werden ergänzt bzw. in die rot umrandeten Kästchen geschrieben. Es empfiehlt sich, alle Zahlenfelder abzudecken, die gerade nicht dran sind, damit sich das Kind beim Ausfüllen nicht mit den Zahlen in den anderen dargestellten Zahlenfeldern hilft.

Achtung
Wir empfehlen, mehrstellige Zahlen von Anfang an immer von links nach rechts, also erst die Zehner (Z) und dann die Einer (E), zu schreiben.

Leistungsdifferenzierung
Sollte das Kind mehr Übungsmaterial benötigen, können diese Übungsblätter im Internet heruntergeladen werden unter: www.intraactplus.de/mathe/.

Zahlen im Zahlenfeld finden

Material
Übungsblatt „Wo steht die Zahl?"

So geht es
Sie zeigen auf eines der leeren Kästchen im Zahlenfeld. Das Kind nennt die Zahl, die dort stehen würde. Üben Sie zunächst nur im Bereich von 11 bis 15, dann nur im Bereich von 16 bis 20 und erst dann mit dem gesamten Zahlenfeld von 1 bis 20.

Siehe Video unter: www.intraactplus.de/mathe/

Für das Üben mit der gesamten Klasse wird das Zahlenfeld auf die Tafel gemalt. Weiteres Wiederholen kann dann beispielsweise in Partner- oder Kleingruppenarbeit erfolgen.

Fragen zum Zahlenraum

Material
Übungsblätter „Fragen zum Zahlenraum"

So geht es
Die Fragen können in der Einzelsituation und im Frontalunterricht gestellt werden. Sie sind auch gut für die Partner- und Gruppenarbeit geeignet.

Leistungsdifferenzierung
Kinder, die sicher lesen können, lesen die Fragen selbst oder lesen sie ihrem Lernpartner vor. Kinder, die nicht sicher lesen können, bekommen die Fragen vorgelesen.

Leistungsstarke Kinder überlegen sich selbst Fragen zum Zahlenraum und stellen sie ihrem Lernpartner.

Kinder, für die diese Übung schwierig ist, beginnen zunächst mit einer, zwei oder drei Fragen. Diese Fragen werden im Wechsel so oft wiederholt, bis das Antworten leichtfällt. Mit zunehmender Sicherheit werden dann allmählich weitere Fragen in das Üben einbezogen.

---

1 Zu den Begriffen „Zahlenraum" und „Zahlenfeld": Der Zahlenraum ist eine definierte Menge von Zahlen, beispielsweise die Zahlen von 1 bis 20. Dieser Zahlenraum kann auf unterschiedliche Weise abgebildet werden, z.B. in Form eines Zahlenstrahls oder des hier verwendeten Zahlenfelds. Mit „Zahlenfeld" meinen wir also immer das konkrete Übungsmaterial.

2.1 Zählen
2.2 Zählen
2.3 Zahlenraum
2.4 Plus ohne ZÜ
2.5 Plus mit ZÜ
2.6 Minus ohne ZÜ
2.7 Minus mit ZÜ
2.8 +/− gemischt

Fehlende Zahlen ergänzen

1		3		5	6		8		10
11		13		15	16		18		20

	2		4		6		8		10
	12		14		16		18		20

1		3		5		7		9	
11		13		15		17		19	

1	2		4			7		9	
11	10		14			17		19	

				5					10
				15					20

2.1 Zählen
2.2 Zahlen
2.3 Zahlenraum
2.4 Plus ohne ZÜ
2.5 Plus mit ZÜ
2.6 Minus ohne ZÜ
2.7 Minus mit ZÜ
2.8 +/− gemischt

2.1 Zählen

2.2 Zahlen

2.3 Zahlenraum

2.4 Plus ohne ZÜ

2.5 Plus mit ZÜ

2.6 Minus ohne ZÜ

2.7 Minus mit ZÜ

2.8 +/– gemischt

Zahlen in den rot umrahmten Kästchen ergänzen

				5					10
				15					20

				5					
				15					

				5					10
				15					20

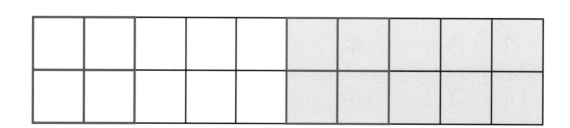

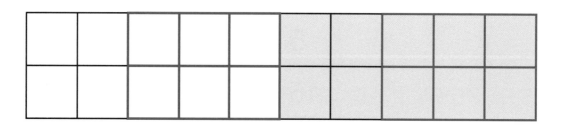

Streit · Jansen **Mathe lernen nach dem IntraActPlus-Konzept**
© Springer-Verlag GmbH Deutschland, ein Teil von Springer Nature 2020

2.1 Zählen

2.2 Zahlen

2.3 Zahlenraum

2.4 Plus ohne ZÜ

2.5 Plus mit ZÜ

2.6 Minus ohne ZÜ

2.7 Minus mit ZÜ

2.8 +/– gemischt

2.1 Zählen

2.2 Zahlen

2.3 Zahlenraum

2.4 Plus ohne ZÜ

2.5 Plus mit ZÜ

2.6 Minus ohne ZÜ

2.7 Minus mit ZÜ

2.8 +/– gemischt

Fragen zum Zahlenraum

Welche Zahl kommt nach der 11?

Welche Zahl kommt nach der 13?

Welche Zahl kommt nach der 15?

Welche Zahl kommt nach der 17?

Welche Zahl kommt nach der 19?

Welche Zahl kommt nach der 18?

Welche Zahl kommt nach der 14?

Welche Zahl kommt nach der 12?

Welche Zahl kommt nach der 16?

Streit · Jansen   **Mathe lernen nach dem IntraActPlus-Konzept**
© Springer-Verlag GmbH Deutschland, ein Teil von Springer Nature 2020

Welche Zahl kommt vor der 20?

Welche Zahl kommt vor der 18?

Welche Zahl kommt vor der 19?

Welche Zahl kommt vor der 16?

Welche Zahl kommt vor der 14?

Welche Zahl kommt vor der 12?

Welche Zahl kommt vor der 15?

Welche Zahl kommt vor der 17?

Welche Zahl kommt vor der 13?

2.1 +/- zählen

2.2 Zahlen

2.3 Zahlenraum

2.4 Plus ohne ZÜ

2.5 Plus mit ZÜ

2.6 Minus ohne ZÜ

2.7 Minus mit ZÜ

2.8 +/- gemischt

Zu welcher Zahl kommst du, wenn du von der 12 zwei Kästchen vorgehst?

Zu welcher Zahl kommst du, wenn du von der 14 zwei Kästchen vorgehst?

Zu welcher Zahl kommst du, wenn du von der 16 zwei Kästchen vorgehst?

Zu welcher Zahl kommst du, wenn du von der 18 zwei Kästchen vorgehst?

Zu welcher Zahl kommst du, wenn du von der 11 zwei Kästchen vorgehst?

Zu welcher Zahl kommst du, wenn du von der 13 zwei Kästchen vorgehst?

Zu welcher Zahl kommst du, wenn du von der 15 zwei Kästchen vorgehst?

Zu welcher Zahl kommst du, wenn du von der 17 zwei Kästchen vorgehst?

Streit · Jansen **Mathe lernen nach dem IntraActPlus-Konzept**
© Springer-Verlag GmbH Deutschland, ein Teil von Springer Nature 2020

2.1 Zählen

2.2 Zahlen

2.3 Zahlenraum

2.4 Plus ohne ZÜ

2.5 Plus mit ZÜ

2.6 Minus ohne ZÜ

2.7 Minus mit ZÜ

2.8 +/− gemischt

Zu welcher Zahl kommst du, wenn du von der 20 zwei Kästchen zurückgehst?

Zu welcher Zahl kommst du, wenn du von der 18 zwei Kästchen zurückgehst?

Zu welcher Zahl kommst du, wenn du von der 16 zwei Kästchen zurückgehst?

Zu welcher Zahl kommst du, wenn du von der 14 zwei Kästchen zurückgehst?

Zu welcher Zahl kommst du, wenn du von der 19 zwei Kästchen zurückgehst?

Zu welcher Zahl kommst du, wenn du von der 17 zwei Kästchen zurückgehst?

Zu welcher Zahl kommst du, wenn du von der 15 zwei Kästchen zurückgehst?

Zu welcher Zahl kommst du, wenn du von der 13 zwei Kästchen zurückgehst?

2.1 Zählen
2.2 Zahlen
2.3 Zahlenraum
2.4 Plus ohne ZÜ
2.5 Plus mit ZÜ
2.6 Minus ohne ZÜ
2.7 Minus mit ZÜ
2.8 +/- gemischt

2.1 Zählen

2.2 Zahlen

2.3 Zahlenraum

2.4 Plus ohne ZÜ

2.5 Plus mit ZÜ

2.6 Minus ohne ZÜ

2.7 Minus mit ZÜ

2.8 +/–gemischt

Fragen zum Zahlenraum

Zu welcher Zahl kommst du, wenn du von der 15 zwei Kästchen vorgehst?

Zu welcher Zahl kommst du, wenn du von der 15 zwei Kästchen zurückgehst?

Zu welcher Zahl kommst du, wenn du von der 16 zwei Kästchen vorgehst?

Zu welcher Zahl kommst du, wenn du von der 16 zwei Kästchen zurückgehst?

Zu welcher Zahl kommst du, wenn du von der 13 zwei Kästchen vorgehst?

Zu welcher Zahl kommst du, wenn du von der 13 zwei Kästchen zurückgehst?

Zu welcher Zahl kommst du, wenn du von der 18 zwei Kästchen vorgehst?

Zu welcher Zahl kommst du, wenn du von der 18 zwei Kästchen zurückgehst?

Streit · Jansen **Mathe lernen nach dem IntraActPlus-Konzept**
© Springer-Verlag GmbH Deutschland, ein Teil von Springer Nature 2020

2.4 Plus ohne Zehnerübergang

Lernziel
Sicheres Addieren im Zahlenraum bis 20, noch ohne Zehnerübergang. Die Ergebnisse der Additionen im Zahlenraum von 1 bis 10 (vgl. Kap. 1.5) werden auf den Zahlenraum von 11 bis 20 übertragen.

Leistungsdifferenzierung
- *Grün:* grundlegende Lerninhalte für alle Lernenden
- *Blau:* Lerninhalte, die von langsamer lernenden Kindern weggelassen oder zu einem späteren Zeitpunkt bearbeitet werden können

Übungsblätter zum Speichern und Automatisieren

Material

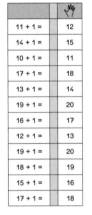 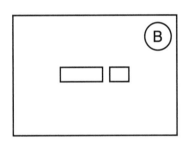

Übungsmaterial (Beispiel)   Schablone B – liegt dem Material bei.

So geht es
- Die Schablone B wird so auf das Arbeitsblatt gelegt, dass nur die beiden grünen Felder zu sehen sind.
- Das Kind deckt das rechte ausgestanzte Fenster der Schablone mit seiner rechten Hand ab.
- Die Schablone wird nach unten geschoben, bis die erste Aufgabe sichtbar ist. Das Kind löst die Aufgabe. Dann nimmt es die Hand von der Schablone und prüft, ob es richtig gerechnet hat.
- Das Kind deckt das Ergebnisfeld wieder mit der Hand ab und schiebt die Schablone eine Zeile weiter nach unten.

Leistungsdifferenzierung
Jedes Übungsblatt wird so oft wiederholt, bis alle Aufgaben mühelos und fehlerfrei gelöst werden – ohne Verwendung von Hilfestellungen wie innerem Zählen oder Benutzen des Zahlenfelds. Dies bedeutet, dass manche Kinder das Übungsblatt oft wiederholen, andere nur ein oder wenige Male.

Überprüfung des Lernstandes

Material
Übungsblätter „Aufgaben"

So geht es
Das Kind bearbeitet das Übungsblatt selbstständig. Damit der Lernstoff ausreichend tief gelernt wird, empfiehlt sich:
- Wenn es die Aufgaben mühelos gelöst und höchstens zwei Fehler gemacht hat, wird mit dem nächsten Übungsblatt weitergemacht.
- Wenn es sich noch anstrengen musste oder mehr als zwei Fehler gemacht hat, werden die vorangegangenen Übungsblätter wiederholt.

Hilfe zur Korrektur
Die Lösungen stehen jeweils auf der folgenden Seite.

Tauschaufgaben

Material
Übungsblätter „Tauschaufgaben"

So geht es
Unter jede Aufgabe wird die Tauschaufgabe geschrieben.

Anwendung in Sachaufgaben

Material
Übungsblatt „Sachaufgaben"

So geht es
Siehe „Anwendung in Sachaufgaben" auf S. 108.
Die Lösungen stehen jeweils auf der folgenden Seite.

10 + 1 =		11
10 + 2 =		12
10 + 3 =		13
10 + 4 =		14
10 + 3 =		13
10 + 5 =		15
10 + 7 =		17
10 + 9 =		19
10 + 10 =		20
10 + 6 =		16
10 + 8 =		18
10 + 10 =		20

2.1 Zählen

2.2 Zahlen

2.3 Zahlenraum

2.4 Plus ohne ZÜ

2.5 Plus mit ZÜ

2.6 Minus ohne ZÜ

2.7 Minus mit ZÜ

2.8 +/− gemischt

2.1 Zählen

2.2 Zahlen

2.3 Zahlenraum

2.4 Plus ohne ZÜ

2.5 Plus mit ZÜ

2.6 Minus ohne ZÜ

2.7 Minus mit ZÜ

2.8 +/– gemischt

10 + 2 = ____

10 + 4 = ____

10 + 6 = ____

10 + 8 = ____

10 + 2 = ____

10 + 8 = ____

10 + 6 = ____

10 + 4 = ____

10 + 2 = ____

10 + 0 = ____

10 + 8 = ____

10 + 0 = ____

10 + 1 = ____

10 + 3 = ____

10 + 5 = ____

10 + 7 = ____

10 + 9 = ____

10 + 7 = ____

10 + 5 = ____

10 + 3 = ____

10 + 1 = ____

10 + 3 = ____

10 + 5 = ____

10 + 7 = ____

Streit · Jansen **Mathe lernen nach dem IntraActPlus-Konzept**
© Springer-Verlag GmbH Deutschland, ein Teil von Springer Nature 2020

Lösungen

10 + 2 = 12

10 + 4 = 14

10 + 6 = 16

10 + 8 = 18

10 + 2 = 12

10 + 8 = 18

10 + 6 = 16

10 + 4 = 14

10 + 2 = 12

10 + 0 = 10

10 + 8 = 18

10 + 0 = 10

10 + 1 = 11

10 + 3 = 13

10 + 5 = 15

10 + 7 = 17

10 + 9 = 19

10 + 7 = 17

10 + 5 = 15

10 + 3 = 13

10 + 1 = 11

10 + 3 = 13

10 + 5 = 15

10 + 7 = 17

2.1 Zählen

2.2 Zahlen

2.3 Zahlenraum

2.4 Plus ohne ZÜ

2.5 Plus mit ZÜ

2.6 Minus ohne ZÜ

2.7 Minus mit ZÜ

2.8 +/− gemischt

2.1 Zählen

2.2 Zahlen

2.3 Zahlenraum

2.4 Plus ohne ZÜ

2.5 Plus mit ZÜ

2.6 Minus ohne ZÜ

2.7 Minus mit ZÜ

2.8 +/- gemischt

		🖐
10 + 1 =		11
11 + 1 =		12
12 + 1 =		13
13 + 1 =		14
14 + 1 =		15
15 + 1 =		16
16 + 1 =		17
17 + 1 =		18
18 + 1 =		19
19 + 1 =		20

Streit · Jansen **Mathe lernen nach dem IntraActPlus-Konzept**
© Springer-Verlag GmbH Deutschland, ein Teil von Springer Nature 2020

		✋
11 + 1 =		12
14 + 1 =		15
10 + 1 =		11
17 + 1 =		18
13 + 1 =		14
19 + 1 =		20
16 + 1 =		17
12 + 1 =		13
19 + 1 =		20
18 + 1 =		19
15 + 1 =		16
17 + 1 =		18

2.1 Zählen

2.2 Zahlen

2.3 Zahlenraum

2.4 Plus ohne ZÜ

2.5 Plus mit ZÜ

2.6 Minus ohne ZÜ

2.7 Minus mit ZÜ

2.8 +/− gemischt

2.1 Zählen

2.2 Zahlen

2.3 Zahlenraum

2.4 Plus ohne ZÜ

2.5 Plus mit ZÜ

2.6 Minus ohne ZÜ

2.7 Minus mit ZÜ

2.8 +/– gemischt

$13 + 1 = \underline{\hspace{2cm}}$

$15 + 1 = \underline{\hspace{2cm}}$

$14 + 1 = \underline{\hspace{2cm}}$

$19 + 1 = \underline{\hspace{2cm}}$

$13 + 1 = \underline{\hspace{2cm}}$

$12 + 1 = \underline{\hspace{2cm}}$

$17 + 1 = \underline{\hspace{2cm}}$

$16 + 1 = \underline{\hspace{2cm}}$

$12 + 1 = \underline{\hspace{2cm}}$

$18 + 1 = \underline{\hspace{2cm}}$

$14 + 1 = \underline{\hspace{2cm}}$

$11 + 1 = \underline{\hspace{2cm}}$

$16 + 1 = \underline{\hspace{2cm}}$

$13 + 1 = \underline{\hspace{2cm}}$

$19 + 1 = \underline{\hspace{2cm}}$

$12 + 1 = \underline{\hspace{2cm}}$

$15 + 1 = \underline{\hspace{2cm}}$

$18 + 1 = \underline{\hspace{2cm}}$

$15 + 1 = \underline{\hspace{2cm}}$

$19 + 1 = \underline{\hspace{2cm}}$

$16 + 1 = \underline{\hspace{2cm}}$

$19 + 1 = \underline{\hspace{2cm}}$

$11 + 1 = \underline{\hspace{2cm}}$

$17 + 1 = \underline{\hspace{2cm}}$

Streit · Jansen **Mathe lernen nach dem IntraActPlus-Konzept**
© Springer-Verlag GmbH Deutschland, ein Teil von Springer Nature 2020

Lösungen

13 + 1 = __14__   16 + 1 = __17__

15 + 1 = __16__   13 + 1 = __14__

14 + 1 = __15__   19 + 1 = __20__

19 + 1 = __20__   12 + 1 = __13__

13 + 1 = __14__   15 + 1 = __16__

12 + 1 = __13__   18 + 1 = __19__

17 + 1 = __18__   15 + 1 = __16__

16 + 1 = __17__   19 + 1 = __20__

12 + 1 = __13__   16 + 1 = __17__

18 + 1 = __19__   19 + 1 = __20__

14 + 1 = __15__   11 + 1 = __12__

11 + 1 = __12__   17 + 1 = __18__

2.1 Zählen

2.2 Zahlen

2.3 Zahlenraum

2.4 **Plus ohne ZÜ**

2.5 Plus mit ZÜ

2.6 Minus ohne ZÜ

2.7 Minus mit ZÜ

2.8 +/– gemischt

2.1 Zählen

2.2 Zahlen

2.3 Zahlenraum

2.4 Plus ohne ZÜ

2.5 Plus mit ZÜ

2.6 Minus ohne ZÜ

2.7 Minus mit ZÜ

2.8 +/– gemischt

		✋
2 + 2 =		4
12 + 2 =		14
4 + 2 =		6
14 + 2 =		16
6 + 2 =		8
16 + 2 =		18
14 + 2 =		16
16 + 2 =		18
12 + 2 =		14
14 + 2 =		16
12 + 2 =		14
16 + 2 =		18

Streit · Jansen **Mathe lernen nach dem IntraActPlus-Konzept**
© Springer-Verlag GmbH Deutschland, ein Teil von Springer Nature 2020

		✋
1 + 2 =		3
11 + 2 =		13
3 + 2 =		5
13 + 2 =		15
5 + 2 =		7
15 + 2 =		17
11 + 2 =		13
15 + 2 =		17
13 + 2 =		15
11 + 2 =		13
13 + 2 =		15
15 + 2 =		17

2.1 Zählen

2.2 Zahlen

2.3 Zahlenraum

2.4 Plus ohne ZÜ

2.5 Plus mit ZÜ

2.6 Minus ohne ZÜ

2.7 Minus mit ZÜ

2.8 +/− gemischt

2.1 Zählen

2.2 Zahlen

2.3 Zahlenraum

2.4 Plus ohne ZÜ

2.5 Plus mit ZÜ

2.6 Minus ohne ZÜ

2.7 Minus mit ZÜ

2.8 +/– gemischt

		✋
7 + 2 =		9
17 + 2 =		19
8 + 2 =		10
18 + 2 =		20
17 + 2 =		19
18 + 2 =		20
12 + 2 =		14
18 + 2 =		20
17 + 2 =		19
11 + 2 =		13
17 + 2 =		19
18 + 2 =		20

Streit · Jansen **Mathe lernen nach dem IntraActPlus-Konzept**
© Springer-Verlag GmbH Deutschland, ein Teil von Springer Nature 2020

12 + 2 =		14
15 + 2 =		17
14 + 2 =		16
11 + 2 =		13
18 + 2 =		20
12 + 2 =		14
15 + 2 =		17
10 + 2 =		12
18 + 2 =		20
13 + 2 =		15
16 + 2 =		18
17 + 2 =		19

2.1 Zählen

2.2 Zahlen

2.3 Zahlenraum

2.4 Plus ohne ZÜ

2.5 Plus mit ZÜ

2.6 Minus ohne ZÜ

2.7 Minus mit ZÜ

2.8 +/− gemischt

2.1 Zählen

2.2 Zahlen

2.3 Zahlenraum

2.4 Plus ohne ZÜ

2.5 Plus mit ZÜ

2.6 Minus ohne ZÜ

2.7 Minus mit ZÜ

2.8 +/- gemischt

		✋
13 + 2 =		15
13 + 1 =		14
14 + 1 =		15
14 + 2 =		16
11 + 2 =		13
12 + 2 =		14
12 + 1 =		13
11 + 1 =		12
14 + 2 =		16
13 + 1 =		14
11 + 2 =		13
13 + 2 =		15

Streit · Jansen **Mathe lernen nach dem IntraActPlus-Konzept**
© Springer-Verlag GmbH Deutschland, ein Teil von Springer Nature 2020

		✋
15 + 2 =		17
15 + 1 =		16
17 + 1 =		18
17 + 2 =		19
16 + 2 =		18
18 + 2 =		20
18 + 1 =		19
15 + 2 =		17
18 + 2 =		20
16 + 1 =		17
17 + 2 =		19
16 + 2 =		18

2.1 Zählen

2.2 Zahlen

2.3 Zahlenraum

2.4 Plus ohne ZÜ

2.5 Plus mit ZÜ

2.6 Minus ohne ZÜ

2.7 Minus mit ZÜ

2.8 +/− gemischt

2.1 Zählen

2.2 Zahlen

2.3 Zahlenraum

2.4 Plus ohne ZÜ

2.5 Plus mit ZÜ

2.6 Minus ohne ZÜ

2.7 Minus mit ZÜ

2.8 +/– gemischt

14 + 2 = _____

12 + 2 = _____

15 + 2 = _____

18 + 2 = _____

13 + 2 = _____

17 + 2 = _____

10 + 2 = _____

16 + 2 = _____

18 + 2 = _____

11 + 2 = _____

15 + 2 = _____

12 + 2 = _____

17 + 2 = _____

19 + 1 = _____

13 + 2 = _____

10 + 2 = _____

14 + 2 = _____

17 + 1 = _____

19 + 1 = _____

18 + 2 = _____

11 + 2 = _____

16 + 2 = _____

13 + 1 = _____

17 + 2 = _____

Streit · Jansen **Mathe lernen nach dem IntraActPlus-Konzept**
© Springer-Verlag GmbH Deutschland, ein Teil von Springer Nature 2020

14 + 2 = __16__   17 + 2 = __19__

12 + 2 = __14__   19 + 1 = __20__

15 + 2 = __17__   13 + 2 = __15__

18 + 2 = __20__   10 + 2 = __12__

13 + 2 __15__   14 + 2 = __16__

17 + 2 = __19__   17 + 1 = __18__

10 + 2 = __12__   19 + 1 = __20__

16 + 2 = __18__   18 + 2 = __20__

18 + 2 = __20__   11 + 2 = __13__

11 + 2 = __13__   16 + 2 = __18__

15 + 2 = __17__   13 + 1 = __14__

12 + 2 = __14__   17 + 2 = __19__

2.1 Zählen
2.2 Zahlen
2.3 Zahlenraum
2.4 Plus ohne ZÜ
2.5 Plus mit ZÜ
2.6 Minus ohne ZÜ
2.7 Minus mit ZÜ
2.8 +/- gemischt

2.1 Zählen

2.2 Zahlen

2.3 Zahlenraum

2.4 Plus ohne ZÜ

2.5 Plus mit ZÜ

2.6 Minus ohne ZÜ

2.7 Minus mit ZÜ

2.8 +/– gemischt

		✋
1 + 3 =		4
11 + 3 =		14
2 + 3 =		5
12 + 3 =		15
3 + 3 =		6
13 + 3 =		16
12 + 3 =		15
11 + 3 =		14
13 + 3 =		16
10 + 3 =		13
12 + 3 =		15
13 + 3 =		16

Streit · Jansen **Mathe lernen nach dem IntraActPlus-Konzept**
© Springer-Verlag GmbH Deutschland, ein Teil von Springer Nature 2020

		✋
4 + 3 =		7
14 + 3 =		17
5 + 3 =		8
15 + 3 =		18
14 + 3 =		17
10 + 3 =		13
15 + 3 =		18
10 + 3 =		13
14 + 3 =		17
10 + 3 =		13
15 + 3 =		18
14 + 3 =		17

2.1 Zählen
2.2 Zahlen
2.3 Zahlenraum
2.4 **Plus ohne ZÜ**
2.5 Plus mit ZÜ
2.6 Minus ohne ZÜ
2.7 Minus mit ZÜ
2.8 +/– gemischt

2.1 Zählen

2.2 Zahlen

2.3 Zahlenraum

2.4 Plus ohne ZÜ

2.5 Plus mit ZÜ

2.6 Minus ohne ZÜ

2.7 Minus mit ZÜ

2.8 +/− gemischt

		✋
15 + 3 =		18
13 + 3 =		16
14 + 3 =		17
11 + 3 =		14
15 + 3 =		18
12 + 3 =		15
14 + 3 =		17
10 + 3 =		13
15 + 3 =		18
11 + 3 =		14
13 + 3 =		16
12 + 3 =		15

		✋
6 + 3 =		9
16 + 3 =		19
7 + 3 =		10
17 + 3 =		20
16 + 3 =		19
17 + 3 =		20
16 + 3 =		19
12 + 3 =		15
17 + 3 =		20
16 + 3 =		19
11 + 3 =		14
17 + 3 =		20

2.1 Zählen
2.2 Zahlen
2.3 Zahlenraum
2.4 Plus ohne ZÜ
2.5 Plus mit ZÜ
2.6 Minus ohne ZÜ
2.7 Minus mit ZÜ
2.8 +/− gemischt

2.1 Zählen

2.2 Zahlen

2.3 Zahlenraum

2.4 Plus ohne ZÜ

2.5 Plus mit ZÜ

2.6 Minus ohne ZÜ

2.7 Minus mit ZÜ

2.8 +/- gemischt

		✋
16 + 3 =		19
12 + 3 =		15
15 + 3 =		18
17 + 3 =		20
13 + 3 =		16
12 + 3 =		15
14 + 3 =		17
17 + 3 =		20
15 + 3 =		18
13 + 3 =		16
16 + 3 =		19
14 + 3 =		17

Streit · Jansen **Mathe lernen nach dem IntraActPlus-Konzept**
© Springer-Verlag GmbH Deutschland, ein Teil von Springer Nature 2020

		✋
12 + 3 =		15
18 + 2 =		20
16 + 3 =		19
14 + 3 =		17
16 + 2 =		18
13 + 3 =		16
15 + 3 =		18
15 + 2 =		17
11 + 3 =		14
17 + 3 =		20
17 + 2 =		19
14 + 3 =		17

2.1 Zählen
2.2 Zahlen
2.3 Zahlenraum
2.4 Plus ohne ZÜ
2.5 Plus mit ZÜ
2.6 Minus ohne ZÜ
2.7 Minus mit ZÜ
2.8 +/− gemischt

2.1 Zählen

2.2 Zahlen

2.3 Zahlenraum

2.4 Plus ohne ZÜ

2.5 Plus mit ZÜ

2.6 Minus ohne ZÜ

2.7 Minus mit ZÜ

2.8 +/– gemischt

15 + 3 = _____

13 + 3 = _____

12 + 3 = _____

17 + 3 = _____

14 + 3 = _____

16 + 3 = _____

11 + 3 = _____

16 + 3 = _____

14 + 3 = _____

17 + 3 = _____

15 + 3 = _____

13 + 3 = _____

18 + 2 = _____

17 + 3 = _____

14 + 3 = _____

10 + 3 = _____

16 + 2 = _____

12 + 3 = _____

16 + 3 = _____

15 + 2 = _____

13 + 3 = _____

17 + 2 = _____

11 + 3 = _____

15 + 3 = _____

Streit · Jansen   Mathe lernen nach dem IntraActPlus-Konzept
© Springer-Verlag GmbH Deutschland, ein Teil von Springer Nature 2020

15 + 3 = __18__   18 + 2 = __20__

13 + 3 = __16__   17 + 3 = __20__

12 + 3 = __15__   14 + 3 = __17__

17 + 3 = __20__   10 + 3 = __13__

14 + 3 = __17__   16 + 2 = __18__

16 + 3 = __19__   12 + 3 = __15__

11 + 3 = __14__   16 + 3 = __19__

16 + 3 = __19__   15 + 2 = __17__

14 + 3 = __17__   13 + 3 = __16__

17 + 3 = __20__   17 + 2 = __19__

15 + 3 = __18__   11 + 3 = __14__

13 + 3 = __16__   15 + 3 = __18__

2.1 Zählen
2.2 Zahlen
2.3 Zahlenraum
2.4 Plus ohne ZÜ
2.5 Plus mit ZÜ
2.6 Minus ohne ZÜ
2.7 Minus mit ZÜ
2.8 +/– gemischt

2.1 Zählen

2.2 Zahlen

2.3 Zahlenraum

2.4 Plus ohne ZÜ

2.5 Plus mit ZÜ

2.6 Minus ohne ZÜ

2.7 Minus mit ZÜ

2.8 +/− gemischt

		✋
2 + 4 =		6
12 + 4 =		16
4 + 4 =		8
14 + 4 =		18
6 + 4 =		10
16 + 4 =		20
14 + 4 =		18
16 + 4 =		20
12 + 4 =		16
16 + 4 =		20
14 + 4 =		18
12 + 4 =		16

Streit · Jansen   **Mathe lernen nach dem IntraActPlus-Konzept**
© Springer-Verlag GmbH Deutschland, ein Teil von Springer Nature 2020

3 + 4 =		7
13 + 4 =		17
5 + 4 =		9
15 + 4 =		19
1 + 4 =		5
11 + 4 =		15
15 + 4 =		19
13 + 4 =		17
15 + 4 =		19
11 + 4 =		15
13 + 4 =		17
15 + 4 =		19

2.1 Zählen

2.2 Zahlen

2.3 Zahlenraum

2.4 Plus ohne ZÜ

2.5 Plus mit ZÜ

2.6 Minus ohne ZÜ

2.7 Minus mit ZÜ

2.8 +/− gemischt

2.1 Zählen

2.2 Zahlen

2.3 Zahlenraum

2.4 Plus ohne ZÜ

2.5 Plus mit ZÜ

2.6 Minus ohne ZÜ

2.7 Minus mit ZÜ

2.8 +/– gemischt

		✋
16 + 4 =		20
13 + 4 =		17
11 + 4 =		15
15 + 4 =		19
12 + 4 =		16
11 + 4 =		15
14 + 4 =		18
12 + 4 =		16
16 + 4 =		20
14 + 4 =		18
13 + 4 =		17
15 + 4 =		19

Streit · Jansen   **Mathe lernen nach dem IntraActPlus-Konzept**
© Springer-Verlag GmbH Deutschland, ein Teil von Springer Nature 2020

14 + 4 =		18
11 + 3 =		14
16 + 4 =		20
13 + 4 =		17
16 + 3 =		19
14 + 3 =		17
17 + 3 =		20
12 + 3 =		15
15 + 4 =		19
12 + 4 =		16
15 + 3 =		18
13 + 3 =		16

2.1 Zählen

2.2 Zahlen

2.3 Zahlenraum

2.4 Plus ohne ZÜ

2.5 Plus mit ZÜ

2.6 Minus ohne ZÜ

2.7 Minus mit ZÜ

2.8 +/– gemischt

2.1 Zählen

2.2 Zahlen

2.3 Zahlenraum

2.4 Plus ohne ZÜ

2.5 Plus mit ZÜ

2.6 Minus ohne ZÜ

2.7 Minus mit ZÜ

2.8 +/− gemischt

14 + 4 = _____

16 + 4 = _____

12 + 4 = _____

15 + 4 = _____

11 + 4 = _____

13 + 4 = _____

15 + 4 = _____

12 + 4 = _____

14 + 4 = _____

13 + 4 = _____

16 + 4 = _____

10 + 4 = _____

17 + 3 = _____

12 + 4 = _____

15 + 4 = _____

13 + 3 = _____

14 + 4 = _____

11 + 4 = _____

16 + 3 = _____

13 + 4 = _____

14 + 3 = _____

12 + 3 = _____

15 + 3 = _____

16 + 4 = _____

Streit · Jansen **Mathe lernen nach dem IntraActPlus-Konzept**
© Springer-Verlag GmbH Deutschland, ein Teil von Springer Nature 2020

14 + 4 = __18__   17 + 3 = __20__

16 + 4 = __20__   12 + 4 = __16__

12 + 4 = __16__   15 + 4 = __19__

15 + 4 = __19__   13 + 3 = __16__

11 + 4 = __15__   14 + 4 = __18__

13 + 4 = __17__   11 + 4 = __15__

15 + 4 = __19__   16 + 3 = __19__

12 + 4 = __16__   13 + 4 = __17__

14 + 4 = __18__   14 + 3 = __17__

13 + 4 = __17__   12 + 3 = __15__

16 + 4 = __20__   15 + 3 = __18__

10 + 4 = __14__   16 + 4 = __20__

2.1 Zählen
2.2 Zahlen
2.3 Zahlenraum
2.4 Plus ohne ZÜ
2.5 Plus mit ZÜ
2.6 Minus ohne ZÜ
2.7 Minus mit ZÜ
2.8 +/- gemischt

2.1 Zählen

2.2 Zahlen

2.3 Zahlenraum

2.4 Plus ohne ZÜ

2.5 Plus mit ZÜ

2.6 Minus ohne ZÜ

2.7 Minus mit ZÜ

2.8 +/− gemischt

		✋
1 + 5 =		6
11 + 5 =		16
2 + 5 =		7
12 + 5 =		17
3 + 5 =		8
13 + 5 =		18
12 + 5 =		17
11 + 5 =		16
13 + 5 =		18
11 + 5 =		16
13 + 5 =		18
12 + 5 =		17

Streit · Jansen **Mathe lernen nach dem IntraActPlus-Konzept**
© Springer-Verlag GmbH Deutschland, ein Teil von Springer Nature 2020

		✋
4 + 5 =		9
14 + 5 =		19
5 + 5 =		10
15 + 5 =		20
12 + 5 =		17
14 + 5 =		19
13 + 5 =		18
15 + 5 =		20
11 + 5 =		16
15 + 5 =		20
10 + 5 =		15
14 + 5 =		19

2.1 Zählen

2.2 Zahlen

2.3 Zahlenraum

2.4 Plus ohne ZÜ

2.5 Plus mit ZÜ

2.6 Minus ohne ZÜ

2.7 Minus mit ZÜ

2.8 +/− gemischt

2.1 Zählen

2.2 Zahlen

2.3 Zahlenraum

2.4 Plus ohne ZÜ

2.5 Plus mit ZÜ

2.6 Minus ohne ZÜ

2.7 Minus mit ZÜ

2.8 +/− gemischt

13 + 5 =		18
15 + 5 =		20
11 + 5 =		16
12 + 5 =		17
14 + 5 =		19
12 + 5 =		17
15 + 5 =		20
13 + 5 =		18
14 + 5 =		19
12 + 5 =		17
11 + 5 =		16
14 + 5 =		19

Streit · Jansen   **Mathe lernen nach dem IntraActPlus-Konzept**
© Springer-Verlag GmbH Deutschland, ein Teil von Springer Nature 2020

		✋
15 + 5 =		20
15 + 4 =		19
13 + 4 =		17
13 + 5 =		18
11 + 5 =		16
11 + 4 =		15
14 + 5 =		19
14 + 4 =		18
16 + 4 =		20
12 + 4 =		16
12 + 5 =		17
14 + 5 =		19

2.1 Zählen
2.2 Zahlen
2.3 Zahlenraum
2.4 Plus ohne ZÜ
2.5 Plus mit ZÜ
2.6 Minus ohne ZÜ
2.7 Minus mit ZÜ
2.8 +/– gemischt

2.1 Zählen

2.2 Zählen

2.3 Zahlenraum

2.4 Plus ohne ZÜ

2.5 Plus mit ZÜ

2.6 Minus ohne ZÜ

2.7 Minus mit ZÜ

2.8 +/- gemischt

Aufgaben

14 + 5 = _____

10 + 5 = _____

12 + 5 = _____

15 + 5 = _____

11 + 5 = _____

13 + 5 = _____

11 + 5 = _____

13 + 5 = _____

14 + 5 = _____

12 + 5 = _____

10 + 5 = _____

15 + 5 = _____

11 + 4 = _____

15 + 5 = _____

12 + 5 = _____

13 + 4 = _____

14 + 5 = _____

11 + 5 = _____

13 + 5 = _____

16 + 4 = _____

14 + 4 = _____

12 + 4 = _____

15 + 5 = _____

15 + 4 = _____

Streit · Jansen   **Mathe lernen nach dem IntraActPlus-Konzept**
© Springer-Verlag GmbH Deutschland, ein Teil von Springer Nature 2020

Lösungen

14 + 5 = _19_   11 + 4 = _15_

10 + 5 = _15_   15 + 5 = _20_

12 + 5 = _17_   12 + 5 = _17_

15 + 5 = _20_   13 + 4 = _17_

11 + 5 = _16_   14 + 5 = _19_

13 + 5 = _18_   11 + 5 = _16_

11 + 5 = _16_   13 + 5 = _18_

13 + 5 = _18_   16 + 4 = _20_

14 + 5 = _19_   14 + 4 = _18_

12 + 5 = _17_   12 + 4 = _16_

10 + 5 = _15_   15 + 5 = _20_

15 + 5 = _20_   15 + 4 = _19_

2.1 Zählen

2.2 Zahlen

2.3 Zahlenraum

2.4 Plus ohne ZÜ

2.5 Plus mit ZÜ

2.6 Minus ohne ZÜ

2.7 Minus mit ZÜ

2.8 +/– gemischt

2.1 Zählen

2.2 Zählen

2.3 Zahlenraum

2.4 Plus ohne ZÜ

2.5 Plus mit ZÜ

2.6 Minus ohne ZÜ

2.7 Minus mit ZÜ

2.8 +/– gemischt

		✋
1 + 6 =		7
11 + 6 =		17
3 + 6 =		9
13 + 6 =		19
11 + 6 =		17
13 + 6 =		19
11 + 6 =		17
10 + 6 =		16
11 + 6 =		17
13 + 6 =		19
10 + 6 =		16
13 + 6 =		19

Streit · Jansen **Mathe lernen nach dem IntraActPlus-Konzept**
© Springer-Verlag GmbH Deutschland, ein Teil von Springer Nature 2020

		✋
2 + 6 =		8
12 + 6 =		18
4 + 6 =		10
14 + 6 =		20
12 + 6 =		18
14 + 6 =		20
11 + 6 =		17
14 + 6 =		20
12 + 6 =		18
13 + 6 =		19
12 + 6 =		18
14 + 6 =		20

2.1 Zählen
2.2 Zahlen
2.3 Zahlenraum
2.4 **Plus ohne ZÜ**
2.5 Plus mit ZÜ
2.6 Minus ohne ZÜ
2.7 Minus mit ZÜ
2.8 +/– gemischt

2.1 Zählen

2.2 Zahlen

2.3 Zahlenraum

2.4 Plus ohne ZÜ

2.5 Plus mit ZÜ

2.6 Minus ohne ZÜ

2.7 Minus mit ZÜ

2.8 +/– gemischt

13 + 6 =		19
12 + 6 =		18
11 + 6 =		17
14 + 6 =		20
13 + 6 =		19
12 + 6 =		18
14 + 6 =		20
13 + 6 =		19
11 + 6 =		17
12 + 6 =		18
14 + 6 =		20
11 + 6 =		17

2.1 Zählen

2.2 Zahlen

2.3 Zahlenraum

2.4 Plus ohne ZÜ

2.5 Plus mit ZÜ

2.6 Minus ohne ZÜ

2.7 Minus mit ZÜ

2.8 +/– gemischt

13 + 6 =		19
12 + 5 =		17
14 + 6 =		20
13 + 5 =		18
10 + 6 =		16
14 + 6 =		20
11 + 5 =		16
13 + 6 =		19
15 + 5 =		20
12 + 6 =		18
14 + 5 =		19
11 + 6 =		17

2.1 Zählen

2.2 Zahlen

2.3 Zahlenraum

2.4 Plus ohne ZÜ

2.5 Plus mit ZÜ

2.6 Minus ohne ZÜ

2.7 Minus mit ZÜ

2.8 +/- gemischt

10 + 6 = _____

14 + 6 = _____

12 + 6 = _____

13 + 6 = _____

11 + 6 = _____

14 + 6 = _____

12 + 6 = _____

10 + 6 = _____

13 + 6 = _____

11 + 6 = _____

14 + 6 = _____

13 + 6 = _____

11 + 6 = _____

10 + 5 = _____

13 + 5 = _____

15 + 5 = _____

14 + 6 = _____

13 + 5 = _____

10 + 6 = _____

15 + 5 = _____

11 + 5 = _____

12 + 6 = _____

12 + 5 = _____

14 + 5 = _____

Streit · Jansen   **Mathe lernen nach dem IntraActPlus-Konzept**
© Springer-Verlag GmbH Deutschland, ein Teil von Springer Nature 2020

Lösungen

$10 + 6 = \underline{16}$ $11 + 6 = \underline{17}$

$14 + 6 = \underline{20}$ $10 + 5 = \underline{15}$

$12 + 6 = \underline{18}$ $13 + 5 = \underline{18}$

$13 + 6 = \underline{19}$ $15 + 5 = \underline{20}$

$11 + 6 = \underline{17}$ $14 + 6 = \underline{20}$

$14 + 6 = \underline{20}$ $13 + 5 = \underline{18}$

$12 + 6 = \underline{18}$ $10 + 6 = \underline{16}$

$10 + 6 = \underline{16}$ $15 + 5 = \underline{20}$

$13 + 6 = \underline{19}$ $11 + 5 = \underline{16}$

$11 + 6 = \underline{17}$ $12 + 6 = \underline{18}$

$14 + 6 = \underline{20}$ $12 + 5 = \underline{17}$

$13 + 6 = \underline{19}$ $14 + 5 = \underline{19}$

2.1 Zählen
2.2 Zahlen
2.3 Zahlenraum
2.4 Plus ohne ZÜ
2.5 Plus mit ZÜ
2.6 Minus ohne ZÜ
2.7 Minus mit ZÜ
2.8 +/− gemischt

2.1 Zählen

2.2 Zahlen

2.3 Zahlenraum

2.4 Plus ohne ZÜ

2.5 Plus mit ZÜ

2.6 Minus ohne ZÜ

2.7 Minus mit ZÜ

2.8 +/– gemischt

		✋
1 + 7 =		8
11 + 7 =		18
2 + 7 =		9
12 + 7 =		19
3 + 7 =		10
13 + 7 =		20
11 + 7 =		18
13 + 7 =		20
12 + 7 =		19
10 + 7 =		17
13 + 7 =		20
12 + 7 =		19

Streit · Jansen   **Mathe lernen nach dem IntraActPlus-Konzept**
© Springer-Verlag GmbH Deutschland, ein Teil von Springer Nature 2020

1 + 8 =		9
11 + 8 =		19
2 + 8 =		10
12 + 8 =		20
1 + 9 =		10
11 + 9 =		20
11 + 8 =		19
12 + 8 =		20
10 + 8 =		18
11 + 9 =		20
10 + 8 =		18
12 + 8 =		20

2.1 Zählen

2.2 Zahlen

2.3 Zahlenraum

2.4 Plus ohne ZÜ

2.5 Plus mit ZÜ

2.6 Minus ohne ZÜ

2.7 Minus mit ZÜ

2.8 +/− gemischt

2.1 Zählen

2.2 Zahlen

2.3 Zahlenraum

2.4 Plus ohne ZÜ

2.5 Plus mit ZÜ

2.6 Minus ohne ZÜ

2.7 Minus mit ZÜ

2.8 +/- gemischt

Aufgaben

$13 + 7 = \underline{\hspace{2cm}}$

$11 + 9 = \underline{\hspace{2cm}}$

$11 + 7 = \underline{\hspace{2cm}}$

$11 + 8 = \underline{\hspace{2cm}}$

$12 + 7 = \underline{\hspace{2cm}}$

$12 + 8 = \underline{\hspace{2cm}}$

$11 + 8 = \underline{\hspace{2cm}}$

$12 + 7 = \underline{\hspace{2cm}}$

$11 + 9 = \underline{\hspace{2cm}}$

$13 + 7 = \underline{\hspace{2cm}}$

$11 + 7 = \underline{\hspace{2cm}}$

$12 + 8 = \underline{\hspace{2cm}}$

$11 + 6 = \underline{\hspace{2cm}}$

$12 + 7 = \underline{\hspace{2cm}}$

$12 + 5 = \underline{\hspace{2cm}}$

$13 + 6 = \underline{\hspace{2cm}}$

$11 + 5 = \underline{\hspace{2cm}}$

$11 + 7 = \underline{\hspace{2cm}}$

$12 + 6 = \underline{\hspace{2cm}}$

$11 + 9 = \underline{\hspace{2cm}}$

$13 + 7 = \underline{\hspace{2cm}}$

$13 + 5 = \underline{\hspace{2cm}}$

$12 + 8 = \underline{\hspace{2cm}}$

$11 + 8 = \underline{\hspace{2cm}}$

Streit · Jansen   **Mathe lernen nach dem IntraActPlus-Konzept**
© Springer-Verlag GmbH Deutschland, ein Teil von Springer Nature 2020

13 + 7 = __20__ 　　　　11 + 6 = __17__

11 + 9 = __20__ 　　　　12 + 7 = __19__

11 + 7 = __18__ 　　　　12 + 5 = __17__

11 + 8 = __19__ 　　　　13 + 6 = __19__

12 + 7 = __19__ 　　　　11 + 5 = __16__

12 + 8 = __20__ 　　　　11 + 7 = __18__

11 + 8 = __19__ 　　　　12 + 6 = __18__

12 + 7 = __19__ 　　　　11 + 9 = __20__

11 + 9 = __20__ 　　　　13 + 7 = __20__

13 + 7 = __20__ 　　　　13 + 5 = __18__

11 + 7 = __18__ 　　　　12 + 8 = __20__

12 + 8 = __20__ 　　　　11 + 8 = __19__

2.1 Zählen
2.2 Zahlen
2.3 Zahlenraum
2.4 Plus ohne ZÜ
2.5 Plus mit ZÜ
2.6 Minus ohne ZÜ
2.7 Minus mit ZÜ
2.8 +/– gemischt

2.1 Zählen

2.2 Zahlen

2.3 Zahlenraum

2.4 Plus ohne ZÜ

2.5 Plus mit ZÜ

2.6 Minus ohne ZÜ

2.7 Minus mit ZÜ

2.8 +/− gemischt

Tauschaufgaben

Schreibe unter jede Aufgabe die Tauschaufgabe!

10 + 1 = 11

____1____ + ____10____ = ____11____

10 + 1 = 11

____ + ____ = ____

10 + 2 = 12

____ + ____ = ____

10 + 3 = 13

____ + ____ = ____

10 + 4 = 14

____ + ____ = ____

10 + 5 = 15

____ + ____ = ____

10 + 6 = 16

____ + ____ = ____

10 + 7 = 17

____ + ____ = ____

10 + 8 = 18

____ + ____ = ____

10 + 9 = 19

____ + ____ = ____

388

Streit · Jansen **Mathe lernen nach dem IntraActPlus-Konzept**
© Springer-Verlag GmbH Deutschland, ein Teil von Springer Nature 2020

Wo kannst du
tauschen?

		🖐
2 + 10 =		12
1 + 10 =		11
3 + 10 =		13
9 + 10 =		19
4 + 10 =		14
6 + 10 =		16
8 + 10 =		18
0 + 10 =		10
7 + 10 =		17
5 + 10 =		15
9 + 10 =		19
6 + 10 =		16

2.2 Zahlen

2.3 Zahlenraum

2.4 Plus ohne ZÜ

2.5 Plus mit ZÜ

2.6 Minus ohne ZÜ

2.7 Minus mit ZÜ

2.8 +/– gemischt

2.1 Zählen

2.2 Zahlen

2.3 Zahlenraum

2.4 Plus ohne ZÜ

2.5 Plus mit ZÜ

2.6 Minus ohne ZÜ

2.7 Minus mit ZÜ

2.8 +/− gemischt

Tauschaufgaben

Schreibe unter jede Aufgabe die Tauschaufgabe!

19 + 1 = 20

___1___ + ___19___ = ___20___

12 + 3 = 15

_____ + _____ = _____

14 + 3 = 17

_____ + _____ = _____

18 + 2 = 20

_____ + _____ = _____

13 + 4 = 17

_____ + _____ = _____

12 + 4 = 16

_____ + _____ = _____

18 + 2 = 20

_____ + _____ = _____

16 + 2 = 18

_____ + _____ = _____

15 + 5 = 20

_____ + _____ = _____

14 + 5 = 19

_____ + _____ = _____

Streit · Jansen   **Mathe lernen nach dem IntraActPlus-Konzept**
© Springer-Verlag GmbH Deutschland, ein Teil von Springer Nature 2020

2.1 Zählen

2.2 Zahlen

2.3 Zahlenraum

2.4 Plus ohne ZÜ

2.5 Plus mit ZÜ

2.6 Minus ohne ZÜ

2.7 Minus mit ZÜ

2.8 +/− gemischt

Erst tauschen,
dann rechnen.

		✋
1 + 19 =		20
3 + 12 =		15
3 + 14 =		17
2 + 18 =		20
5 + 14 =		19
4 + 14 =		18
3 + 17 =		20
2 + 16 =		18
4 + 15 =		19
6 + 12 =		18
2 + 16 =		18
5 + 15 =		20

Streit · Jansen **Mathe lernen nach dem IntraActPlus-Konzept**
© Springer-Verlag GmbH Deutschland, ein Teil von Springer Nature 2020

2.1 Zählen

2.2 Zahlen

2.3 Zahlenraum

2.4 Plus ohne ZÜ

2.5 Plus mit ZÜ

2.6 Minus ohne ZÜ

2.7 Minus mit ZÜ

2.8 +/- gemischt

$3 + 13 =$ _____

$4 + 14 =$ _____

$15 + 5 =$ _____

$7 + 13 =$ _____

$11 + 8 =$ _____

$6 + 10 =$ _____

$14 + 5 =$ _____

$3 + 17 =$ _____

$6 + 12 =$ _____

$6 + 14 =$ _____

$13 + 3 =$ _____

$2 + 18 =$ _____

$4 + 16 =$ _____

$8 + 11 =$ _____

$5 + 12 =$ _____

$5 + 13 =$ _____

$12 + 5 =$ _____

$7 + 12 =$ _____

$3 + 16 =$ _____

$12 + 5 =$ _____

$4 + 11 =$ _____

$13 + 4 =$ _____

$3 + 12 =$ _____

$5 + 14 =$ _____

Streit · Jansen   Mathe lernen nach dem IntraActPlus-Konzept
© Springer-Verlag GmbH Deutschland, ein Teil von Springer Nature 2020

3 + 13 = _16_

4 + 14 = _18_

15 + 5 = _20_

7 + 13 = _20_

11 + 8 = _19_

6 + 10 = _16_

14 + 5 = _19_

3 + 17 = _20_

6 + 12 = _18_

6 + 14 = _20_

13 + 3 = _16_

2 + 18 = _20_

4 + 16 = _20_

8 + 11 = _19_

5 + 12 = _17_

5 + 13 = _18_

12 + 5 = _17_

7 + 12 = _19_

3 + 16 = _19_

12 + 5 = _17_

4 + 11 = _15_

13 + 4 = _17_

3 + 12 = _15_

5 + 14 = _19_

2.1 Zählen
2.2 Zahlen
2.3 Zahlenraum
2.4 Plus ohne ZÜ
2.5 Plus mit ZÜ
2.6 Minus ohne ZÜ
2.7 Minus mit ZÜ
2.8 +/- gemischt

2.1 Zählen

2.2 Zahlen

2.3 Zahlenraum

2.4 Plus ohne ZÜ

2.5 Plus mit ZÜ

2.6 Minus ohne ZÜ

2.7 Minus mit ZÜ

2.8 +/– gemischt

Sachaufgaben

A Auf unserem Dach sitzen vierzehn Krähen. Nun kommen noch drei Krähen aufs Dach. Wie viele Krähen sind jetzt auf dem Dach?

B In der Scheune leben dreizehn Feldmäuse. Eine davon bekommt fünf Mäusebabys. Wie viele Feldmäuse leben jetzt in der Scheune?

C Jan hat schon sieben Kastanien. Er findet noch dreizehn Kastanien. Wie viele Kastanien hat Jan nun?

D Samira hat fünf rote Blumen und zwölf gelbe Blumen gepflückt. Wie viele Blumen hat sie zusammen?

E Auf einem See schwimmen zehn Enten. Nun gehen noch sieben Enten schwimmen. Wie viele Enten schwimmen jetzt auf dem See?

F Alina ist sieben Jahre alt. Ihre Schwester Helena ist neun Jahre älter. Wie alt ist Helena?

G In der Vase stehen vier gelbe, sechs rote und zehn blaue Blumen. Wie viele Blumen stehen in der Vase?

Streit · Jansen **Mathe lernen nach dem IntraActPlus-Konzept**
© Springer-Verlag GmbH Deutschland, ein Teil von Springer Nature 2020

Lösungen

A Rechnung: $14 + 3 = 17$

Antwort: Auf dem Dach sitzen 17 Krähen.

B Rechnung: $13 + 5 = 18$

Antwort: In der Scheune leben 18 Mäuse.

C Rechnung: $7 + 13 = 20$

Antwort: Jan hat 20 Kastanien.

D Rechnung: $5 + 12 = 17$

Antwort: Sie hat 17 Blumen.

E Rechnung: $10 + 7 = 17$

Antwort: Auf dem See schwimmen 17 Enten.

F Rechnung: $7 + 9 = 16$

Antwort: Helena ist 16 Jahre alt.

G Rechnung: $4 + 6 + 10 = 20$

Antwort: In der Vase stehen 20 Blumen.

2.1 Zählen
2.2 Zahlen
2.3 Zahlenraum
2.4 Plus ohne ZÜ
2.5 Plus mit ZÜ
2.6 Minus ohne ZÜ
2.7 Minus mit ZÜ
2.8 +/– gemischt

2.5 Plus mit Zehnerübergang

Lernziel
Sicheres Beherrschen des Zehnerübergangs beim Addieren.

Leistungsdifferenzierung
- *Grün:* grundlegende Lerninhalte für alle Lernenden
- *Blau:* Lerninhalte, die von langsamer lernenden Kindern weggelassen oder zu einem späteren Zeitpunkt bearbeitet werden können

---

Vorübung

Material

9 + 1 =	9 + 2 =
9 + 3 =	9 + 4 =
9 + 5 =	9 + 6 =
9 + 7 =	9 + 8 =
9 + 9 =	

Übungsmaterial (Beispiel)

1	2	3	4	5	6	7	8	9	10
11	12	13	14	15	16	17	18	19	20

Zahlenfeld bis 20 aus Pappe – liegt dem Material bei.

Vorbereitung des Materials
Die Lernkärtchen werden an den gestrichelten Linien auseinandergeschnitten.

So geht es
- Das Zahlenfeld bis 20 liegt auf dem Tisch. Das erste Lernkärtchen »9+1=« liegt vor dem Kind.
- Besprechen Sie sinngemäß: *„Jetzt suchen wir hier im Zahlenfeld die 9"* (auf die Zahl »9« zeigen). *„Auf dem Kärtchen steht plus 1. Ich muss also ein Kästchen weitergehen. Bei welcher Zahl sind wir dann?"* Nachdem das Kind die Lösung »10« genannt hat, wird das Lernkärtchen umgedreht und verdeutlicht, dass »10« die Lösung ist. Diese Aufgabe wird den meisten Kindern leichtfallen, da sie bereits in Kap. 1.5 geübt wurde.
- Nun wird die Aufgabe »9+2=« in gleicher Weise erklärt. Nach der »10« wird in der nächsten Reihe des Zahlenfelds weitergezählt.

- Die Aufgabe »9+2=« wird so oft wiederholt, bis das Ergebnis sicher aus dem Gedächtnis genannt wird, ohne weitere Zuhilfenahme des Zahlenfelds.
- Jetzt werden die beiden Aufgaben »9+1=« und »9+2=« anhand der Lernkärtchen im Wechsel abgefragt. Das Kind versucht, die Ergebnisse aus dem Gedächtnis abzurufen.
- In entsprechender Weise werden in Abhängigkeit von der Lerngeschwindigkeit des Kindes die Aufgaben auf den weiteren Lernkärtchen eine nach der anderen mit in das Üben einbezogen.

Siehe Video unter: www.intraactplus.de/mathe/

Leistungsdifferenzierung
Das Zahlenfeld wird beim Wiederholen einer Aufgabe nur dann erneut zu Hilfe genommen, wenn es dem Kind nicht gelingt, das Ergebnis aus dem Gedächtnis abzurufen. Langsamer lernende Kinder können sich noch über längere Zeit mit dem Zahlenfeld helfen.

Übungsblätter zum Speichern und Automatisieren

Material

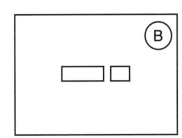

	🖐
9 + 1 =	10
9 + 2 =	11
9 + 3 =	12
9 + 2 =	11
9 + 1 =	10
9 + 3 =	12
9 + 2 =	11
9 + 1 =	10
9 + 3 =	12
9 + 1 =	10
9 + 3 =	12
9 + 2 =	11

Übungsmaterial (Beispiel)   Schablone B – liegt dem Material bei.

So geht es
- Die Schablone B wird so auf das Arbeitsblatt gelegt, dass nur die beiden grünen Felder zu sehen sind.
- Das Kind deckt das rechte ausgestanzte Fenster der Schablone mit seiner rechten Hand ab.
- Die Schablone wird nach unten geschoben, bis die erste Aufgabe sichtbar ist. Das Kind löst die Aufgabe. Dann nimmt es die Hand von der Schablone und prüft, ob es richtig gerechnet hat.
- Das Kind deckt das Ergebnisfeld wieder mit der Hand ab und schiebt die Schablone eine Zeile weiter nach unten.

▶▶▶

2.1 Zählen
2.2 Zahlen
2.3 Zahlenraum
2.4 Plus ohne ZÜ
2.5 Plus mit ZÜ
2.6 Minus ohne ZÜ
2.7 Minus mit ZÜ
2.8 +/- gemischt

2.1 Zählen

2.2 Zahlen

2.3 Zahlenraum

2.4 Plus ohne ZÜ

2.5 Plus mit ZÜ

2.6 Minus ohne ZÜ

2.7 Minus mit ZÜ

2.8 +/−gemischt

Leistungsdifferenzierung

– Kinder, denen diese Aufgaben schwerfallen, können in der Anfangszeit das Zahlenfeld als Hilfsmittel nutzen.
– Jedes Übungsblatt wird so oft wiederholt, bis alle Aufgaben mühelos und fehlerfrei gelöst werden – ohne Verwendung von Hilfestellungen wie innerem Zählen oder Benutzen des Zahlenfelds. Dies bedeutet, dass manche Kinder das Übungsblatt oft wiederholen, andere nur ein oder wenige Male.

Überprüfung des Lernstandes

Material
Übungsblätter „Aufgaben"

So geht es
Das Kind bearbeitet das Übungsblatt selbstständig. Damit der Lernstoff ausreichend tief gelernt wird, empfiehlt sich:
– Wenn es die Aufgaben mühelos gelöst und höchstens zwei Fehler gemacht hat, wird mit dem nächsten Übungsblatt weitergemacht.
– Wenn es sich noch anstrengen musste oder mehr als zwei Fehler gemacht hat, werden die vorangegangenen Übungsblätter wiederholt.

Hilfe zur Korrektur
Die Lösungen stehen jeweils auf der folgenden Seite.

Lückenaufgaben

Material

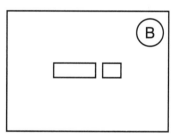

9 + ☐ = 10	1
9 + ☐ = 12	3
9 + ☐ = 11	2
9 + ☐ = 14	5
9 + ☐ = 16	7
9 + ☐ = 13	4
9 + ☐ = 15	6
9 + ☐ = 18	9
9 + ☐ = 17	8
9 + ☐ = 15	6
9 + ☐ = 13	4
9 + ☐ = 17	8

Übungsmaterial (Beispiel)   Schablone B – liegt dem Material bei.

So geht es
Diese Übungsblätter werden genauso bearbeitet wie alle anderen Übungsblätter mit dem Handsymbol. Damit auch diese Übung bei Bedarf öfter wiederholt werden kann, werden die Ergebnisse mündlich genannt und nicht in die Kästchen geschrieben.

Anwendung in Sachaufgaben

Material
Übungsblatt „Sachaufgaben"

So geht es
Siehe „Anwendung in Sachaufgaben" auf S. 108.
Die Lösungen stehen jeweils auf der folgenden Seite.

9 + 1 =	9 + 2 =
9 + 3 =	9 + 4 =
9 + 5 =	9 + 6 =
9 + 7 =	9 + 8 =
9 + 9 =	

11	10
13	12
15	14
17	16
	18

		✋
9 + 1 =		10
9 + 2 =		11
9 + 3 =		12
9 + 2 =		11
9 + 1 =		10
9 + 3 =		12
9 + 2 =		11
9 + 1 =		10
9 + 3 =		12
9 + 1 =		10
9 + 3 =		12
9 + 2 =		11

2.1 Zählen
2.2 Zahlen
2.3 Zahlenraum
2.4 Plus ohne ZÜ
2.5 Plus mit ZÜ
2.6 Minus ohne ZÜ
2.7 Minus mit ZÜ
2.8 +/– gemischt

2.1 Zählen

2.2 Zahlen

2.3 Zahlenraum

2.4 Plus ohne ZÜ

2.5 Plus mit ZÜ

2.6 Minus ohne ZÜ

2.7 Minus mit ZÜ

2.8 +/− gemischt

		✋
9 + 4 =		13
9 + 5 =		14
9 + 4 =		13
9 + 5 =		14
9 + 2 =		11
9 + 5 =		14
9 + 4 =		13
9 + 2 =		11
9 + 5 =		14
9 + 4 =		13
9 + 2 =		11
9 + 5 =		14

Streit · Jansen   **Mathe lernen nach dem IntraActPlus-Konzept**
© Springer-Verlag GmbH Deutschland, ein Teil von Springer Nature 2020

		✋
9 + 6 =		15
9 + 7 =		16
9 + 6 =		15
9 + 7 =		16
9 + 5 =		14
9 + 7 =		16
9 + 5 =		14
9 + 7 =		16
9 + 6 =		15
9 + 5 =		14
9 + 7 =		16
9 + 6 =		15

2.1 Zählen

2.2 Zahlen

2.3 Zahlenraum

2.4 Plus ohne ZÜ

2.5 Plus mit ZÜ

2.6 Minus ohne ZÜ

2.7 Minus mit ZÜ

2.8 +/− gemischt

2.1 Zählen

2.2 Zahlen

2.3 Zahlenraum

2.4 Plus ohne ZÜ

2.5 Plus mit ZÜ

2.6 Minus ohne ZÜ

2.7 Minus mit ZÜ

2.8 +/- gemischt

		✋
9 + 9 =		18
9 + 6 =		15
9 + 9 =		18
9 + 8 =		17
9 + 9 =		18
9 + 6 =		15
9 + 8 =		17
9 + 9 =		18
9 + 6 =		15
9 + 8 =		17
9 + 6 =		15
9 + 8 =		17

Streit · Jansen **Mathe lernen nach dem IntraActPlus-Konzept**
© Springer-Verlag GmbH Deutschland, ein Teil von Springer Nature 2020

9 + 8 =		17
9 + 5 =		14
9 + 7 =		16
9 + 4 =		13
9 + 8 =		17
9 + 2 =		11
9 + 9 =		18
9 + 6 =		15
9 + 3 =		12
9 + 8 =		17
9 + 4 =		13
9 + 7 =		16

2.1 Zählen
2.2 Zahlen
2.3 Zahlenraum
2.4 Plus ohne ZÜ
2.5 Plus mit ZÜ
2.6 Minus ohne ZÜ
2.7 Minus mit ZÜ
2.8 +/– gemischt

2.1 Zählen

2.2 Zahlen

2.3 Zahlenraum

2.4 Plus ohne ZÜ

2.5 Plus mit ZÜ

2.6 Minus ohne ZÜ

2.7 Minus mit ZÜ

2.8 +/– gemischt

Aufgaben

$9 + 3 =$ _____ $9 + 7 =$ _____

$9 + 6 =$ _____ $9 + 2 =$ _____

$9 + 1 =$ _____ $9 + 8 =$ _____

$9 + 5 =$ _____ $9 + 9 =$ _____

$9 + 7 =$ _____ $9 + 3 =$ _____

$9 + 4 =$ _____ $9 + 6 =$ _____

$9 + 8 =$ _____ $9 + 7 =$ _____

$9 + 2 =$ _____ $9 + 5 =$ _____

$9 + 9 =$ _____ $9 + 4 =$ _____

$9 + 6 =$ _____ $9 + 3 =$ _____

$9 + 8 =$ _____ $9 + 9 =$ _____

$9 + 4 =$ _____ $9 + 5 =$ _____

Streit · Jansen   Mathe lernen nach dem IntraActPlus-Konzept
© Springer-Verlag GmbH Deutschland, ein Teil von Springer Nature 2020

Lösungen

9 + 3 = _12_

9 + 6 = _15_

9 + 1 = _10_

9 + 5 = _14_

9 + 7 = _16_

9 + 4 = _13_

9 + 8 = _17_

9 + 2 = _11_

9 + 9 = _18_

9 + 6 = _15_

9 + 8 = _17_

9 + 4 = _13_

9 + 7 = _16_

9 + 2 = _11_

9 + 8 = _17_

9 + 9 = _18_

9 + 3 = _12_

9 + 6 = _15_

9 + 7 = _16_

9 + 5 = _14_

9 + 4 = _13_

9 + 3 = _12_

9 + 9 = _18_

9 + 5 = _14_

2.1 Zählen
2.2 Zahlen
2.3 Zahlenraum
2.4 Plus ohne ZÜ
2.5 Plus mit ZÜ
2.6 Minus ohne ZÜ
2.7 Minus mit ZÜ
2.8 +/– gemischt

2.1 Zählen

2.2 Zahlen

2.3 Zahlenraum

2.4 Plus ohne ZÜ

2.5 Plus mit ZÜ

2.6 Minus ohne ZÜ

2.7 Minus mit ZÜ

2.8 +/– gemischt

Tauschaufgaben

Schreibe unter jede Aufgabe die Tauschaufgabe!

$9 + 1 = 10$

$1 + 9 = 10$

$9 + 1 = 10$

___ + ___ = ___

$9 + 2 = 11$

___ + ___ = ___

$9 + 3 = 12$

___ + ___ = ___

$9 + 4 = 13$

___ + ___ = ___

$9 + 5 = 14$

___ + ___ = ___

$9 + 6 = 15$

___ + ___ = ___

$9 + 7 = 16$

___ + ___ = ___

$9 + 8 = 17$

___ + ___ = ___

$9 + 10 = 19$

___ + ___ = ___

Streit · Jansen **Mathe lernen nach dem IntraActPlus-Konzept**
© Springer-Verlag GmbH Deutschland, ein Teil von Springer Nature 2020

> Erst tauschen,
> dann rechnen.

		🖐
1 + 9 =		10
3 + 9 =		12
2 + 9 =		11
5 + 9 =		14
4 + 9 =		13
7 + 9 =		16
6 + 9 =		15
8 + 9 =		17
7 + 9 =		16
5 + 9 =		14
8 + 9 =		17
6 + 9 =		15

2.1 Zählen
2.2 Zahlen
2.3 Zahlenraum
2.4 Plus ohne ZÜ
2.5 Plus mit ZÜ
2.6 Minus ohne ZÜ
2.7 Minus mit ZÜ
2.8 +/– gemischt

2.1 Zählen

2.2 Zahlen

2.3 Zahlenraum

2.4 Plus ohne ZÜ

2.5 Plus mit ZÜ

2.6 Minus ohne ZÜ

2.7 Minus mit ZÜ

2.8 +/− gemischt

6 + 9 _____	4 + 9 = _____
5 + 9 = _____	8 + 9 = _____
2 + 9 = _____	9 + 6 = _____
8 + 9 = _____	2 + 9 = _____
4 + 9 = _____	9 + 8 = _____
7 + 9 = _____	6 + 9 = _____
5 + 9 _____	1 + 9 = _____
3 + 9 = _____	9 + 7 = _____
6 + 9 = _____	9 + 5 = _____
8 + 9 = _____	3 + 9 = _____
1 + 9 = _____	5 + 9 = _____
7 + 9 = _____	7 + 9 = _____

Streit · Jansen   **Mathe lernen nach dem IntraActPlus-Konzept**
© Springer-Verlag GmbH Deutschland, ein Teil von Springer Nature 2020

6 + 9   <u>15</u>

5 + 9 = <u>14</u>

2 + 9 = <u>11</u>

8 + 9 = <u>17</u>

4 + 9 = <u>13</u>

7 + 9 = <u>16</u>

5 + 9   <u>14</u>

3 + 9 = <u>12</u>

6 + 9 = <u>15</u>

8 + 9 = <u>17</u>

1 + 9 = <u>10</u>

7 + 9 = <u>16</u>

4 + 9 = <u>13</u>

8 + 9 = <u>17</u>

9 + 6 = <u>15</u>

2 + 9 = <u>11</u>

9 + 8 = <u>17</u>

6 + 9 = <u>15</u>

1 + 9 = <u>10</u>

9 + 7 = <u>16</u>

9 + 5 = <u>14</u>

3 + 9 = <u>12</u>

5 + 9 = <u>14</u>

7 + 9 = <u>16</u>

2.1 Zählen

2.2 Zahlen

2.3 Zahlenraum

2.4 Plus ohne ZÜ

2.5 Plus mit ZÜ

2.6 Minus ohne ZÜ

2.7 Minus mit ZÜ

2.8 +/− gemischt

2.1 Zählen

2.2 Zahlen

2.3 Zahlenraum

2.4 Plus ohne ZÜ

2.5 Plus mit ZÜ

2.6 Minus ohne ZÜ

2.7 Minus mit ZÜ

2.8 +/- gemischt

$9 + \square = 10$		1
$9 + \square = 12$		3
$9 + \square = 11$		2
$9 + \square = 14$		5
$9 + \square = 16$		7
$9 + \square = 13$		4
$9 + \square = 15$		6
$9 + \square = 18$		9
$9 + \square = 17$		8
$9 + \square = 15$		6
$9 + \square = 13$		4
$9 + \square = 17$		8

Streit · Jansen   **Mathe lernen nach dem IntraActPlus-Konzept**
© Springer-Verlag GmbH Deutschland, ein Teil von Springer Nature 2020

8 + 2 =   8 + 3 =

8 + 4 =   8 + 5 =

8 + 6 =   8 + 7 =

8 + 8 =

		✋
8 + 2 =		10
8 + 3 =		11
8 + 2 =		10
8 + 4 =		12
8 + 3 =		11
8 + 4 =		12
8 + 3 =		11
8 + 4 =		12
8 + 2 =		10
8 + 3 =		11
8 + 2 =		10
8 + 4 =		12

2.1 Zählen
2.2 Zahlen
2.3 Zahlenraum
2.4 Plus ohne ZÜ
2.5 Plus mit ZÜ
2.6 Minus ohne ZÜ
2.7 Minus mit ZÜ
2.8 +/– gemischt

2.1 Zählen

2.2 Zahlen

2.3 Zahlenraum

2.4 Plus ohne ZÜ

2.5 Plus mit ZÜ

2.6 Minus ohne ZÜ

2.7 Minus mit ZÜ

2.8 +/- gemischt

		✋
8 + 5 =		13
8 + 6 =		14
8 + 5 =		13
8 + 3 =		11
8 + 6 =		14
8 + 4 =		12
8 + 5 =		13
8 + 3 =		11
8 + 6 =		14
8 + 4 =		12
8 + 6 =		14
8 + 5 =		13

Streit · Jansen **Mathe lernen nach dem IntraActPlus-Konzept**
© Springer-Verlag GmbH Deutschland, ein Teil von Springer Nature 2020

8 + 7 =		15
8 + 8 =		16
8 + 7 =		15
8 + 5 =		13
8 + 7 =		15
8 + 8 =		16
8 + 7 =		15
8 + 5 =		13
8 + 8 =		16
8 + 7 =		15
8 + 5 =		13
8 + 8 =		16

2.1 Zählen

2.2 Zahlen

2.3 Zahlenraum

2.4 Plus ohne ZÜ

2.5 Plus mit ZÜ

2.6 Minus ohne ZÜ

2.7 Minus mit ZÜ

2.8 +/− gemischt

2.1 Zählen

2.2 Zahlen

2.3 Zahlenraum

2.4 Plus ohne ZÜ

2.5 Plus mit ZÜ

2.6 Minus ohne ZÜ

2.7 Minus mit ZÜ

2.8 +/– gemischt

		✋
8 + 9 =		17
8 + 7 =		15
8 + 6 =		14
8 + 8 =		16
8 + 7 =		15
8 + 9 =		17
8 + 7 =		15
8 + 8 =		16
8 + 6 =		14
8 + 9 =		17
8 + 7 =		15
8 + 8 =		16

Streit · Jansen   **Mathe lernen nach dem IntraActPlus-Konzept**
© Springer-Verlag GmbH Deutschland, ein Teil von Springer Nature 2020

		✋
8 + 5 =		13
8 + 7 =		15
8 + 6 =		14
8 + 9 =		17
8 + 5 =		13
8 + 4 =		12
8 + 6 =		14
8 + 3 =		11
8 + 5 =		13
8 + 2 =		10
8 + 8 =		16
8 + 6 =		14

2.1 Zählen
2.2 Zahlen
2.3 Zahlenraum
2.4 Plus ohne ZÜ
2.5 Plus mit ZÜ
2.6 Minus ohne ZÜ
2.7 Minus mit ZÜ
2.8 +/– gemischt

2.1 Zählen
2.2 Zahlen
2.3 Zahlenraum
2.4 Plus ohne ZÜ
2.5 Plus mit ZÜ
2.6 Minus ohne ZÜ
2.7 Minus mit ZÜ
2.8 +/- gemischt

$8 + 2 = \underline{\hphantom{000}}$

$8 + 5 = \underline{\hphantom{000}}$

$8 + 7 = \underline{\hphantom{000}}$

$8 + 4 = \underline{\hphantom{000}}$

$8 + 6 = \underline{\hphantom{000}}$

$8 + 3 = \underline{\hphantom{000}}$

$8 + 6 = \underline{\hphantom{000}}$

$8 + 2 = \underline{\hphantom{000}}$

$8 + 7 = \underline{\hphantom{000}}$

$8 + 3 = \underline{\hphantom{000}}$

$8 + 5 = \underline{\hphantom{000}}$

$8 + 4 = \underline{\hphantom{000}}$

$8 + 7 = \underline{\hphantom{000}}$

$8 + 6 = \underline{\hphantom{000}}$

$8 + 3 = \underline{\hphantom{000}}$

$8 + 8 = \underline{\hphantom{000}}$

$8 + 5 = \underline{\hphantom{000}}$

$8 + 7 = \underline{\hphantom{000}}$

$8 + 9 = \underline{\hphantom{000}}$

$8 + 4 = \underline{\hphantom{000}}$

$8 + 5 = \underline{\hphantom{000}}$

$8 + 8 = \underline{\hphantom{000}}$

$8 + 6 = \underline{\hphantom{000}}$

$8 + 3 = \underline{\hphantom{000}}$

Streit · Jansen **Mathe lernen nach dem IntraActPlus-Konzept**
© Springer-Verlag GmbH Deutschland, ein Teil von Springer Nature 2020

Lösungen

8 + 2 = 10	8 + 7 = 15
8 + 5 = 13	8 + 6 = 14
8 + 7 = 15	8 + 3 = 11
8 + 4 = 12	8 + 8 = 16
8 + 6 = 14	8 + 5 = 13
8 + 3 = 11	8 + 7 = 15
8 + 6 = 14	8 + 9 = 17
8 + 2 = 10	8 + 4 = 12
8 + 7 = 15	8 + 5 = 13
8 + 3 = 11	8 + 8 = 16
8 + 5 = 13	8 + 6 = 14
8 + 4 = 12	8 + 3 = 11

2.1 Zählen
2.2 Zahlen
2.3 Zahlenraum
2.4 Plus ohne ZÜ
2.5 Plus mit ZÜ
2.6 Minus ohne ZÜ
2.7 Minus mit ZÜ
2.8 +/– gemischt

2.1 Zählen

2.2 Zahlen

2.3 Zahlenraum

2.4 Plus ohne ZÜ

2.5 Plus mit ZÜ

2.6 Minus ohne ZÜ

2.7 Minus mit ZÜ

2.8 +/– gemischt

Tauschaufgaben

Schreibe unter jede Aufgabe die Tauschaufgabe!

8 + 2 = 10

2 + 8 = 10

8 + 2 = 10

___ + ___ = ___

8 + 3 = 11

___ + ___ = ___

8 + 4 = 12

___ + ___ = ___

8 + 5 = 13

___ + ___ = ___

8 + 6 = 14

___ + ___ = ___

8 + 7 = 15

___ + ___ = ___

8 + 9 = 17

___ + ___ = ___

8 + 10 = 18

___ + ___ = ___

8 + 0 = 8

___ + ___ = ___

Streit · Jansen Mathe lernen nach dem IntraActPlus-Konzept
© Springer-Verlag GmbH Deutschland, ein Teil von Springer Nature 2020

2.1 Zählen

2.2 Zahlen

2.3 Zahlenraum

2.4 Plus ohne ZÜ

2.5 Plus mit ZÜ

2.6 Minus ohne ZÜ

2.7 Minus mit ZÜ

2.8 +/– gemischt

Denke ans Tauschen!

		✋
2 + 8 =		10
4 + 8 =		12
6 + 8 =		14
4 + 8 =		12
3 + 8 =		11
6 + 8 =		14
4 + 8 =		12
7 + 8 =		15
5 + 8 =		13
3 + 8 =		11
5 + 8 =		13
7 + 8 =		15

2.1 Zählen

2.2 Zählen

2.3 Zahlenraum

2.4 Plus ohne ZÜ

2.5 Plus mit ZÜ

2.6 Minus ohne ZÜ

2.7 Minus mit ZÜ

2.8 +/- gemischt

Aufgaben

7 + 8 = _____

5 + 8 = _____

2 + 8 = _____

6 + 8 = _____

3 + 8 = _____

4 + 8 = _____

7 + 8 = _____

3 + 8 = _____

5 + 8 = _____

2 + 8 = _____

6 + 8 = _____

4 + 8 = _____

8 + 3 = _____

6 + 8 = _____

8 + 4 = _____

5 + 8 = _____

8 + 7 = _____

2 + 8 = _____

4 + 8 = _____

8 + 6 = _____

8 + 2 = _____

7 + 8 = _____

8 + 5 = _____

3 + 8 = _____

Streit · Jansen   Mathe lernen nach dem IntraActPlus-Konzept
© Springer-Verlag GmbH Deutschland, ein Teil von Springer Nature 2020

7 + 8 = 15	8 + 3 = 11
5 + 8 = 13	6 + 8 = 14
2 + 8 = 10	8 + 4 = 12
6 + 8 = 14	5 + 8 = 13
3 + 8 = 11	8 + 7 = 15
4 + 8 = 12	2 + 8 = 10
7 + 8 = 15	4 + 8 = 12
3 + 8 = 11	8 + 6 = 14
5 + 8 = 13	8 + 2 = 10
2 + 8 = 10	7 + 8 = 15
6 + 8 = 14	8 + 5 = 13
4 + 8 = 12	3 + 8 = 11

2.1 Zählen
2.2 Zahlen
2.3 Zahlenraum
2.4 Plus ohne ZÜ
2.5 Plus mit ZÜ
2.6 Minus ohne ZÜ
2.7 Minus mit ZÜ
2.8 +/– gemischt

2.1 Zählen

2.2 Zahlen

2.3 Zahlenraum

2.4 Plus ohne ZÜ

2.5 Plus mit ZÜ

2.6 Minus ohne ZÜ

2.7 Minus mit ZÜ

2.8 +/– gemischt

		✋
8 + ☐ = 12		4
8 + ☐ = 14		6
8 + ☐ = 16		8
8 + ☐ = 14		6
8 + ☐ = 12		4
8 + ☐ = 13		5
8 + ☐ = 15		7
8 + ☐ = 17		9
8 + ☐ = 15		7
8 + ☐ = 14		6
8 + ☐ = 17		9
8 + ☐ = 13		5

Streit · Jansen   **Mathe lernen nach dem IntraActPlus-Konzept**
© Springer-Verlag GmbH Deutschland, ein Teil von Springer Nature 2020

$$7 + 3 =$$

$$7 + 4 =$$

$$7 + 5 =$$

$$7 + 6 =$$

$$7 + 7 =$$

11

10

13

12

14

7 + 5 =		12
7 + 3 =		10
7 + 5 =		12
7 + 4 =		11
7 + 3 =		10
7 + 4 =		11
7 + 3 =		10
7 + 5 =		12
7 + 4 =		11
7 + 3 =		10
7 + 5 =		12
7 + 4 =		11

2.1 Zählen

2.2 Zahlen

2.3 Zahlenraum

2.4 Plus ohne ZÜ

2.5 Plus mit ZÜ

2.6 Minus ohne ZÜ

2.7 Minus mit ZÜ

2.8 +/- gemischt

2.1 Zählen

2.2 Zahlen

2.3 Zahlenraum

2.4 Plus ohne ZÜ

2.5 Plus mit ZÜ

2.6 Minus ohne ZÜ

2.7 Minus mit ZÜ

2.8 +/-gemischt

		🖐
7 + 7 =		14
7 + 6 =		13
7 + 7 =		14
7 + 6 =		13
7 + 1 =		8
7 + 7 =		14
7 + 1 =		8
7 + 6 =		13
7 + 7 =		14
7 + 1 =		8
7 + 6 =		13
7 + 1 =		8

Streit · Jansen **Mathe lernen nach dem IntraActPlus-Konzept**
© Springer-Verlag GmbH Deutschland, ein Teil von Springer Nature 2020

7 + 6 =		13
7 + 4 =		11
7 + 7 =		14
7 + 5 =		12
7 + 3 =		10
7 + 7 =		14
7 + 4 =		11
7 + 6 =		13
7 + 3 =		10
7 + 5 =		12
7 + 7 =		14
7 + 6 =		13

2.1 Zählen

2.2 Zahlen

2.3 Zahlenraum

2.4 Plus ohne ZÜ

2.5 Plus mit ZÜ

2.6 Minus ohne ZÜ

2.7 Minus mit ZÜ

2.8 +/- gemischt

2.1 Zählen

2.2 Zahlen

2.3 Zahlenraum

2.4 Plus ohne ZÜ

2.5 Plus mit ZÜ

2.6 Minus ohne ZÜ

2.7 Minus mit ZÜ

2.8 +/- gemischt

Aufgaben

$7 + 3 = \underline{\hspace{2cm}}$ $7 + 5 = \underline{\hspace{2cm}}$

$7 + 5 = \underline{\hspace{2cm}}$ $7 + 7 = \underline{\hspace{2cm}}$

$7 + 7 = \underline{\hspace{2cm}}$ $7 + 4 = \underline{\hspace{2cm}}$

$7 + 4 = \underline{\hspace{2cm}}$ $7 + 6 = \underline{\hspace{2cm}}$

$7 + 6 = \underline{\hspace{2cm}}$ $7 + 3 = \underline{\hspace{2cm}}$

$7 + 7 = \underline{\hspace{2cm}}$ $7 + 5 = \underline{\hspace{2cm}}$

$7 + 5 = \underline{\hspace{2cm}}$ $7 + 7 = \underline{\hspace{2cm}}$

$7 + 6 = \underline{\hspace{2cm}}$ $7 + 4 = \underline{\hspace{2cm}}$

$7 + 4 = \underline{\hspace{2cm}}$ $7 + 6 = \underline{\hspace{2cm}}$

$7 + 7 = \underline{\hspace{2cm}}$ $7 + 4 = \underline{\hspace{2cm}}$

$7 + 3 = \underline{\hspace{2cm}}$ $7 + 3 = \underline{\hspace{2cm}}$

$7 + 6 = \underline{\hspace{2cm}}$ $7 + 5 = \underline{\hspace{2cm}}$

7 + 3 = __10__   7 + 5 = __12__

7 + 5 = __12__   7 + 7 = __14__

7 + 7 = __14__   7 + 4 = __11__

7 + 4 = __11__   7 + 6 = __13__

7 + 6 = __13__   7 + 3 = __10__

7 + 7 = __14__   7 + 5 = __12__

7 + 5 = __12__   7 + 7 = __14__

7 + 6 = __13__   7 + 4 = __11__

7 + 4 = __11__   7 + 6 = __13__

7 + 7 = __14__   7 + 4 = __11__

7 + 3 = __10__   7 + 3 = __10__

7 + 6 = __13__   7 + 5 = __12__

2.1 Zählen

2.2 Zahlen

2.3 Zahlenraum

2.4 Plus ohne ZÜ

2.5 Plus mit ZÜ

2.6 Minus ohne ZÜ

2.7 Minus mit ZÜ

2.8 +/- gemischt

2.1 Zählen

2.2 Zahlen

2.3 Zahlenraum

2.4 Plus ohne ZÜ

2.5 Plus mit ZÜ

2.6 Minus ohne ZÜ

2.7 Minus mit ZÜ

2.8 +/− gemischt

Tauschaufgaben

Schreibe unter jede Aufgabe die Tauschaufgabe!

7 + 3 = 10

_3_ + _7_ = _10_

7 + 3 = 10

___ + ___ = ___

7 + 4 = 11

___ + ___ = ___

7 + 5 = 12

___ + ___ = ___

7 + 6 = 13

___ + ___ = ___

7 + 8 = 15

___ + ___ = ___

7 + 9 = 16

___ + ___ = ___

7 + 10 = 17

___ + ___ = ___

5 + 7 = 12

___ + ___ = ___

6 + 7 = 13

___ + ___ = ___

Streit · Jansen **Mathe lernen nach dem IntraActPlus-Konzept**
© Springer-Verlag GmbH Deutschland, ein Teil von Springer Nature 2020

2.1 Zählen

2.2 Zahlen

2.3 Zahlenraum

2.4 Plus ohne ZÜ

2.5 Plus mit ZÜ

2.6 Minus ohne ZÜ

2.7 Minus mit ZÜ

2.8 +/− gemischt

Denke ans Tauschen!

		✋
3 + 7 =		10
5 + 7 =		12
6 + 7 =		13
3 + 7 =		10
6 + 7 =		13
4 + 7 =		11
5 + 7 =		12
4 + 7 =		11
6 + 7 =		13
5 + 7 =		12
4 + 7 =		11
3 + 7 =		10

Streit · Jansen **Mathe lernen nach dem IntraActPlus-Konzept**
© Springer-Verlag GmbH Deutschland, ein Teil von Springer Nature 2020

435

2.1 Zählen

2.2 Zahlen

2.3 Zahlenraum

2.4 Plus ohne ZÜ

2.5 Plus mit ZÜ

2.6 Minus ohne ZÜ

2.7 Minus mit ZÜ

2.8 +/- gemischt

4 + 7 = _____

5 + 7 = _____

3 + 7 = _____

6 + 7 = _____

4 + 7 = _____

5 + 7 = _____

3 + 7 = _____

4 + 7 = _____

6 + 7 = _____

3 + 7 = _____

5 + 7 = _____

6 + 7 = _____

4 + 7 = _____

7 + 6 = _____

3 + 7 = _____

7 + 5 = _____

7 + 6 = _____

7 + 4 = _____

3 + 7 = _____

4 + 7 = _____

7 + 5 = _____

6 + 7 = _____

7 + 3 = _____

5 + 7 = _____

Streit · Jansen   Mathe lernen nach dem IntraActPlus-Konzept
© Springer-Verlag GmbH Deutschland, ein Teil von Springer Nature 2020

2.1 Zählen

2.2 Zahlen

2.3 Zahlenraum

2.4 Plus ohne ZÜ

2.5 Plus mit ZÜ

2.6 Minus ohne ZÜ

2.7 Minus mit ZÜ

2.8 +/− gemischt

Lösungen

4 + 7 = 11	4 + 7 = 11
5 + 7 = 12	7 + 6 = 13
3 + 7 = 10	3 + 7 = 10
6 + 7 = 13	7 + 5 = 12
4 + 7 = 11	7 + 6 = 13
5 + 7 = 12	7 + 4 = 11
3 + 7 = 10	3 + 7 = 10
4 + 7 = 11	4 + 7 = 11
6 + 7 = 13	7 + 5 = 12
3 + 7 = 10	6 + 7 = 13
5 + 7 = 12	7 + 3 = 10
6 + 7 = 13	5 + 7 = 12

2.1 Zählen

2.2 Zahlen

2.3 Zahlenraum

2.4 Plus ohne ZÜ

2.5 Plus mit ZÜ

2.6 Minus ohne ZÜ

2.7 Minus mit ZÜ

2.8 +/- gemischt

7 + ☐ = 10		3
7 + ☐ = 12		5
7 + ☐ = 14		7
7 + ☐ = 16		9
7 + ☐ = 11		4
7 + ☐ = 15		8
7 + ☐ = 13		6
7 + ☐ = 12		5
7 + ☐ = 16		9
7 + ☐ = 11		4
7 + ☐ = 14		7
7 + ☐ = 13		6

Streit · Jansen **Mathe lernen nach dem IntraActPlus-Konzept**
© Springer-Verlag GmbH Deutschland, ein Teil von Springer Nature 2020

6 + 4 =

6 + 5 =

6 + 6 =

5 + 6 =

4 + 6 =

11

10

11

12

10

		✋
6 + 5 =		11
5 + 6 =		11
6 + 4 =		10
6 + 6 =		12
4 + 6 =		10
5 + 6 =		11
6 + 4 =		10
6 + 6 =		12
4 + 6 =		10
6 + 5 =		11
6 + 6 =		12
4 + 6 =		10

2.1 Zählen
2.2 Zahlen
2.3 Zahlenraum
2.4 Plus ohne ZÜ
2.5 Plus mit ZÜ
2.6 Minus ohne ZÜ
2.7 Minus mit ZÜ
2.8 +/– gemischt

6 + 5 = _____

4 + 6 = _____

6 + 6 = _____

6 + 4 = _____

5 + 6 = _____

6 + 7 = _____

5 + 6 = _____

4 + 6 = _____

6 + 5 = _____

6 + 4 = _____

6 + 6 _____

6 + 7 = _____

6 + 4 = _____

6 + 2 = _____

6 + 5 = _____

6 + 10 = _____

6 + 6 = _____

5 + 6 = _____

4 + 6 = _____

6 + 6 = _____

6 + 1 = _____

6 + 3 = _____

5 + 6 = _____

6 + 10 = _____

2.1 Zählen

2.2 Zahlen

2.3 Zahlenraum

2.4 Plus ohne ZÜ

2.5 Plus mit ZÜ

2.6 Minus ohne ZÜ

2.7 Minus mit ZÜ

2.8 +/- gemischt

Streit · Jansen **Mathe lernen nach dem IntraActPlus-Konzept**
© Springer-Verlag GmbH Deutschland, ein Teil von Springer Nature 2020

Lösungen

6 + 5 = __11__   6 + 4 = __10__

4 + 6 = __10__   6 + 2 = __8__

6 + 6 = __12__   6 + 5 = __11__

6 + 4 = __10__   6 + 10 = __16__

5 + 6 = __11__   6 + 6 = __12__

6 + 7 = __13__   5 + 6 = __11__

5 + 6 = __11__   4 + 6 = __10__

4 + 6 = __10__   6 + 6 = __12__

6 + 5 = __11__   6 + 1 = __7__

6 + 4 = __10__   6 + 3 = __9__

6 + 6   __12__   5 + 6 = __11__

6 + 7 = __13__   6 + 10 = __16__

2.1 Zählen
2.2 Zahlen
2.3 Zahlenraum
2.4 Plus ohne ZÜ
2.5 Plus mit ZÜ
2.6 Minus ohne ZÜ
2.7 Minus mit ZÜ
2.8 +/− gemischt

Streit · Jansen   **Mathe lernen nach dem IntraActPlus-Konzept**
© Springer-Verlag GmbH Deutschland, ein Teil von Springer Nature 2020

2.1 Zählen

2.2 Zahlen

2.3 Zahlenraum

2.4 Plus ohne ZÜ

2.5 Plus mit ZÜ

2.6 Minus ohne ZÜ

2.7 Minus mit ZÜ

2.8 +/– gemischt

		✋
1 + 1 =		2
2 + 2 =		4
3 + 3 =		6
4 + 4 =		8
5 + 5 =		10
6 + 6 =		12
7 + 7 =		14
8 + 8 =		16
9 + 9 =		18
10 + 10 =		20

Streit · Jansen   **Mathe lernen nach dem IntraActPlus-Konzept**
© Springer-Verlag GmbH Deutschland, ein Teil von Springer Nature 2020

		✋
5 + 5 =		10
10 + 10 =		20
2 + 2 =		4
4 + 4 =		8
8 + 8 =		16
3 + 3 =		6
6 + 6 =		12
7 + 7 =		14
9 + 9 =		18
8 + 8 =		16
7 + 7 =		14
9 + 9 =		18

2.1 Zählen

2.2 Zahlen

2.3 Zahlenraum

2.4 Plus ohne ZÜ

2.5 Plus mit ZÜ

2.6 Minus ohne ZÜ

2.7 Minus mit ZÜ

2.8 +/− gemischt

A Im Schrank sind neun weiße und neun schwarze Tassen. Wie viele Tassen sind im Schrank?

B Niklas ist sieben Jahre alt. Seine Schwester Julia ist acht Jahre älter. Wie alt ist Julia?

C Amelie hat sechs weiße und acht blaue Socken. Wie viele Socken hat Amelie?

D Im Baum sitzen neun Amseln und sechs Spatzen. Wie viele Vögel sitzen im Baum?

E Auf dem Parkplatz stehen fünf rote, acht schwarze und vier weiße Autos. Wie viele Autos sind es zusammen?

F Simon und Alina haben jeweils acht Kastanien, Dana hat vier Kastanien. Wie viele Kastanien haben die drei Kinder zusammen?

G Jan hat sieben rote, neun grüne und zwei weiße Gummibärchen. Wie viele Gummibärchen hat Jan zusammen?

2.1 Zählen
2.2 Zahlen
2.3 Zahlenraum
2.4 Plus ohne ZÜ
2.5 Plus mit ZÜ
2.6 Minus ohne ZÜ
2.7 Minus mit ZÜ
2.8 +/- gemischt

Streit · Jansen **Mathe lernen nach dem IntraActPlus-Konzept**
© Springer-Verlag GmbH Deutschland, ein Teil von Springer Nature 2020

A   Rechnung: 9 + 9 = 18

    Antwort: Im Schrank sind 18 Tassen.

B   Rechnung: 7 + 8 = 15

    Antwort: Julia ist 15 Jahre alt.

C   Rechnung: 6 + 8 = 14

    Antwort: Amelie hat 14 Socken.

D   Rechnung: 9 + 6 = 15

    Antwort: Im Baum sitzen 15 Vögel.

E   Rechnung: 5 + 8 + 4 = 17

    Antwort: Es sind zusammen 17 Autos.

F   Rechnung: 8 + 8 + 4 = 20

    Antwort: Sie haben zusammen 20 Kastanien.

G   Rechnung: 7 + 9 + 2 = 18

    Antwort: Jan hat 18 Gummibärchen.

2.1 Zählen
2.2 Zahlen
2.3 Zahlenraum
2.4 Plus ohne ZÜ
2.5 Plus mit ZÜ
2.6 Minus ohne ZÜ
2.7 Minus mit ZÜ
2.8 +/− gemischt

2.6 Minus ohne Zehnerübergang

Lernziel
Sicheres Subtrahieren im Zahlenraum bis 20, noch ohne Zehnerübergang. Die Ergebnisse der Subtraktionen im Zahlenraum von 1 bis 10 (vgl. Kap. 1.7) werden auf den Zahlenraum von 11 bis 20 übertragen.

Leistungsdifferenzierung
- *Grün*: grundlegende Lerninhalte für alle Lernenden
- *Blau*: Lerninhalte, die von langsamer lernenden Kindern weggelassen oder zu einem späteren Zeitpunkt bearbeitet werden können

Übungsblätter zum Speichern und Automatisieren

Material

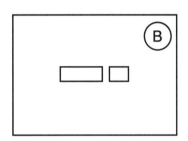

Übungsmaterial (Beispiel)   Schablone B – liegt dem Material bei.

So geht es
- Die Schablone B wird so auf das Übungsblatt gelegt, dass nur die beiden grünen Felder zu sehen sind.
- Das Kind deckt das Feld mit dem Handsymbol mit seiner rechten Hand ab.
- Die Schablone wird nach unten geschoben, bis die erste Aufgabe sichtbar ist. Das Kind löst die Aufgabe. Dann nimmt es die Hand von der Schablone und prüft, ob es richtig gerechnet hat.
- Das Kind deckt das Ergebnisfeld wieder mit der Hand ab und schiebt die Schablone eine Zeile weiter nach unten.

Leistungsdifferenzierung
Jedes Übungsblatt wird so oft wiederholt, bis alle Aufgaben mühelos und fehlerfrei gelöst werden – ohne Verwendung von Hilfestellungen wie innerem Zählen oder Benutzen des Zahlenfelds. Dies bedeutet, dass manche Kinder das Übungsblatt oft wiederholen, andere nur ein oder wenige Male.

Überprüfung des Lernstandes

Material
Übungsblätter „Aufgaben"

So geht es
Das Kind bearbeitet das Übungsblatt selbstständig. Damit der Lernstoff ausreichend tief gelernt wird, empfiehlt sich:
- Wenn es die Aufgaben mühelos gelöst und höchstens zwei Fehler gemacht hat, wird mit dem nächsten Übungsblatt weitergemacht.
- Wenn es sich noch anstrengen musste oder mehr als zwei Fehler gemacht hat, werden die vorangegangenen Übungsblätter wiederholt.

Hilfe zur Korrektur
Die Lösungen stehen jeweils auf der folgenden Seite.

Lückenaufgaben

Material

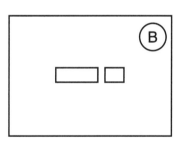

Übungsmaterial (Beispiel)   Schablone B – liegt dem Material bei.

So geht es
Diese Übungsblätter werden genauso bearbeitet wie alle anderen Übungsblätter mit dem Handsymbol. Damit auch diese Übung bei Bedarf öfter wiederholt werden kann, werden die Ergebnisse mündlich genannt und nicht in die Kästchen geschrieben.

Anwendung in Sachaufgaben

Material
Übungsblatt „Sachaufgaben"

So geht es
Siehe „Anwendung in Sachaufgaben" auf S. 108.
Die Lösungen stehen jeweils auf der folgenden Seite.

2.1 Zählen
2.2 Zahlen
2.3 Zahlenraum
2.4 Plus ohne ZÜ
2.5 Plus mit ZÜ
2.6 Minus ohne ZÜ
2.7 Minus mit ZÜ
2.8 +/– gemischt

		✋
20 − 1 =		19
19 − 1 =		18
18 − 1 =		17
17 − 1 =		16
16 − 1 =		15
15 − 1 =		14
14 − 1 =		13
13 − 1 =		12
12 − 1 =		11
11 − 1 =		10

2.1 Zählen

2.2 Zahlen

2.3 Zahlenraum

2.4 Plus ohne ZÜ

2.5 Plus mit ZÜ

2.6 Minus ohne ZÜ

2.7 Minus mit ZÜ

2.8 +/− gemischt

2.1 Zählen

2.2 Zahlen

2.3 Zahlenraum

2.4 Plus ohne ZÜ

2.5 Plus mit ZÜ

2.6 Minus ohne ZÜ

2.7 Minus mit ZÜ

2.8 +/– gemischt

		✋
18 – 1 =		17
20 – 1 =		19
11 – 1 =		10
18 – 1 =		17
19 – 1 =		18
17 – 1 =		16
14 – 1 =		13
12 – 1 =		11
15 – 1 =		14
13 – 1 =		12
15 – 1 =		14
19 – 1 =		18

Streit · Jansen **Mathe lernen nach dem IntraActPlus-Konzept**
© Springer-Verlag GmbH Deutschland, ein Teil von Springer Nature 2020

2.1 Zählen

2.2 Zahlen

2.3 Zahlenraum

2.4 Plus ohne ZÜ

2.5 Plus mit ZÜ

2.6 Minus ohne ZÜ

2.7 Minus mit ZÜ

2.8 +/− gemischt

		🖐
☐ − 1 = 16		17
☐ − 1 = 12		13
☐ − 1 = 17		18
☐ − 1 = 14		15
☐ − 1 = 13		14
☐ − 1 = 16		17
☐ − 1 = 12		13
☐ − 1 = 19		20
☐ − 1 = 11		12
☐ − 1 = 17		18
☐ − 1 = 15		16
☐ − 1 = 13		14

2.1 Zählen

2.2 Zahlen

2.3 Zahlenraum

2.4 Plus ohne ZÜ

2.5 Plus mit ZÜ

2.6 Minus ohne ZÜ

2.7 Minus mit ZÜ

2.8 +/– gemischt

20 – 1 = _____

15 – 1 = _____

11 – 1 = _____

17 – 1 = _____

14 – 1 = _____

12 – 1 = _____

16 – 1 = _____

20 – 1 = _____

18 – 1 = _____

13 – 1 = _____

19 – 1 = _____

17 – 1 = _____

19 – 1 = _____

12 – 1 = _____

13 – 1 = _____

15 – 1 = _____

20 – 1 = _____

18 – 1 = _____

17 – 1 = _____

14 – 1 = _____

11 – 1 = _____

16 – 1 = _____

18 – 1 = _____

15 – 1 = _____

Streit · Jansen   Mathe lernen nach dem IntraActPlus-Konzept
© Springer-Verlag GmbH Deutschland, ein Teil von Springer Nature 2020

Lösungen

20 – 1 = 19	19 – 1 = 18
15 – 1 = 14	12 – 1 = 11
11 – 1 = 10	13 – 1 = 12
17 – 1 = 16	15 – 1 = 14
14 – 1 = 13	20 – 1 = 19
12 – 1 = 11	18 – 1 = 17
16 – 1 = 15	17 – 1 = 16
20 – 1 = 19	14 – 1 = 13
18 – 1 = 17	11 – 1 = 10
13 – 1 = 12	16 – 1 = 15
19 – 1 = 18	18 – 1 = 17
17 – 1 = 16	15 – 1 = 14

2.1 Zählen

2.2 Zahlen

2.3 Zahlenraum

2.4 Plus ohne ZÜ

2.5 Plus mit ZÜ

2.6 Minus ohne ZÜ

2.7 Minus mit ZÜ

2.8 +/– gemischt

2.1 Zählen

2.2 Zahlen

2.3 Zahlenraum

2.4 Plus ohne ZÜ

2.5 Plus mit ZÜ

2.6 Minus ohne ZÜ

2.7 Minus mit ZÜ

2.8 +/– gemischt

		✋
4 – 2 =		2
14 – 2 =		12
6 – 2 =		4
16 – 2 =		14
8 – 2 =		6
18 – 2 =		16
16 – 2 =		14
18 – 2 =		16
14 – 2 =		12
16 – 2 =		14
14 – 2 =		12
18 – 2 =		16

Streit · Jansen **Mathe lernen nach dem IntraActPlus-Konzept**
© Springer-Verlag GmbH Deutschland, ein Teil von Springer Nature 2020

3 – 2 =		1
13 – 2 =		11
5 – 2 =		3
15 – 2 =		13
7 – 2 =		5
17 – 2 =		15
13 – 2 =		11
17 – 2 =		15
15 – 2 =		13
13 – 2 =		11
15 – 2 =		13
17 – 2 =		15

2.1 Zählen

2.2 Zahlen

2.3 Zahlenraum

2.4 Plus ohne ZÜ

2.5 Plus mit ZÜ

2.6 Minus ohne ZÜ

2.7 Minus mit ZÜ

2.8 +/– gemischt

2.1 Zählen

2.2 Zahlen

2.3 Zahlenraum

2.4 Plus ohne ZÜ

2.5 Plus mit ZÜ

2.6 Minus ohne ZÜ

2.7 Minus mit ZÜ

2.8 +/– gemischt

		🖐
9 – 2 =		7
19 – 2 =		17
10 – 2 =		8
20 – 2 =		18
2 – 2 =		0
12 – 2 =		10
20 – 2 =		18
19 – 2 =		17
12 – 2 =		10
19 – 2 =		17
12 – 2 =		10
20 – 2 =		18

Streit · Jansen **Mathe lernen nach dem IntraActPlus-Konzept**
© Springer-Verlag GmbH Deutschland, ein Teil von Springer Nature 2020

14 − 2 =		12
17 − 2 =		15
16 − 2 =		14
13 − 2 =		11
20 − 2 =		18
14 − 2 =		12
17 − 2 =		15
12 − 2 =		10
20 − 2 =		18
15 − 2 =		13
18 − 2 =		16
19 − 2 =		17

2.1 Zählen

2.2 Zahlen

2.3 Zahlenraum

2.4 Plus ohne ZÜ

2.5 Plus mit ZÜ

2.6 Minus ohne ZÜ

2.7 Minus mit ZÜ

2.8 +/− gemischt

2.1 Zählen

2.2 Zahlen

2.3 Zahlenraum

2.4 Plus ohne ZÜ

2.5 Plus mit ZÜ

2.6 Minus ohne ZÜ

2.7 Minus mit ZÜ

2.8 +/– gemischt

		✋
16 − 2 =		14
16 − 1 =		15
14 − 1 =		13
14 − 2 =		12
15 − 1 =		14
13 − 2 =		11
15 − 2 =		13
13 − 1 =		12
16 − 2 =		14
13 − 1 =		12
12 − 2 =		10
13 − 2 =		11

Streit · Jansen   **Mathe lernen nach dem IntraActPlus-Konzept**
© Springer-Verlag GmbH Deutschland, ein Teil von Springer Nature 2020

17 − 1 =		16
20 − 2 =		18
20 − 1 =		19
18 − 1 =		17
18 − 2 =		16
17 − 2 =		15
19 − 2 =		17
19 − 1 =		18
18 − 2 =		16
19 − 1 =		18
17 − 2 =		15
19 − 2 =		17

2.1 Zählen

2.2 Zahlen

2.3 Zahlenraum

2.4 Plus ohne ZÜ

2.5 Plus mit ZÜ

2.6 Minus ohne ZÜ

2.7 Minus mit ZÜ

2.8 +/− gemischt

2.1 Zählen

2.2 Zahlen

2.3 Zahlenraum

2.4 Plus ohne ZÜ

2.5 Plus mit ZÜ

2.6 Minus ohne ZÜ

2.7 Minus mit ZÜ

2.8 +/– gemischt

Aufgaben

$14 - 2 = \underline{\hspace{2cm}}$	$12 - 1 = \underline{\hspace{2cm}}$
$20 - 2 = \underline{\hspace{2cm}}$	$17 - 2 = \underline{\hspace{2cm}}$
$15 - 2 = \underline{\hspace{2cm}}$	$14 - 2 = \underline{\hspace{2cm}}$
$18 - 2 = \underline{\hspace{2cm}}$	$20 - 1 = \underline{\hspace{2cm}}$
$12 - 2 = \underline{\hspace{2cm}}$	$13 - 2 = \underline{\hspace{2cm}}$
$13 - 2 = \underline{\hspace{2cm}}$	$16 - 1 = \underline{\hspace{2cm}}$
$19 - 2 = \underline{\hspace{2cm}}$	$19 - 2 = \underline{\hspace{2cm}}$
$17 - 2 = \underline{\hspace{2cm}}$	$15 - 2 = \underline{\hspace{2cm}}$
$16 - 2 = \underline{\hspace{2cm}}$	$18 - 2 = \underline{\hspace{2cm}}$
$20 - 2 = \underline{\hspace{2cm}}$	$15 - 1 = \underline{\hspace{2cm}}$
$15 - 2 = \underline{\hspace{2cm}}$	$19 - 1 = \underline{\hspace{2cm}}$
$18 - 2 = \underline{\hspace{2cm}}$	$16 - 2 = \underline{\hspace{2cm}}$

Streit · Jansen   **Mathe lernen nach dem IntraActPlus-Konzept**
© Springer-Verlag GmbH Deutschland, ein Teil von Springer Nature 2020

Lösungen

14 − 2 = _12_   12 − 1 = _11_

20 − 2 = _18_   17 − 2 = _15_

15 − 2 = _13_   14 − 2 = _12_

18 − 2 = _16_   20 − 1 = _19_

12 − 2 = _10_   13 − 2 = _11_

13 − 2 = _11_   16 − 1 = _15_

19 − 2 = _17_   19 − 2 = _17_

17 − 2 = _15_   15 − 2 = _13_

16 − 2 = _14_   18 − 2 = _16_

20 − 2 = _18_   15 − 1 = _14_

15 − 2 = _13_   19 − 1 = _18_

18 − 2 = _16_   16 − 2 = _14_

2.1 Zählen

2.2 Zahlen

2.3 Zahlenraum

2.4 Plus ohne ZÜ

2.5 Plus mit ZÜ

2.6 Minus ohne ZÜ

2.7 Minus mit ZÜ

2.8 +/− gemischt

2.1 Zählen

2.2 Zahlen

2.3 Zahlenraum

2.4 Plus ohne ZÜ

2.5 Plus mit ZÜ

2.6 Minus ohne ZÜ

2.7 Minus mit ZÜ

2.8 +/- gemischt

		✋
4 − 3 =		1
14 − 3 =		11
5 − 3 =		2
15 − 3 =		12
3 − 3 =		0
13 − 3 =		10
15 − 3 =		12
14 − 3 =		11
13 − 3 =		10
14 − 3 =		11
15 − 3 =		12
14 − 3 =		11

Streit · Jansen   **Mathe lernen nach dem IntraActPlus-Konzept**
© Springer-Verlag GmbH Deutschland, ein Teil von Springer Nature 2020

8 − 3 =		5
18 − 3 =		15
6 − 3 =		3
16 − 3 =		13
18 − 3 =		15
16 − 3 =		13
10 − 3 =		7
20 − 3 =		17
16 − 3 =		13
20 − 3 =		17
18 − 3 =		15
20 − 3 =		17

2.1 Zählen

2.2 Zahlen

2.3 Zahlenraum

2.4 Plus ohne ZÜ

2.5 Plus mit ZÜ

2.6 Minus ohne ZÜ

2.7 Minus mit ZÜ

2.8 +/− gemischt

2.1 Zählen

2.2 Zahlen

2.3 Zahlenraum

2.4 Plus ohne ZÜ

2.5 Plus mit ZÜ

2.6 Minus ohne ZÜ

2.7 Minus mit ZÜ

2.8 +/- gemischt

		✋
7 − 3 =		4
17 − 3 =		14
9 − 3 =		6
19 − 3 =		16
17 − 3 =		14
19 − 3 =		16
13 − 3 =		10
17 − 3 =		14
19 − 3 =		16
20 − 3 =		17
17 − 3 =		14
19 − 3 =		16

Streit · Jansen   **Mathe lernen nach dem IntraActPlus-Konzept**
© Springer-Verlag GmbH Deutschland, ein Teil von Springer Nature 2020

		✋
16 − 3 =		13
14 − 3 =		11
13 − 3 =		10
16 − 3 =		13
15 − 3 =		12
14 − 3 =		11
16 − 3 =		13
13 − 3 =		10
14 − 3 =		11
15 − 3 =		12
13 − 3 =		10
15 − 3 =		12

2.1 Zählen

2.2 Zahlen

2.3 Zahlenraum

2.4 Plus ohne ZÜ

2.5 Plus mit ZÜ

2.6 Minus ohne ZÜ

2.7 Minus mit ZÜ

2.8 +/− gemischt

2.1 Zählen

2.2 Zahlen

2.3 Zahlenraum

2.4 Plus ohne ZÜ

2.5 Plus mit ZÜ

2.6 Minus ohne ZÜ

2.7 Minus mit ZÜ

2.8 +/– gemischt

		✋
20 – 3 =		17
17 – 3 =		14
18 – 3 =		15
20 – 3 =		17
18 – 3 =		15
19 – 3 =		16
17 – 3 =		14
19 – 3 =		16
18 – 3 =		15
20 – 3 =		17
17 – 3 =		14
19 – 3 =		16

Streit · Jansen **Mathe lernen nach dem IntraActPlus-Konzept**
© Springer-Verlag GmbH Deutschland, ein Teil von Springer Nature 2020

		✋
15 – 3 =		12
20 – 2 =		18
19 – 3 =		16
16 – 2 =		14
18 – 2 =		16
16 – 3 =		13
20 – 3 =		17
17 – 2 =		15
14 – 3 =		11
18 – 3 =		15
19 – 2 =		17
17 – 3 =		14

2.1 Zählen

2.2 Zahlen

2.3 Zahlenraum

2.4 Plus ohne ZÜ

2.5 Plus mit ZÜ

2.6 Minus ohne ZÜ

2.7 Minus mit ZÜ

2.8 +/– gemischt

2.1 Zählen

2.2 Zahlen

2.3 Zahlenraum

2.4 Plus ohne ZÜ

2.5 Plus mit ZÜ

2.6 Minus ohne ZÜ

2.7 Minus mit ZÜ

2.8 +/– gemischt

Aufgaben

$17 - 3 = \underline{\hspace{2cm}}$　　　$17 - 2 = \underline{\hspace{2cm}}$

$20 - 3 = \underline{\hspace{2cm}}$　　　$14 - 3 = \underline{\hspace{2cm}}$

$18 - 3 = \underline{\hspace{2cm}}$　　　$17 - 3 = \underline{\hspace{2cm}}$

$13 - 3 = \underline{\hspace{2cm}}$　　　$19 - 2 = \underline{\hspace{2cm}}$

$19 - 3 = \underline{\hspace{2cm}}$　　　$16 - 3 = \underline{\hspace{2cm}}$

$20 - 3 = \underline{\hspace{2cm}}$　　　$19 - 3 = \underline{\hspace{2cm}}$

$16 - 3 = \underline{\hspace{2cm}}$　　　$20 - 2 = \underline{\hspace{2cm}}$

$17 - 3 = \underline{\hspace{2cm}}$　　　$15 - 3 = \underline{\hspace{2cm}}$

$15 - 3 = \underline{\hspace{2cm}}$　　　$20 - 3 = \underline{\hspace{2cm}}$

$14 - 3 = \underline{\hspace{2cm}}$　　　$18 - 2 = \underline{\hspace{2cm}}$

$19 - 3 = \underline{\hspace{2cm}}$　　　$15 - 2 = \underline{\hspace{2cm}}$

$18 - 3 = \underline{\hspace{2cm}}$　　　$18 - 3 = \underline{\hspace{2cm}}$

Streit · Jansen　Mathe lernen nach dem IntraActPlus-Konzept
© Springer-Verlag GmbH Deutschland, ein Teil von Springer Nature 2020

Lösungen

17 – 3 = 14

20 – 3 = 17

18 – 3 = 15

13 – 3 = 10

19 – 3 = 16

20 – 3 = 17

16 – 3 = 13

17 – 3 = 14

15 – 3 = 12

14 – 3 = 11

19 – 3 = 16

18 – 3 = 15

17 – 2 = 15

14 – 3 = 11

17 – 3 = 14

19 – 2 = 17

16 – 3 = 13

19 – 3 = 16

20 – 2 = 18

15 – 3 = 12

20 – 3 = 17

18 – 2 = 16

15 – 2 = 13

18 – 3 = 15

2.1 Zählen
2.2 Zahlen
2.3 Zahlenraum
2.4 Plus ohne ZÜ
2.5 Plus mit ZÜ
2.6 Minus ohne ZÜ
2.7 Minus mit ZÜ
2.8 +/- gemischt

2.1 Zählen

2.2 Zahlen

2.3 Zahlenraum

2.4 Plus ohne ZÜ

2.5 Plus mit ZÜ

2.6 Minus ohne ZÜ

2.7 Minus mit ZÜ

2.8 +/– gemischt

6 – 4 =		2
16 – 4 =		12
8 – 4 =		4
18 – 4 =		14
10 – 4 =		6
20 – 4 =		16
18 – 4 =		14
20 – 4 =		16
16 – 4 =		12
20 – 4 =		16
18 – 4 =		14
16 – 4 =		12

Streit · Jansen   **Mathe lernen nach dem IntraActPlus-Konzept**
© Springer-Verlag GmbH Deutschland, ein Teil von Springer Nature 2020

		✋
5 – 4 =		1
15 – 4 =		11
7 – 4 =		3
17 – 4 =		13
9 – 4 =		5
19 – 4 =		15
17 – 4 =		13
19 – 4 =		15
17 – 4 =		13
19 – 4 =		15
15 – 4 =		11
19 – 4 =		15

2.1 Zählen

2.2 Zahlen

2.3 Zahlenraum

2.4 Plus ohne ZÜ

2.5 Plus mit ZÜ

2.6 Minus ohne ZÜ

2.7 Minus mit ZÜ

2.8 +/– gemischt

2.1 Zählen

2.2 Zahlen

2.3 Zahlenraum

2.4 Plus ohne ZÜ

2.5 Plus mit ZÜ

2.6 Minus ohne ZÜ

2.7 Minus mit ZÜ

2.8 +/– gemischt

		🖐
14 – 4 =		10
17 – 4 =		13
15 – 4 =		11
20 – 4 =		16
18 – 4 =		14
16 – 4 =		12
19 – 4 =		15
18 – 4 =		14
14 – 4 =		10
20 – 4 =		16
17 – 4 =		13
19 – 4 =		15

Streit · Jansen **Mathe lernen nach dem IntraActPlus-Konzept**
© Springer-Verlag GmbH Deutschland, ein Teil von Springer Nature 2020

2.1 Zählen

2.2 Zahlen

2.3 Zahlenraum

2.4 Plus ohne ZÜ

2.5 Plus mit ZÜ

2.6 Minus ohne ZÜ

2.7 Minus mit ZÜ

2.8 +/− gemischt

		✋
20 − 3 =		17
17 − 4 =		13
20 − 4 =		16
15 − 4 =		11
19 − 3 =		16
16 − 4 =		12
19 − 4 =		15
17 − 3 =		14
15 − 3 =		12
18 − 4 =		14
16 − 3 =		13
18 − 3 =		15

2.1 Zählen

2.2 Zahlen

2.3 Zahlenraum

2.4 Plus ohne ZÜ

2.5 Plus mit ZÜ

2.6 Minus ohne ZÜ

2.7 Minus mit ZÜ

2.8 +/– gemischt

Aufgaben

$16 - 4 = \underline{\hspace{2cm}}$	$20 - 3 = \underline{\hspace{2cm}}$
$19 - 4 = \underline{\hspace{2cm}}$	$17 - 4 = \underline{\hspace{2cm}}$
$17 - 4 = \underline{\hspace{2cm}}$	$20 - 4 = \underline{\hspace{2cm}}$
$20 - 4 = \underline{\hspace{2cm}}$	$19 - 4 = \underline{\hspace{2cm}}$
$15 - 4 = \underline{\hspace{2cm}}$	$15 - 4 = \underline{\hspace{2cm}}$
$14 - 4 = \underline{\hspace{2cm}}$	$17 - 3 = \underline{\hspace{2cm}}$
$18 - 4 = \underline{\hspace{2cm}}$	$16 - 3 = \underline{\hspace{2cm}}$
$17 - 4 = \underline{\hspace{2cm}}$	$18 - 3 = \underline{\hspace{2cm}}$
$20 - 4 = \underline{\hspace{2cm}}$	$16 - 4 = \underline{\hspace{2cm}}$
$18 - 4 = \underline{\hspace{2cm}}$	$19 - 3 = \underline{\hspace{2cm}}$
$19 - 4 = \underline{\hspace{2cm}}$	$15 - 3 = \underline{\hspace{2cm}}$
$16 - 4 = \underline{\hspace{2cm}}$	$18 - 4 = \underline{\hspace{2cm}}$

Streit · Jansen **Mathe lernen nach dem IntraActPlus-Konzept**
© Springer-Verlag GmbH Deutschland, ein Teil von Springer Nature 2020

16 − 4 = _12_		20 − 3 = _17_
19 − 4 = _15_		17 − 4 = _13_
17 − 4 = _13_		20 − 4 = _16_
20 − 4 = _16_		19 − 4 = _15_
15 − 4 = _11_		15 − 4 = _11_
14 − 4 = _10_		17 − 3 = _14_
18 − 4 = _14_		16 − 3 = _13_
17 − 4 = _13_		18 − 3 = _15_
20 − 4 = _16_		16 − 4 = _12_
18 − 4 = _14_		19 − 3 = _16_
19 − 4 = _15_		15 − 3 = _12_
16 − 4 = _12_		18 − 4 = _14_

2.1 Zählen

2.2 Zahlen

2.3 Zahlenraum

2.4 Plus ohne ZÜ

2.5 Plus mit ZÜ

2.6 Minus ohne ZÜ

2.7 Minus mit ZÜ

2.8 +/− gemischt

2.1 Zählen

2.2 Zahlen

2.3 Zahlenraum

2.4 Plus ohne ZÜ

2.5 Plus mit ZÜ

2.6 Minus ohne ZÜ

2.7 Minus mit ZÜ

2.8 +/–gemischt

6 – 5 =		1
16 – 5 =		11
7 – 5 =		2
17 – 5 =		12
16 – 5 =		11
17 – 5 =		12
5 – 5 =		0
15 – 5 =		10
17 – 5 =		12
15 – 5 =		10
16 – 5 =		11
17 – 5 =		12

Streit · Jansen **Mathe lernen nach dem IntraActPlus-Konzept**
© Springer-Verlag GmbH Deutschland, ein Teil von Springer Nature 2020

8 – 5 =		3
18 – 5 =		13
10 – 5 =		5
20 – 5 =		15
9 – 5 =		4
19 – 5 =		14
18 – 5 =		13
20 – 5 =		15
19 – 5 =		14
18 – 5 =		13
20 – 5 =		15
19 – 5 =		14

2.1 Zählen

2.2 Zahlen

2.3 Zahlenraum

2.4 Plus ohne ZÜ

2.5 Plus mit ZÜ

2.6 Minus ohne ZÜ

2.7 Minus mit ZÜ

2.8 +/– gemischt

2.1 Zählen

2.2 Zahlen

2.3 Zahlenraum

2.4 Plus ohne ZÜ

2.5 Plus mit ZÜ

2.6 Minus ohne ZÜ

2.7 Minus mit ZÜ

2.8 +/– gemischt

		🖐
19 – 5 =		14
17 – 5 =		12
15 – 5 =		10
19 – 5 =		14
20 – 5 =		15
17 – 5 =		12
18 – 5 =		13
16 – 5 =		11
19 – 5 =		14
17 – 5 =		12
16 – 5 =		11
18 – 5 =		13

Streit · Jansen **Mathe lernen nach dem IntraActPlus-Konzept**
© Springer-Verlag GmbH Deutschland, ein Teil von Springer Nature 2020

		✋
18 − 4 =		14
18 − 5 =		13
17 − 5 =		12
17 − 4 =		13
16 − 5 =		11
18 − 5 =		13
19 − 5 =		14
19 − 4 =		15
17 − 5 =		12
19 − 5 =		14
16 − 4 =		12
18 − 5 =		13

2.1 Zählen

2.2 Zahlen

2.3 Zahlenraum

2.4 Plus ohne ZÜ

2.5 Plus mit ZÜ

2.6 Minus ohne ZÜ

2.7 Minus mit ZÜ

2.8 +/− gemischt

2.1 Zählen

2.2 Zahlen

2.3 Zahlenraum

2.4 Plus ohne ZÜ

2.5 Plus mit ZÜ

2.6 Minus ohne ZÜ

2.7 Minus mit ZÜ

2.8 +/- gemischt

20 − 5 = _____   17 − 5 = _____

19 − 5 = _____   19 − 5 = _____

17 − 5 = _____   17 − 4 = _____

15 − 5 = _____   16 − 4 = _____

18 − 5 = _____   15 − 5 = _____

16 − 5 = _____   19 − 4 = _____

20 − 5 = _____   18 − 5 = _____

17 − 5 = _____   20 − 4 = _____

19 − 5 = _____   16 − 5 = _____

16 − 5 = _____   15 − 4 = _____

18 − 5 = _____   20 − 5 = _____

15 − 5 = _____   18 − 4 = _____

Streit · Jansen   **Mathe lernen nach dem IntraActPlus-Konzept**
© Springer-Verlag GmbH Deutschland, ein Teil von Springer Nature 2020

20 – 5 = <u>15</u>   17 – 5 = <u>12</u>

19 – 5 = <u>14</u>   19 – 5 = <u>14</u>

17 – 5 = <u>12</u>   17 – 4 = <u>13</u>

15 – 5 = <u>10</u>   16 – 4 = <u>12</u>

18 – 5 = <u>13</u>   15 – 5 = <u>10</u>

16 – 5 = <u>11</u>   19 – 4 = <u>15</u>

20 – 5 = <u>15</u>   18 – 5 = <u>13</u>

17 – 5 = <u>12</u>   20 – 4 = <u>16</u>

19 – 5 = <u>14</u>   16 – 5 = <u>11</u>

16 – 5 = <u>11</u>   15 – 4 = <u>11</u>

18 – 5 = <u>13</u>   20 – 5 = <u>15</u>

15 – 5 = <u>10</u>   18 – 4 = <u>14</u>

2.1 +/– zählen
2.2 Zahlen
2.3 Zahlenraum
2.4 Plus ohne ZÜ
2.5 Plus mit ZÜ
2.6 Minus ohne ZÜ
2.7 Minus mit ZÜ
2.8 +/– gemischt

2.1 Zählen

2.2 Zahlen

2.3 Zahlenraum

2.4 Plus ohne ZÜ

2.5 Plus mit ZÜ

2.6 Minus ohne ZÜ

2.7 Minus mit ZÜ

2.8 +/−gemischt

		✋
7 − 6 =		1
17 − 6 =		11
9 − 6 =		3
19 − 6 =		13
6 − 6 =		0
16 − 6 =		10
19 − 6 =		13
17 − 6 =		11
19 − 6 =		13
16 − 6 =		10
17 − 6 =		11
19 − 6 =		13

Streit · Jansen **Mathe lernen nach dem IntraActPlus-Konzept**
© Springer-Verlag GmbH Deutschland, ein Teil von Springer Nature 2020

		✋
8 – 6 =		2
18 – 6 =		12
10 – 6 =		4
20 – 6 =		14
18 – 6 =		12
20 – 6 =		14
17 – 6 =		13
20 – 6 =		14
18 – 6 =		12
19 – 6 =		13
18 – 6 =		12
20 – 6 =		14

2.1 Zählen

2.2 Zahlen

2.3 Zahlenraum

2.4 Plus ohne ZÜ

2.5 Plus mit ZÜ

2.6 Minus ohne ZÜ

2.7 Minus mit ZÜ

2.8 +/– gemischt

2.1 Zählen

2.2 Zahlen

2.3 Zahlenraum

2.4 Plus ohne ZÜ

2.5 Plus mit ZÜ

2.6 Minus ohne ZÜ

2.7 Minus mit ZÜ

2.8 +/– gemischt

		🖐
19 – 6 =		13
18 – 6 =		12
20 – 6 =		14
19 – 6 =		13
17 – 6 =		11
20 – 6 =		14
19 – 6 =		13
17 – 6 =		11
18 – 6 =		12
20 – 6 =		14
16 – 6 =		10
18 – 6 =		12

Streit · Jansen **Mathe lernen nach dem IntraActPlus-Konzept**
© Springer-Verlag GmbH Deutschland, ein Teil von Springer Nature 2020

		✋
17 − 5 =		12
20 − 6 =		14
19 − 6 =		13
17 − 6 =		11
18 − 5 =		13
18 − 6 =		12
20 − 6 =		14
16 − 5 =		11
19 − 6 =		13
20 − 5 =		15
18 − 6 =		12
19 − 5 =		14

2.1 Zählen

2.2 Zahlen

2.3 Zahlenraum

2.4 Plus ohne ZÜ

2.5 Plus mit ZÜ

2.6 Minus ohne ZÜ

2.7 Minus mit ZÜ

2.8 +/− gemischt

2.1 Zählen

2.2 Zahlen

2.3 Zahlenraum

2.4 Plus ohne ZÜ

2.5 Plus mit ZÜ

2.6 Minus ohne ZÜ

2.7 Minus mit ZÜ

2.8 +/- gemischt

Aufgaben

20 − 6 = _____   20 − 5 = _____

18 − 6 = _____   17 − 5 = _____

16 − 6 = _____   19 − 6 = _____

19 − 6 = _____   20 − 6 = _____

17 − 6 = _____   17 − 6 = _____

20 − 6 = _____   18 − 5 = _____

16 − 6 = _____   16 − 5 = _____

18 − 6 = _____   18 − 6 = _____

17 − 6 = _____   16 − 6 = _____

19 − 6 = _____   19 − 5 = _____

18 − 6 = _____   17 − 5 = _____

20 − 6 = _____   20 − 6 = _____

Streit · Jansen   **Mathe lernen nach dem IntraActPlus-Konzept**
© Springer-Verlag GmbH Deutschland, ein Teil von Springer Nature 2020

20 − 6 = 14			20 − 5 = 15
18 − 6 = 12			17 − 5 = 12
16 − 6 = 10			19 − 6 = 13
19 − 6 = 13			20 − 6 = 14
17 − 6 = 11			17 − 6 = 11
20 − 6 = 14			18 − 5 = 13
16 − 6 = 10			16 − 5 = 11
18 − 6 = 12			18 − 6 = 12
17 − 6 = 11			16 − 6 = 10
19 − 6 = 13			19 − 5 = 14
18 − 6 = 12			17 − 5 = 12
20 − 6 = 14			20 − 6 = 14

2.1 Zählen

2.2 Zahlen

2.3 Zahlenraum

2.4 Plus ohne ZÜ

2.5 Plus mit ZÜ

2.6 Minus ohne ZÜ

2.7 Minus mit ZÜ

2.8 +/− gemischt

2.1 Zählen

2.2 Zahlen

2.3 Zahlenraum

2.4 Plus ohne ZÜ

2.5 Plus mit ZÜ

2.6 Minus ohne ZÜ

2.7 Minus mit ZÜ

2.8 +/– gemischt

		🖐
8 – 7 =		1
18 – 7 =		11
9 – 7 =		2
19 – 7 =		12
10 – 7 =		3
20 – 7 =		13
18 – 7 =		11
20 – 7 =		13
19 – 7 =		12
17 – 7 =		10
20 – 7 =		13
19 – 7 =		12

Streit · Jansen   **Mathe lernen nach dem IntraActPlus-Konzept**
© Springer-Verlag GmbH Deutschland, ein Teil von Springer Nature 2020

2.1 Zählen

2.2 Zahlen

2.3 Zahlenraum

2.4 Plus ohne ZÜ

2.5 Plus mit ZÜ

2.6 Minus ohne ZÜ

2.7 Minus mit ZÜ

2.8 +/– gemischt

		✋
9 – 8 =		1
19 – 8 =		11
10 – 8 =		2
20 – 8 =		12
10 – 9 =		1
20 – 9 =		11
20 – 8 =		12
19 – 8 =		11
18 – 8 =		10
20 – 9 =		11
18 – 8 =		10
20 – 8 =		12

2.1 Zählen

2.2 Zahlen

2.3 Zahlenraum

2.4 Plus ohne ZÜ

2.5 Plus mit ZÜ

2.6 Minus ohne ZÜ

2.7 Minus mit ZÜ

2.8 +/– gemischt

		✋
20 – 9 =		11
20 – 1 =		19
20 – 8 =		12
20 – 2 =		18
20 – 7 =		13
20 – 3 =		17
20 – 6 =		14
20 – 4 =		16
20 – 5 =		15
20 – 7 =		13
20 – 9 =		11
20 – 2 =		18

Streit · Jansen   **Mathe lernen nach dem IntraActPlus-Konzept**
© Springer-Verlag GmbH Deutschland, ein Teil von Springer Nature 2020

		✋
20 − ☐ = 19		1
20 − ☐ = 11		9
20 − ☐ = 17		3
20 − ☐ = 15		5
20 − ☐ = 13		7
20 − ☐ = 16		4
20 − ☐ = 12		8
20 − ☐ = 17		3
20 − ☐ = 14		6
20 − ☐ = 13		7
20 − ☐ = 16		4
20 − ☐ = 12		8

2.1 Zählen

2.2 Zahlen

2.3 Zahlenraum

2.4 Plus ohne ZÜ

2.5 Plus mit ZÜ

2.6 Minus ohne ZÜ

2.7 Minus mit ZÜ

2.8 +/− gemischt

2.1 Zählen

2.2 Zahlen

2.3 Zahlenraum

2.4 Plus ohne ZÜ

2.5 Plus mit ZÜ

2.6 Minus ohne ZÜ

2.7 Minus mit ZÜ

2.8 +/−gemischt

19 − 8 = _____	20 − 5 = _____
19 − 6 = _____	20 − 9 = _____
19 − 9 = _____	20 − 1 = _____
18 − 7 = _____	20 − 7 = _____
18 − 8 = _____	20 − 3 = _____
19 − 7 = _____	20 − 8 = _____
20 − 8 = _____	20 − 4 = _____
17 − 7 = _____	20 − 2 = _____
18 − 6 = _____	20 − 6 = _____
20 − 7 = _____	20 − 8 = _____
18 − 7 = _____	20 − 7 = _____
19 − 9 = _____	20 − 3 = _____

Streit · Jansen **Mathe lernen nach dem IntraActPlus-Konzept**
© Springer-Verlag GmbH Deutschland, ein Teil von Springer Nature 2020

Lösungen

19 − 8 = 11	20 − 5 = 15
19 − 6 = 13	20 − 9 = 11
19 − 9 = 10	20 − 1 = 19
18 − 7 = 11	20 − 7 = 13
18 − 8 = 10	20 − 3 = 17
19 − 7 = 12	20 − 8 = 12
20 − 8 = 12	20 − 4 = 16
17 − 7 = 10	20 − 2 = 18
18 − 6 = 12	20 − 6 = 14
20 − 7 = 13	20 − 8 = 12
18 − 7 = 11	20 − 7 = 13
19 − 9 = 10	20 − 3 = 17

2.1 Zählen
2.2 Zahlen
2.3 Zahlenraum
2.4 Plus ohne ZÜ
2.5 Plus mit ZÜ
2.6 Minus ohne ZÜ
2.7 Minus mit ZÜ
2.8 +/- gemischt

2.7 Minus mit Zehnerübergang

Lernziel
Sicheres Beherrschen des Zehnerübergangs beim Subtrahieren.

Leistungsdifferenzierung
- *Grün:* grundlegende Lerninhalte für alle Lernenden
- *Blau:* Lerninhalte, die von langsamer lernenden Kindern weggelassen oder zu einem späteren Zeitpunkt bearbeitet werden können

---

Vorübung

Material

11 – 1 =	11 – 2 =
11 – 3 =	11 – 4 =
11 – 5 =	11 – 6 =
11 – 7 =	11 – 8 =
11 – 9 =	

Übungsmaterial (Beispiel)

1	2	3	4	5	6	7	8	9	10
11	12	13	14	15	16	17	18	19	20

Zahlenfeld bis 20 aus Pappe – liegt dem Material bei.

Vorbereitung des Materials
Die Lernkärtchen werden an den gestrichelten Linien auseinandergeschnitten.

So geht es
- Das Zahlenfeld bis 20 liegt auf dem Tisch. Das erste Lernkärtchen »11–1=« liegt vor dem Kind.
- Besprechen Sie sinngemäß: „Jetzt suchen wir hier im Zahlenfeld die 11" (auf die Zahl »11« zeigen). „Auf dem Kärtchen steht minus 1. Ich muss also ein Kästchen zurückgehen. Dann sind wir hier in der oberen Reihe bei der 10." Das Lernkärtchen wird umgedreht und verdeutlicht, dass »10« die Lösung ist. Diese Aufgabe wird den meisten Kindern leicht fallen, da sie bereits in Kap. 2.6 geübt wurde.
- Nun wird die Aufgabe »11–2=« in gleicher Weise erklärt.
- Die Aufgabe »11–2=« wird so oft wiederholt, bis das Ergebnis sicher aus dem Gedächtnis genannt wird, ohne weitere Zuhilfenahme des Zahlenfelds.

- Jetzt werden die beiden Aufgaben »11–1=« und »11–2=« anhand der Lernkärtchen im Wechsel abgefragt. Das Kind versucht, die Ergebnisse aus dem Gedächtnis abzurufen.
- In entsprechender Weise werden in Abhängigkeit von der Lerngeschwindigkeit des Kindes die Aufgaben auf den weiteren Lernkärtchen eine nach der anderen mit in das Üben einbezogen.

Siehe Video unter: www.intraactplus.de/mathe/

Leistungsdifferenzierung
Das Zahlenfeld wird beim Wiederholen einer Aufgabe nur dann erneut zu Hilfe genommen, wenn es dem Kind nicht gelingt, das Ergebnis aus dem Gedächtnis abzurufen. Langsamer lernende Kinder können sich noch über längere Zeit mit dem Zahlenfeld helfen.

Übungsblätter zum Speichern und Automatisieren

Material

	✋
11 – 1 =	10
11 – 2 =	9
11 – 1 =	10
11 – 2 =	9
11 – 3 =	8
11 – 2 =	9
11 – 3 =	8
11 – 1 =	10
11 – 3 =	8
11 – 2 =	9
11 – 1 =	10
11 – 3 =	8

Übungsmaterial (Beispiel)

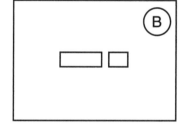

Schablone B – liegt dem Material bei.

So geht es
- Die Schablone B wird so auf das Übungsblatt gelegt, dass nur die beiden grünen Felder zu sehen sind.
- Das Kind deckt das Feld mit dem Handsymbol mit seiner rechten Hand ab.
- Die Schablone wird nach unten geschoben, bis die erste Aufgabe sichtbar ist. Das Kind löst die Aufgabe. Dann nimmt es die Hand von der Schablone und prüft, ob es richtig gerechnet hat.
- Das Kind deckt das Ergebnisfeld wieder mit der Hand ab und schiebt die Schablone eine Zeile weiter nach unten.

▶▶▶

2.1 Zählen

2.2 Zahlen

2.3 Zahlenraum

2.4 Plus ohne ZÜ

2.5 Plus mit ZÜ

2.6 Minus ohne ZÜ

2.7 Minus mit ZÜ

2.8 +/– gemischt

2.1 Zählen

2.2 Zahlen

2.3 Zahlenraum

2.4 Plus ohne ZÜ

2.5 Plus mit ZÜ

2.6 Minus ohne ZÜ

2.7 Minus mit ZÜ

2.8 +/– gemischt

Leistungsdifferenzierung

– Kinder, denen diese Aufgaben schwerfallen, können in der Anfangszeit das Zahlenfeld als Hilfsmittel nutzen.
– Jedes Übungsblatt wird so oft wiederholt bis alle Aufgaben mühelos und fehlerfrei gelöst werden – ohne Verwendung von Hilfestellungen wie innerem Zählen oder Benutzen des Zahlenfelds. Dies bedeutet, dass manche Kinder das Übungsblatt oft wiederholen, andere nur ein oder wenige Male.

Überprüfung des Lernstandes

Material
Übungsblätter „Aufgaben"

So geht es
Das Kind bearbeitet das Übungsblatt selbstständig. Damit der Lernstoff ausreichend tief gelernt wird, empfiehlt sich:
– Wenn es die Aufgaben mühelos gelöst und höchstens zwei Fehler gemacht hat, wird mit dem nächsten Übungsblatt weitergemacht.
– Wenn es sich noch anstrengen musste oder mehr als zwei Fehler gemacht hat, werden die vorangegangenen Übungsblätter wiederholt.

Hilfe zur Korrektur
Die Lösungen stehen jeweils auf der folgenden Seite.

Lückenaufgaben

Material

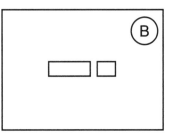

11 – ☐ = 8	3
11 – ☐ = 7	4
11 – ☐ = 9	2
11 – ☐ = 3	8
11 – ☐ = 8	3
11 – ☐ = 2	9
11 – ☐ = 3	8
11 – ☐ = 5	6
11 – ☐ = 2	9
11 – ☐ = 6	5
11 – ☐ = 4	7
11 – ☐ = 5	6

Übungsmaterial (Beispiel)   Schablone B – liegt dem Material bei.

So geht es
Diese Übungsblätter werden genauso bearbeitet wie alle anderen Übungsblätter mit dem Handymbol. Damit auch diese Übung bei Bedarf öfter wiederholt werden kann, werden die Ergebnisse mündlich genannt und nicht in die Kästchen geschrieben.

Anwendung in Sachaufgaben

Material
Übungsblatt „Sachaufgaben"

So geht es
Siehe „Anwendung in Sachaufgaben" auf S. 108.
Die Lösungen stehen jeweils auf der folgenden Seite.

Streit · Jansen **Mathe lernen nach dem IntraActPlus-Konzept**
© Springer-Verlag GmbH Deutschland, ein Teil von Springer Nature 2020

11 – 1 =	11 – 2 =
11 – 3 =	11 – 4 =
11 – 5 =	11 – 6 =
11 – 7 =	11 – 8 =
11 – 9 =	

9

10

7

8

5

6

3

4

2

		✋
11 − 1 =		10
11 − 2 =		9
11 − 1 =		10
11 − 2 =		9
11 − 3 =		8
11 − 2 =		9
11 − 3 =		8
11 − 1 =		10
11 − 3 =		8
11 − 2 =		9
11 − 1 =		10
11 − 3 =		8

2.1 Zählen
2.2 Zahlen
2.3 Zahlenraum
2.4 Plus ohne ZÜ
2.5 Plus mit ZÜ
2.6 Minus ohne ZÜ
2.7 Minus mit ZÜ
2.8 +/− gemischt

2.1 Zählen

2.2 Zahlen

2.3 Zahlenraum

2.4 Plus ohne ZÜ

2.5 Plus mit ZÜ

2.6 Minus ohne ZÜ

2.7 Minus mit ZÜ

2.8 +/−gemischt

		✋
11 − 4 =		7
11 − 5 =		6
11 − 4 =		7
11 − 5 =		6
11 − 6 =		5
11 − 5 =		6
11 − 6 =		5
11 − 4 =		7
11 − 6 =		5
11 − 5 =		6
11 − 4 =		7
11 − 6 =		5

Streit · Jansen   **Mathe lernen nach dem IntraActPlus-Konzept**
© Springer-Verlag GmbH Deutschland, ein Teil von Springer Nature 2020

		✋
11 – 3 =		8
11 – 5 =		6
11 – 2 =		9
11 – 6 =		5
11 – 4 =		7
11 – 5 =		6
11 – 2 =		9
11 – 6 =		5
11 – 4 =		7
11 – 5 =		6
11 – 3 =		8
11 – 6 =		5

2.1 Zählen
2.2 Zahlen
2.3 Zahlenraum
2.4 Plus ohne ZÜ
2.5 Plus mit ZÜ
2.6 Minus ohne ZÜ
2.7 Minus mit ZÜ
2.8 +/- gemischt

2.1 Zählen

2.2 Zahlen

2.3 Zahlenraum

2.4 Plus ohne ZÜ

2.5 Plus mit ZÜ

2.6 Minus ohne ZÜ

2.7 Minus mit ZÜ

2.8 +/- gemischt

		🖐
11 − 9 =		2
11 − 8 =		3
11 − 9 =		2
11 − 8 =		3
11 − 7 =		4
11 − 9 =		2
11 − 7 =		4
11 − 8 =		3
11 − 7 =		4
11 − 9 =		2
11 − 7 =		4
11 − 8 =		3

Streit · Jansen   **Mathe lernen nach dem IntraActPlus-Konzept**
© Springer-Verlag GmbH Deutschland, ein Teil von Springer Nature 2020

11 − 8 =		3
11 − 5 =		6
11 − 7 =		4
11 − 2 =		9
11 − 6 =		5
11 − 9 =		2
11 − 3 =		8
11 − 8 =		3
11 − 4 =		7
11 − 6 =		5
11 − 9 =		2
11 − 7 =		4

2.1 Zählen

2.2 Zahlen

2.3 Zahlenraum

2.4 Plus ohne ZÜ

2.5 Plus mit ZÜ

2.6 Minus ohne ZÜ

2.7 Minus mit ZÜ

2.8 +/− gemischt

2.1 Zählen

2.2 Zahlen

2.3 Zahlenraum

2.4 Plus ohne ZÜ

2.5 Plus mit ZÜ

2.6 Minus ohne ZÜ

2.7 Minus mit ZÜ

2.8 +/– gemischt

11 – 8 = _____   11 – 5 = _____

11 – 6 = _____   11 – 2 = _____

11 – 3 = _____   11 – 6 = _____

11 – 9 = _____   11 – 4 = _____

11 – 5 = _____   11 – 8 = _____

11 – 7 = _____   11 – 3 = _____

11 – 6 = _____   11 – 7 = _____

11 – 4 = _____   11 – 9 = _____

11 – 2 = _____   11 – 2 = _____

11 – 8 = _____   11 – 5 = _____

11 – 3 = _____   11 – 7 = _____

11 – 9 = _____   11 – 4 = _____

Streit · Jansen **Mathe lernen nach dem IntraActPlus-Konzept**
© Springer-Verlag GmbH Deutschland, ein Teil von Springer Nature 2020

11 − 8 = _3_	11 − 5 = _6_
11 − 6 = _5_	11 − 2 = _9_
11 − 3 = _8_	11 − 6 = _5_
11 − 9 = _2_	11 − 4 = _7_
11 − 5 = _6_	11 − 8 = _3_
11 − 7 = _4_	11 − 3 = _8_
11 − 6 = _5_	11 − 7 = _4_
11 − 4 = _7_	11 − 9 = _2_
11 − 2 = _9_	11 − 2 = _9_
11 − 8 = _3_	11 − 5 = _6_
11 − 3 = _8_	11 − 7 = _4_
11 − 9 = _2_	11 − 4 = _7_

2.1 Zählen
2.2 Zahlen
2.3 Zahlenraum
2.4 Plus ohne ZÜ
2.5 Plus mit ZÜ
2.6 Minus ohne ZÜ
2.7 Minus mit ZÜ
2.8 +/− gemischt

2.1 Zählen

2.2 Zahlen

2.3 Zahlenraum

2.4 Plus ohne ZÜ

2.5 Plus mit ZÜ

2.6 Minus ohne ZÜ

2.7 Minus mit ZÜ

2.8 +/− gemischt

		✋
11 − ☐ = 8		3
11 − ☐ = 7		4
11 − ☐ = 9		2
11 − ☐ = 3		8
11 − ☐ = 8		3
11 − ☐ = 2		9
11 − ☐ = 3		8
11 − ☐ = 5		6
11 − ☐ = 2		9
11 − ☐ = 6		5
11 − ☐ = 4		7
11 − ☐ = 5		6

Streit · Jansen **Mathe lernen nach dem IntraActPlus-Konzept**
© Springer-Verlag GmbH Deutschland, ein Teil von Springer Nature 2020

12 − 2 =	12 − 3 =
12 − 4 =	12 − 5 =
12 − 6 =	12 − 7 =
12 − 8 =	12 − 9 =

		✋
12 − 3 =		9
12 − 9 =		3
12 − 3 =		9
12 − 9 =		3
12 − 6 =		6
12 − 9 =		3
12 − 3 =		9
12 − 6 =		6
12 − 3 =		9
12 − 9 =		3
12 − 6 =		6
12 − 9 =		3

2.1 Zählen

2.2 Zahlen

2.3 Zahlenraum

2.4 Plus ohne ZÜ

2.5 Plus mit ZÜ

2.6 Minus ohne ZÜ

2.7 Minus mit ZÜ

2.8 +/− gemischt

2.1 Zählen

2.2 Zahlen

2.3 Zahlenraum

2.4 Plus ohne ZÜ

2.5 Plus mit ZÜ

2.6 Minus ohne ZÜ

2.7 Minus mit ZÜ

2.8 +/−gemischt

		✋
12 − 5 =		7
12 − 7 =		5
12 − 5 =		7
12 − 7 =		5
12 − 3 =		9
12 − 7 =		5
12 − 5 =		7
12 − 9 =		3
12 − 7 =		5
12 − 6 =		6
12 − 3 =		9
12 − 5 =		7

Streit · Jansen **Mathe lernen nach dem IntraActPlus-Konzept**
© Springer-Verlag GmbH Deutschland, ein Teil von Springer Nature 2020

		✋
12 − 8 =		4
12 − 4 =		8
12 − 8 =		4
12 − 4 =		8
12 − 7 =		5
12 − 4 =		8
12 − 5 =		7
12 − 8 =		4
12 − 7 =		5
12 − 4 =		8
12 − 5 =		7
12 − 8 =		4

2.1 Zählen
2.2 Zahlen
2.3 Zahlenraum
2.4 Plus ohne ZÜ
2.5 Plus mit ZÜ
2.6 Minus ohne ZÜ
2.7 Minus mit ZÜ
2.8 +/− gemischt

2.1 Zählen

2.2 Zahlen

2.3 Zahlenraum

2.4 Plus ohne ZÜ

2.5 Plus mit ZÜ

2.6 Minus ohne ZÜ

2.7 Minus mit ZÜ

2.8 +/−gemischt

Aufgaben

12 − 8 = ____	12 − 5 = ____
12 − 3 = ____	12 − 4 = ____
12 − 6 = ____	12 − 7 = ____
12 − 9 = ____	12 − 3 = ____
12 − 5 = ____	12 − 8 = ____
12 − 7 = ____	12 − 4 = ____
12 − 4 = ____	12 − 6 = ____
12 − 8 = ____	12 − 9 = ____
12 − 6 = ____	12 − 7 = ____
12 − 9 = ____	12 − 9 = ____
12 − 5 = ____	12 − 5 = ____
12 − 3 = ____	12 − 8 = ____

Streit · Jansen   **Mathe lernen nach dem IntraActPlus-Konzept**
© Springer-Verlag GmbH Deutschland, ein Teil von Springer Nature 2020

$$12 - 8 = \underline{4}$$

$$12 - 5 = \underline{7}$$

$$12 - 3 = \underline{9}$$

$$12 - 4 = \underline{8}$$

$$12 - 6 = \underline{6}$$

$$12 - 7 = \underline{5}$$

$$12 - 9 = \underline{3}$$

$$12 - 3 = \underline{9}$$

$$12 - 5 = \underline{7}$$

$$12 - 8 = \underline{4}$$

$$12 - 7 = \underline{5}$$

$$12 - 4 = \underline{8}$$

$$12 - 4 = \underline{8}$$

$$12 - 6 = \underline{6}$$

$$12 - 8 = \underline{4}$$

$$12 - 9 = \underline{3}$$

$$12 - 6 = \underline{6}$$

$$12 - 7 = \underline{5}$$

$$12 - 9 = \underline{3}$$

$$12 - 9 = \underline{3}$$

$$12 - 5 = \underline{7}$$

$$12 - 5 = \underline{7}$$

$$12 - 3 = \underline{9}$$

$$12 - 8 = \underline{4}$$

2.1 Zählen
2.2 Zahlen
2.3 Zahlenraum
2.4 Plus ohne ZÜ
2.5 Plus mit ZÜ
2.6 Minus ohne ZÜ
2.7 Minus mit ZÜ
2.8 +/− gemischt

2.1 Zählen

2.2 Zahlen

2.3 Zahlenraum

2.4 Plus ohne ZÜ

2.5 Plus mit ZÜ

2.6 Minus ohne ZÜ

2.7 Minus mit ZÜ

2.8 +/– gemischt

		✋
12 − ☐ = 9		3
12 − ☐ = 8		4
12 − ☐ = 7		5
12 − ☐ = 9		3
12 − ☐ = 3		9
12 − ☐ = 6		6
12 − ☐ = 8		4
12 − ☐ = 4		8
12 − ☐ = 5		7
12 − ☐ = 7		5
12 − ☐ = 4		8
12 − ☐ = 5		7

Streit · Jansen **Mathe lernen nach dem IntraActPlus-Konzept**
© Springer-Verlag GmbH Deutschland, ein Teil von Springer Nature 2020

13 – 3 =	13 – 4 =
13 – 5 =	13 – 6 =
13 – 7 =	13 – 8 =
13 – 9 =	

9	10
7	8
5	6
3	4

		✋
13 − 4 =		9
13 − 5 =		8
13 − 4 =		9
13 − 5 =		8
13 − 8 =		5
13 − 4 =		9
13 − 8 =		5
13 − 5 =		8
13 − 8 =		5
13 − 4 =		9
13 − 8 =		5
13 − 5 =		8

2.1 Zählen
2.2 Zahlen
2.3 Zahlenraum
2.4 Plus ohne ZÜ
2.5 Plus mit ZÜ
2.6 Minus ohne ZÜ
2.7 Minus mit ZÜ
2.8 +/− gemischt

2.1 Zählen

2.2 Zählen

2.3 Zahlenraum

2.4 Plus ohne ZÜ

2.5 Plus mit ZÜ

2.6 Minus ohne ZÜ

2.7 Minus mit ZÜ

2.8 +/− gemischt

		🖐
13 − 9 =		4
13 − 7 =		6
13 − 9 =		4
13 − 7 =		6
13 − 6 =		7
13 − 9 =		4
13 − 6 =		7
13 − 7 =		6
13 − 6 =		7
13 − 9 =		4
13 − 7 =		6
13 − 6 =		7

Streit · Jansen Mathe lernen nach dem IntraActPlus-Konzept
© Springer-Verlag GmbH Deutschland, ein Teil von Springer Nature 2020

		✋
13 − 7 =		6
13 − 9 =		4
13 − 6 =		7
13 − 8 =		5
13 − 4 =		9
13 − 5 =		8
13 − 9 =		4
13 − 7 =		6
13 − 5 =		8
13 − 8 =		5
13 − 6 =		7
13 − 4 =		9

2.1 Zählen

2.2 Zahlen

2.3 Zahlenraum

2.4 Plus ohne ZÜ

2.5 Plus mit ZÜ

2.6 Minus ohne ZÜ

2.7 Minus mit ZÜ

2.8 +/− gemischt

2.1 Zählen

2.2 Zahlen

2.3 Zahlenraum

2.4 Plus ohne ZÜ

2.5 Plus mit ZÜ

2.6 Minus ohne ZÜ

2.7 Minus mit ZÜ

2.8 +/– gemischt

$13 - 8 =$ ____

$13 - 4 =$ ____

$13 - 6 =$ ____

$13 - 9 =$ ____

$13 - 7 =$ ____

$13 - 5 =$ ____

$13 - 9 =$ ____

$13 - 4 =$ ____

$13 - 8 =$ ____

$13 - 6 =$ ____

$13 - 7 =$ ____

$13 - 5 =$ ____

$13 - 5 =$ ____

$13 - 9 =$ ____

$13 - 7 =$ ____

$13 - 5 =$ ____

$13 - 8 =$ ____

$13 - 4 =$ ____

$13 - 6 =$ ____

$13 - 7 =$ ____

$13 - 9 =$ ____

$13 - 4 =$ ____

$13 - 8 =$ ____

$13 - 6 =$ ____

Streit · Jansen **Mathe lernen nach dem IntraActPlus-Konzept**
© Springer-Verlag GmbH Deutschland, ein Teil von Springer Nature 2020

Lösungen

13 − 8 = _5_

13 − 4 = _9_

13 − 6 = _7_

13 − 9 = _4_

13 − 7 = _6_

13 − 5 = _8_

13 − 9 = _4_

13 − 4 = _9_

13 − 8 = _5_

13 − 6 = _7_

13 − 7 = _6_

13 − 5 = _8_

13 − 5 = _8_

13 − 9 = _4_

13 − 7 = _6_

13 − 5 = _8_

13 − 8 = _5_

13 − 4 = _9_

13 − 6 = _7_

13 − 7 = _6_

13 − 9 = _4_

13 − 4 = _9_

13 − 8 = _5_

13 − 6 = _7_

2.1 Zählen

2.2 Zahlen

2.3 Zahlenraum

2.4 Plus ohne ZÜ

2.5 Plus mit ZÜ

2.6 Minus ohne ZÜ

2.7 Minus mit ZÜ

2.8 +/− gemischt

2.1 Zählen

2.2 Zahlen

2.3 Zahlenraum

2.4 Plus ohne ZÜ

2.5 Plus mit ZÜ

2.6 Minus ohne ZÜ

2.7 Minus mit ZÜ

2.8 +/− gemischt

		✋
13 − ☐ = 9		4
13 − ☐ = 8		5
13 − ☐ = 5		8
13 − ☐ = 4		9
13 − ☐ = 7		6
13 − ☐ = 6		7
13 − ☐ = 4		9
13 − ☐ = 9		4
13 − ☐ = 6		7
13 − ☐ = 8		5
13 − ☐ = 7		6
13 − ☐ = 5		8

Streit · Jansen **Mathe lernen nach dem IntraActPlus-Konzept**
© Springer-Verlag GmbH Deutschland, ein Teil von Springer Nature 2020

14 – 5 =	14 – 6 =
14 – 7 =	14 – 8 =
14 – 9 =	
15 – 6 =	15 – 7 =
15 – 8 =	15 – 9 =

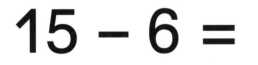

		✋
14 − 5 =		9
14 − 9 =		5
14 − 7 =		7
14 − 9 =		5
14 − 5 =		9
14 − 7 =		7
14 − 5 =		9
14 − 7 =		7
14 − 9 =		5
14 − 7 =		7
14 − 9 =		5
14 − 5 =		9

2.1 Zählen
2.2 Zahlen
2.3 Zahlenraum
2.4 Plus ohne ZÜ
2.5 Plus mit ZÜ
2.6 Minus ohne ZÜ
2.7 Minus mit ZÜ
2.8 +/− gemischt

2.1 Zählen

2.2 Zahlen

2.3 Zahlenraum

2.4 Plus ohne ZÜ

2.5 Plus mit ZÜ

2.6 Minus ohne ZÜ

2.7 Minus mit ZÜ

2.8 +/− gemischt

14 − 6 =		8
14 − 8 =		6
14 − 7 =		7
14 − 6 =		8
14 − 8 =		6
14 − 5 =		9
14 − 6 =		8
14 − 9 =		5
14 − 5 =		9
14 − 8 =		6
14 − 6 =		8
14 − 8 =		6

Streit · Jansen **Mathe lernen nach dem IntraActPlus-Konzept**
© Springer-Verlag GmbH Deutschland, ein Teil von Springer Nature 2020

		✋
15 – 6 =		9
15 – 8 =		7
15 – 6 =		9
15 – 8 =		7
15 – 9 =		6
15 – 7 =		8
15 – 8 =		7
15 – 9 =		6
15 – 7 =		8
15 – 8 =		7
15 – 6 =		9
15 – 7 =		8

2.1 Zählen
2.2 Zahlen
2.3 Zahlenraum
2.4 Plus ohne ZÜ
2.5 Plus mit ZÜ
2.6 Minus ohne ZÜ
2.7 Minus mit ZÜ
2.8 +/− gemischt

2.1 Zählen

2.2 Zahlen

2.3 Zahlenraum

2.4 Plus ohne ZÜ

2.5 Plus mit ZÜ

2.6 Minus ohne ZÜ

2.7 Minus mit ZÜ

2.8 +/- gemischt

Aufgaben

14 − 8 = _____

14 − 6 = _____

15 − 9 = _____

14 − 9 = _____

14 − 7 = _____

15 − 8 = _____

14 − 5 = _____

15 − 7 = _____

15 − 6 = _____

14 − 9 = _____

15 − 8 = _____

14 − 6 = _____

14 − 5 = _____

15 − 9 = _____

14 − 7 = _____

15 − 6 = _____

14 − 8 = _____

15 − 7 = _____

14 − 6 = _____

15 − 8 = _____

14 − 9 = _____

15 − 7 = _____

15 − 9 = _____

14 − 8 = _____

Streit · Jansen   **Mathe lernen nach dem IntraActPlus-Konzept**
© Springer-Verlag GmbH Deutschland, ein Teil von Springer Nature 2020

14 − 8 = 6

14 − 6 = 8

15 − 9 = 6

14 − 9 = 5

14 − 7 = 7

15 − 8 = 7

14 − 5 = 9

15 − 7 = 8

15 − 6 = 9

14 − 9 = 5

15 − 8 = 7

14 − 6 = 8

14 − 5 = 9

15 − 9 = 6

14 − 7 = 7

15 − 6 = 9

14 − 8 = 6

15 − 7 = 8

14 − 6 = 8

15 − 8 = 7

14 − 9 = 5

15 − 7 = 8

15 − 9 = 6

14 − 8 = 6

2.1 Zählen
2.2 Zahlen
2.3 Zahlenraum
2.4 Plus ohne ZÜ
2.5 Plus mit ZÜ
2.6 Minus ohne ZÜ
2.7 Minus mit ZÜ
2.8 +/− gemischt

Streit · Jansen **Mathe lernen nach dem IntraActPlus-Konzept**
© Springer-Verlag GmbH Deutschland, ein Teil von Springer Nature 2020

2.1 Zählen

2.2 Zahlen

2.3 Zahlenraum

2.4 Plus ohne ZÜ

2.5 Plus mit ZÜ

2.6 Minus ohne ZÜ

2.7 Minus mit ZÜ

2.8 +/- gemischt

14 − ☐ = 7		7
14 − ☐ = 9		5
14 − ☐ = 5		9
14 − ☐ = 7		7
14 − ☐ = 8		6
14 − ☐ = 6		8
15 − ☐ = 9		6
15 − ☐ = 6		9
15 − ☐ = 8		7
15 − ☐ = 6		9
15 − ☐ = 7		8
15 − ☐ = 9		6

Streit · Jansen   Mathe lernen nach dem IntraActPlus-Konzept
© Springer-Verlag GmbH Deutschland, ein Teil von Springer Nature 2020

16 – 7 =	16 – 8 =
16 – 9 =	
17 – 8 =	17 – 9 =
18 – 9 =	

8

9

7

8

9

9

		✋
16 − 9 =		7
16 − 7 =		9
16 − 8 =		8
16 − 7 =		9
16 − 9 =		7
16 − 8 =		8
16 − 7 =		9
16 − 8 =		8
16 − 9 =		7
16 − 7 =		9
16 − 9 =		7
16 − 8 =		8

2.1 Zählen

2.2 Zahlen

2.3 Zahlenraum

2.4 Plus ohne ZÜ

2.5 Plus mit ZÜ

2.6 Minus ohne ZÜ

2.7 Minus mit ZÜ

2.8 +/− gemischt

2.1 Zählen

2.2 Zahlen

2.3 Zahlenraum

2.4 Plus ohne ZÜ

2.5 Plus mit ZÜ

2.6 Minus ohne ZÜ

2.7 Minus mit ZÜ

2.8 +/– gemischt

		🖐
17 – 8 =		9
17 – 9 =		8
18 – 9 =		9
16 – 9 =		7
17 – 8 =		9
16 – 8 =		8
17 – 9 =		8
18 – 9 =		9
16 – 8 =		8
17 – 8 =		9
16 – 7 =		9
17 – 9 =		8

Streit · Jansen **Mathe lernen nach dem IntraActPlus-Konzept**
© Springer-Verlag GmbH Deutschland, ein Teil von Springer Nature 2020

15 – 8 =		7
13 – 8 =		5
14 – 8 =		6
13 – 6 =		7
17 – 8 =		9
14 – 7 =		7
16 – 8 =		8
14 – 6 =		8
13 – 7 =		6
15 – 7 =		8
18 – 9 =		9
17 – 9 =		8

2.1 Zählen
2.2 Zahlen
2.3 Zahlenraum
2.4 Plus ohne ZÜ
2.5 Plus mit ZÜ
2.6 Minus ohne ZÜ
2.7 Minus mit ZÜ
2.8 +/– gemischt

2.1 Zählen

2.2 Zahlen

2.3 Zahlenraum

2.4 Plus ohne ZÜ

2.5 Plus mit ZÜ

2.6 Minus ohne ZÜ

2.7 Minus mit ZÜ

2.8 +/- gemischt

Aufgaben

17 – 9 = _____   17 – 8 = _____

17 – 8 = _____   15 – 9 = _____

16 – 7 = _____   16 – 7 = _____

14 – 7 = _____   15 – 8 = _____

18 – 9 = _____   17 – 9 = _____

16 – 8 = _____   13 – 7 = _____

14 – 9 = _____   16 – 8 = _____

16 – 9 = _____   18 – 9 = _____

16 – 7 = _____   13 – 6 = _____

17 – 9 = _____   14 – 6 = _____

16 – 8 = _____   16 – 9 = _____

18 – 9 = _____   15 – 7 = _____

Streit · Jansen   **Mathe lernen nach dem IntraActPlus-Konzept**
© Springer-Verlag GmbH Deutschland, ein Teil von Springer Nature 2020

17 − 9 = __8__   17 − 8 = __9__

17 − 8 = __9__   15 − 9 = __6__

16 − 7 = __9__   16 − 7 = __9__

14 − 7 = __7__   15 − 8 = __7__

18 − 9 = __9__   17 − 9 = __8__

16 − 8 = __8__   13 − 7 = __6__

14 − 9 = __5__   16 − 8 = __8__

16 − 9 = __7__   18 − 9 = __9__

16 − 7 = __9__   13 − 6 = __7__

17 − 9 = __8__   14 − 6 = __8__

16 − 8 = __8__   16 − 9 = __7__

18 − 9 = __9__   15 − 7 = __8__

2.1 Zählen
2.2 Zahlen
2.3 Zahlenraum
2.4 Plus ohne ZÜ
2.5 Plus mit ZÜ
2.6 Minus ohne ZÜ
2.7 Minus mit ZÜ
2.8 +/− gemischt

2.1 Zählen

2.2 Zahlen

2.3 Zahlenraum

2.4 Plus ohne ZÜ

2.5 Plus mit ZÜ

2.6 Minus ohne ZÜ

2.7 Minus mit ZÜ

2.8 +/– gemischt

A Auf dem Baum sitzen elf Vögel. Vier davon fliegen weg. Wie viele Vögel sitzen noch auf dem Baum?

B Im Bus gibt es achtzehn Plätze. Neun Leute sitzen schon im Bus. Wie viele Plätze sind noch frei?

C Ben braucht zum Basteln zwölf Nägel. Sieben Nägel hat er schon gefunden. Wie viele Nägel fehlen ihm noch?

D Anja möchte fünfzehn Blumen malen. Acht Blumen hat sie schon gemalt. Wie viele Blumen muss sie noch malen?

E Im Zimmer sind sechzehn Kinder. Neun davon sind Jungen. Wie viele Mädchen sind im Zimmer?

F Im Bus sind vierzehn Kinder. Acht davon sind Mädchen. Wie viele Jungen sind im Bus?

G Auf dem Parkplatz stehen zwölf Autos. Acht Autos sind weiß. Alle anderen Autos sind blau. Wie viele blaue Autos stehen auf dem Parkplatz?

Streit · Jansen **Mathe lernen nach dem IntraActPlus-Konzept**
© Springer-Verlag GmbH Deutschland, ein Teil von Springer Nature 2020

A   Rechnung: $11 - 4 = 7$

     Antwort: Auf dem Baum sitzen noch 7 Vögel.

B   Rechnung: $18 - 9 = 9$

     Antwort: Es sind noch 9 Plätze frei.

C   Rechnung: $12 - 7 = 5$

     Antwort: Ihm fehlen noch 5 Nägel.

D   Rechnung: $15 - 8 = 7$

     Antwort: Sie muss noch 7 Blumen malen.

E   Rechnung: $16 - 9 = 7$

     Antwort: Im Zimmer sind 7 Mädchen.

F   Rechnung: $14 - 8 = 6$

     Antwort: Im Bus sind 6 Jungen.

G   Rechnung: $12 - 8 = 4$

     Antwort: Auf dem Parkplatz stehen 4 blaue Autos.

2.8 Plus und Minus gemischt

Lernziele
- Flexible Anwendung von Addition und Subtraktion bis 20 in unterschiedlichen Aufgabenstellungen.
- Mathematisches Denken und Problemlösen.

Leistungsdifferenzierung
- Blau: Lerninhalte, die von langsamer lernenden Kindern weggelassen oder zu einem späteren Zeitpunkt bearbeitet werden können
- Orange: schwierigere Zusatzaufgaben für schnell lernende Kinder

---

Zahlenmauern

So geht es
In jedem Feld der Zahlenmauer steht jeweils die Summe aus den beiden darunter liegenden Feldern. Nehmen wir folgendes Beispiel:

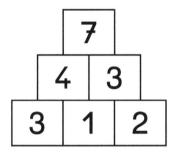

- Die »4« in der mittleren Reihe ergibt sich aus der Summe der Zahlen unter ihr (3 + 1 = 4).
- Die »3« in der mittleren Reihe ergibt sich aus der Summe der Zahlen unter ihr (1 + 2 = 3).
- Die »7« im obersten Feld ist wiederum die Summe der Zahlen »4« und »3« unter ihr (4 + 3 = 7).

Die Lösungen stehen jeweils auf der folgenden Seite.

Zahlenreihen fortsetzen

So geht es
Bei dieser Aufgabenstellung soll anhand der dargestellten ersten Zahlen einer Zahlenreihe die Regel erkannt werden, nach der die Reihe gebildet wird.

Die Regel wird aufgeschrieben, z. B. „Immer + 2". Dann wird die Zahlenreihe entsprechend der gefundenen Regel fortgesetzt.

Die Lösungen stehen jeweils auf der folgenden Seite.

Zahlensymbolrätsel

So geht es
Die Symbole sollen so durch Zahlen ersetzt werden, dass alle Aufgaben richtig sind. Jedes der Symbole steht für eine andere Zahl.

Hilfestellung
Keines dieser Zahlensymbolrätsel muss durch Ausprobieren gelöst werden, sondern die Lösungen können immer durch Nachdenken gefunden werden.

- *Zahlensymbolrätsel 1 bis 3:* Hier gibt es immer eine Rechenaufgabe, in der nur ein Symbol vorkommt (auch wenn dieses doppelt auftreten kann). Mit dieser Rechenaufgabe wird begonnen.

- *Zahlensymbolrätsel 4:* Hier gibt es immer zwei Rechenaufgaben, in denen jeweils die gleichen Symbole vorkommen, jedoch einmal mit „plus" und einmal mit „minus". Es empfiehlt sich, mit diesen Rechenaufgaben zu beginnen.

Zauberquadrate

So geht es
Die leeren Felder jedes Zauberquadrates sollen so mit aufeinanderfolgenden Zahlen gefüllt werden, dass jede Zahl nur einmal vorkommt.

Die Summe der Zahlen in jeder Zeile, Spalte und Diagonalen soll gleich sein und ist jeweils über dem Zauberquadrat angegeben.

Lösungswege
- *Zauberquadrate 1:* Immer mit einer Zeile, Spalte oder Diagonale beginnen, in der bereits zwei Zahlen stehen.

- *Zauberquadrate 2:* Es gibt keine Zeile, Spalte oder Diagonale, in der schon zwei Zahlen stehen. Die Lösung kann über folgende Wege gefunden werden: Verschiedene Zahlenkombinationen ausprobieren (Weg 1) oder sich zunutze machen, dass die Quadrate immer dieselbe Struktur aufweisen (Weg 2). Beispielsweise steht bei „Immer 12" im mittleren Feld immer die »4«.

2.1 Zählen
2.2 Zahlen
2.3 Zahlenraum
2.4 Plus ohne ZÜ
2.5 Plus mit ZÜ
2.6 Minus ohne ZÜ
2.7 Minus mit ZÜ
2.8 +/− gemischt

2.1 Zählen
2.2 Zahlen
2.3 Zahlenraum
2.4 Plus ohne ZÜ
2.5 Plus mit ZÜ
2.6 Minus ohne ZÜ
2.7 Minus mit ZÜ
2.8 +/– gemischt

Zahlenmauern

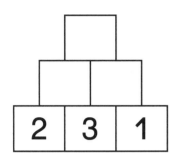 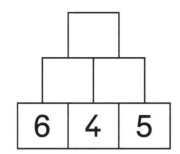 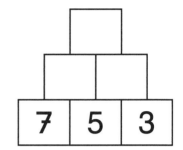

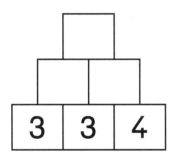 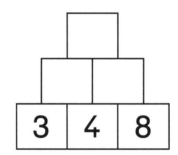 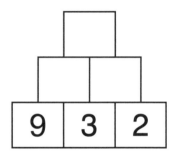

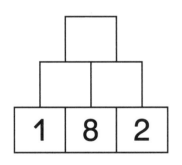 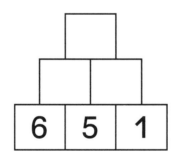 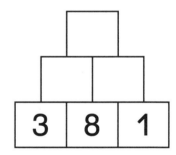

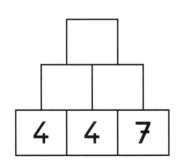 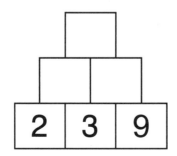 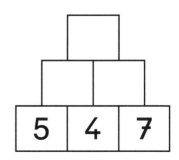

Streit · Jansen **Mathe lernen nach dem IntraActPlus-Konzept**
© Springer-Verlag GmbH Deutschland, ein Teil von Springer Nature 2020

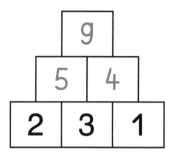

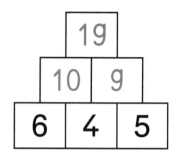

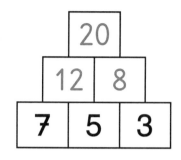

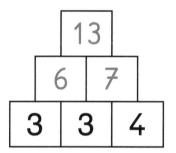

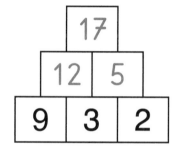

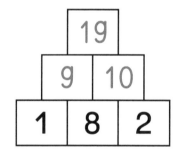

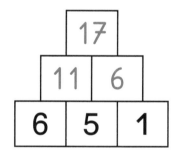

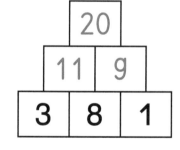

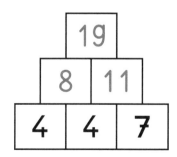

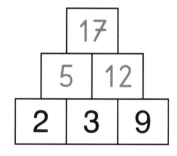

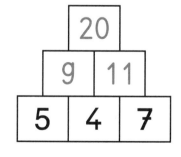

2.1 Zählen
2.2 Zahlen
2.3 Zahlenraum
2.4 Plus ohne ZÜ
2.5 Plus mit ZÜ
2.6 Minus ohne ZÜ
2.7 Minus mit ZÜ
2.8 +/– gemischt

2.1 Zählen

2.2 Zahlen

2.3 Zahlenraum

2.4 Plus ohne ZÜ

2.5 Plus mit ZÜ

2.6 Minus ohne ZÜ

2.7 Minus mit ZÜ

2.8 +/– gemischt

Zahlenmauern

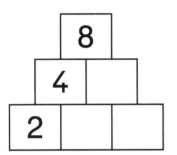

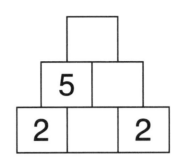

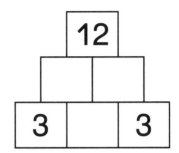

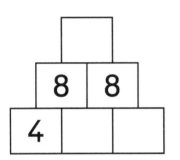

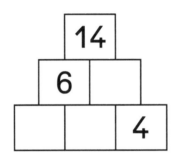

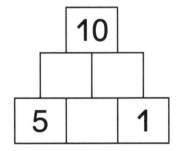

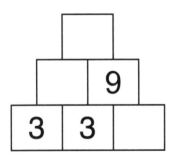

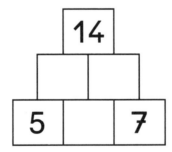

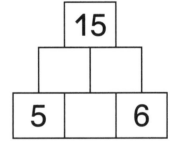

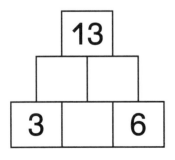

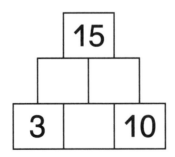

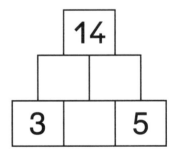

Streit · Jansen **Mathe lernen nach dem IntraActPlus-Konzept**
© Springer-Verlag GmbH Deutschland, ein Teil von Springer Nature 2020

Lösungen

2.1 Zählen
2.2 Zahlen
2.3 Zahlenraum
2.4 Plus ohne ZÜ
2.5 Plus mit ZÜ
2.6 Minus ohne ZÜ
2.7 Minus mit ZÜ
2.8 +/− gemischt

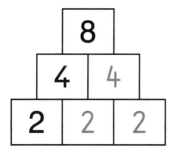
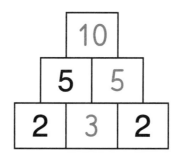
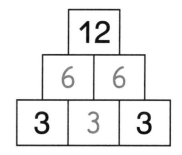
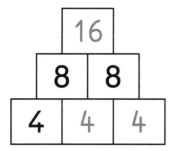
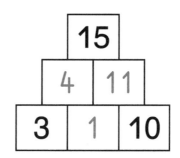
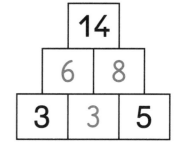

2.1 Zahlen
2.2 Zahlen
2.3 Zahlenraum
2.4 Plus ohne ZÜ
2.5 Plus mit ZÜ
2.6 Minus ohne ZÜ
2.7 Minus mit ZÜ
2.8 +/- gemischt

Zahlenmauern

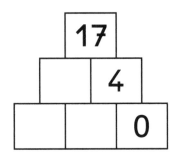
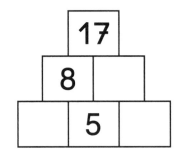
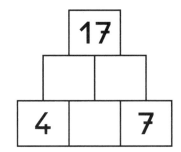

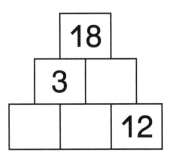
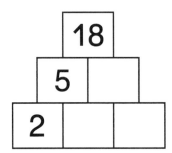
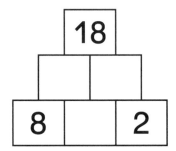

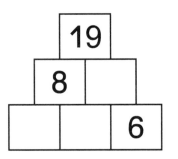
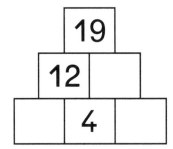
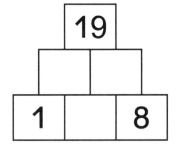

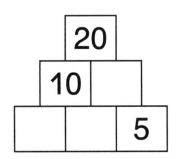
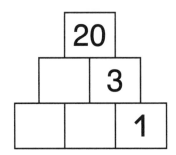
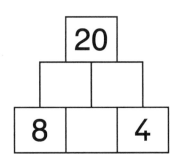

Streit · Jansen   **Mathe lernen nach dem IntraActPlus-Konzept**
© Springer-Verlag GmbH Deutschland, ein Teil von Springer Nature 2020

Zählen 2.1

Zahlen 2.2

Zahlenraum 2.3

Plus ohne ZÜ 2.4

Plus mit ZÜ 2.5

Minus ohne ZÜ 2.6

Minus mit ZÜ 2.7

+/– gemischt 2.8

Lösungen

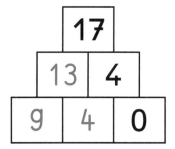

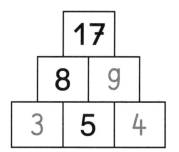

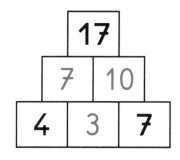

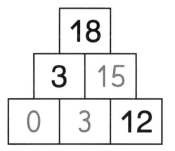

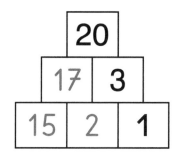

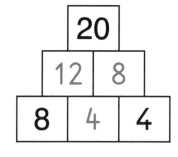

2.1 Zählen
2.2 Zahlen
2.3 Zahlenraum
2.4 Plus ohne ZÜ
2.5 Plus mit ZÜ
2.6 Minus ohne ZÜ
2.7 Minus mit ZÜ
2.8 +/- gemischt

Zahlenreihen fortsetzen

| 2 | 4 | 6 | | | | |

Regel: Immer + 2

| 1 | 3 | 5 | | | | |

Regel: _____

| 0 | 3 | 6 | | | | |

Regel: _____

| 12 | 10 | 8 | | | | |

Regel: _____

| 15 | 13 | 11 | | | | |

Regel: _____

| 0 | 4 | 8 | | | |

Regel: _____

Streit · Jansen **Mathe lernen nach dem IntraActPlus-Konzept**
© Springer-Verlag GmbH Deutschland, ein Teil von Springer Nature 2020

Lösungen

| 2 | 4 | 6 | 8 | 10 | 12 | 14 |

Regel: Immer + 2

| 1 | 3 | 5 | 7 | 9 | 11 | 13 |

Regel: Immer + 2

| 0 | 3 | 6 | 9 | 12 | 15 | 18 |

Regel: Immer + 3

| 12 | 10 | 8 | 6 | 4 | 2 | 0 |

Regel: Immer − 2

| 15 | 13 | 11 | 9 | 7 | 5 | 3 |

Regel: Immer − 2

| 0 | 4 | 8 | 12 | 16 | 20 |

Regel: Immer + 4

2.1 Zählen
2.2 Zahlen
2.3 Zahlenraum
2.4 Plus ohne ZÜ
2.5 Plus mit ZÜ
2.6 Minus ohne ZÜ
2.7 Minus mit ZÜ
2.8 +/− gemischt

2.1 Zählen

2.2 Zahlen

2.3 Zahlenraum

2.4 Plus ohne ZÜ

2.5 Plus mit ZÜ

2.6 Minus ohne ZÜ

2.7 Minus mit ZÜ

2.8 +/- gemischt

Zahlenreihen fortsetzen

| 8 | 10 | 12 | | | | |

Regel: _____

| 19 | 17 | 15 | | | | |

Regel: _____

| 18 | 15 | 12 | | | | |

Regel: _____

| 7 | 9 | 11 | | | | |

Regel: _____

| 20 | 18 | 16 | | | | |

Regel: _____

| 20 | 16 | 12 | | | |

Regel: _____

Streit · Jansen   Mathe lernen nach dem IntraActPlus-Konzept
© Springer-Verlag GmbH Deutschland, ein Teil von Springer Nature 2020

| 8 | 10 | 12 | 14 | 16 | 18 | 20 |

Regel: Immer + 2

| 19 | 17 | 15 | 13 | 11 | 9 | 7 |

Regel: Immer − 2

| 18 | 15 | 12 | 9 | 6 | 3 | 0 |

Regel: Immer − 3

| 7 | 9 | 11 | 13 | 15 | 17 | 19 |

Regel: Immer + 2

| 20 | 18 | 16 | 14 | 12 | 10 | 8 |

Regel: Immer − 2

| 20 | 16 | 12 | 8 | 4 | 0 |

Regel: Immer − 4

2.1 Zählen
2.2 Zahlen
2.3 Zahlenraum
2.4 Plus ohne ZÜ
2.5 Plus mit ZÜ
2.6 Minus ohne ZÜ
2.7 Minus mit ZÜ
2.8 +/− gemischt

Zahlenreihen fortsetzen

2.1 Zählen

2.2 Zahlen

2.3 Zahlenraum

2.4 Plus ohne ZÜ

2.5 Plus mit ZÜ

2.6 Minus ohne ZÜ

2.7 Minus mit ZÜ

2.8 +/- gemischt

| 1 | 3 | 4 | 6 | 7 | | | | | |

Regel: _____

| 4 | 8 | 6 | 10 | 8 | | | | | |

Regel: _____

| 18 | 15 | 16 | 13 | 14 | | | | | |

Regel: _____

| 20 | 16 | 18 | 14 | 16 | | | | | |

Regel: _____

| 2 | 7 | 5 | 10 | 8 | | | | | |

Regel: _____

| 18 | 12 | 15 | 9 | 12 | | | | | |

Regel: _____

| 1 | 8 | 4 | 11 | 7 | | | | | |

Regel: _____

Streit · Jansen **Mathe lernen nach dem IntraActPlus-Konzept**
© Springer-Verlag GmbH Deutschland, ein Teil von Springer Nature 2020

| 1 | 3 | 4 | 6 | 7 | 9 | 10 | 12 | 13 | 15 |

Regel: Abwechselnd + 2 und + 1

| 4 | 8 | 6 | 10 | 8 | 12 | 10 | 14 | 12 | 16 |

Regel: Abwechselnd + 4 und – 2

| 18 | 15 | 16 | 13 | 14 | 11 | 12 | 9 | 10 | 7 |

Regel: Abwechselnd –3 und + 1

| 20 | 16 | 18 | 14 | 16 | 12 | 14 | 10 | 12 | 8 |

Regel: Abwechselnd –4 und + 2

| 2 | 7 | 5 | 10 | 8 | 13 | 11 | 16 | 14 | 19 |

Regel: Abwechselnd + 5 und – 2

| 18 | 12 | 15 | 9 | 12 | 6 | 9 | 3 | 6 | 0 |

Regel: Abwechselnd – 6 und + 3

| 1 | 8 | 4 | 11 | 7 | 14 | 10 | 17 | 13 | 20 |

Regel: Abwechselnd + 7 und – 4

2.1 Zählen

2.2 Zählen

2.3 Zahlenraum

2.4 Plus ohne ZÜ

2.5 Plus mit ZÜ

2.6 Minus ohne ZÜ

2.7 Minus mit ZÜ

2.8 +/- gemischt

Zahlensymbolrätsel 1

🍎 + 🍎 = 10   🍎 = ▢

🍎 + 🍎 = 8   🍎 = ▢

🍎 – 🍓 = 1   🍓 = ▢

🍓 + 🍎 = ▢

🍎 + 🍎 = 20   🍎 = ▢

🍎 + 🍎 = 18   🍎 = ▢

🍎 – 🍓 = 4   🍓 = ▢

🍎 + 🍎 = ▢

🍓 + 🍓 = 18   🍓 = ▢

🍎 – 🍓 = 11   🍎 = ▢

🍎 – 🍎 = 1   🍎 = ▢

🍎 – 🍓 = ▢

Streit · Jansen   **Mathe lernen nach dem IntraActPlus-Konzept**
© Springer-Verlag GmbH Deutschland, ein Teil von Springer Nature 2020

🍎 + 🍎 = 10   🍎 = $\boxed{5}$

🍎 + 🍊 = 8   🍊 = $\boxed{3}$

🍎 − 🍓 = 1   🍓 = $\boxed{4}$

🍓 + 🍊 = $\boxed{7}$

🍎 + 🍎 = 20   🍊 = $\boxed{10}$

🍎 + 🍊 = 18   🍎 = $\boxed{8}$

🍎 − 🍓 = 4   🍓 = $\boxed{4}$

🍎 + 🍊 = $\boxed{18}$

🍓 + 🍓 = 18   🍓 = $\boxed{9}$

🍎 − 🍓 = 11   🍎 = $\boxed{20}$

🍎 − 🍊 = 1   🍎 = $\boxed{19}$

🍎 − 🍓 = $\boxed{10}$

2.1 Zählen
2.2 Zahlen
2.3 Zahlenraum
2.4 Plus ohne ZÜ
2.5 Plus mit ZÜ
2.6 Minus ohne ZÜ
2.7 Minus mit ZÜ
2.8 +/− gemischt

2.1 Zählen

2.2 Zahlen

2.3 Zahlenraum

2.4 Plus ohne ZÜ

2.5 Plus mit ZÜ

2.6 Minus ohne ZÜ

2.7 Minus mit ZÜ

2.8 +/- gemischt

Zahlensymbolrätsel 2

🌼 − 🌰 = 2

🌰 + 🌰 = 12

🍅 + 🌼 = 18

🍅 − 🌼 = ☐

🌼 = ☐

🌰 = ☐

🍅 = ☐

🌰 − 🍅 = 13

🌰 − 🌼 = 12

🍅 + 🍅 = 14

🍅 + 🌼 = ☐

🌼 = ☐

🌰 = ☐

🍅 = ☐

🌰 + 🌼 = 15

🌼 − 🍅 = 5

🌰 + 🌰 = ☐

🌼 + 🌼 = 16

🌼 = ☐

🌰 = ☐

🍅 = ☐

Streit · Jansen **Mathe lernen nach dem IntraActPlus-Konzept**
© Springer-Verlag GmbH Deutschland, ein Teil von Springer Nature 2020

🌼 − 🥜 = 2

🥜 + 🥜 = 12

🍅 + 🌼 = 18

🍅 − 🌼 = $\boxed{2}$

🌼 = $\boxed{8}$

🥜 = $\boxed{6}$

🍅 = $\boxed{10}$

🥜 − 🍅 = 13

🥜 − 🌼 = 12

🍅 + 🍅 = 14

🍅 + 🌼 = $\boxed{15}$

🌼 = $\boxed{8}$

🥜 = $\boxed{20}$

🍅 = $\boxed{7}$

🥜 + 🌼 = 15

🌼 − 🍅 = 5

🥜 + 🥜 = $\boxed{14}$

🌼 + 🌼 = 16

🌼 = $\boxed{8}$

🥜 = $\boxed{7}$

🍅 = $\boxed{3}$

2.1 Zählen
2.2 Zahlen
2.3 Zahlenraum
2.4 Plus ohne ZÜ
2.5 Plus mit ZÜ
2.6 Minus ohne ZÜ
2.7 Minus mit ZÜ
2.8 +/− gemischt

Zahlensymbolrätsel 3

▲ − 5 = 0 	 ■ = ☐

● − 3 = ▲ 	 ● = ☐

■ + 1 = ● 	 ▲ = ☐

■ − 2 = 16 	 ■ = ☐

● + 6 = ■ 	 ● = ☐

▲ + 6 = ● 	 ▲ = ☐

● + 7 = 20 	 ■ = ☐

■ − ● = 6 	 ● = ☐

▲ + 4 = ■ 	 ▲ = ☐

■ − 15 = 3 	 ■ = ☐

● + 1 = ▲ 	 ● = ☐

■ − 5 = ● 	 ▲ = ☐

Streit · Jansen **Mathe lernen nach dem IntraActPlus-Konzept**
© Springer-Verlag GmbH Deutschland, ein Teil von Springer Nature 2020

Lösungen

△ − 5 = 0

● − 3 = △

■ + 1 = ●

■ = 7

● = 8

△ = 5

■ − 2 = 16

● + 6 = ■

△ + 6 = ●

■ = 18

● = 12

△ = 6

● + 7 = 20

■ − ● = 6

△ + 4 = ■

■ = 19

● = 13

△ = 15

■ − 15 = 3

● + 1 = △

■ − 5 = ●

■ = 18

● = 13

△ = 14

2.1 Zählen
2.2 Zahlen
2.3 Zahlenraum
2.4 Plus ohne ZÜ
2.5 Plus mit ZÜ
2.6 Minus ohne ZÜ
2.7 Minus mit ZÜ
2.8 +/− gemischt

Zahlensymbolrätsel 4

▲ + ■ = 10   ▲ = ☐

▲ − ■ = 2   ■ = ☐

▲ + 13 = ●   ● = ☐

■ + ● = 20   ▲ = ☐

■ − ● = 2   ■ = ☐

▲ − 3 = ●   ● = ☐

▲ + ● = 19   ▲ = ☐

▲ − ● = 3   ■ = ☐

▲ + 9 = ■   ● = ☐

■ + ● = 18   ▲ = ☐

■ − 4 = ●   ■ = ☐

● + 13 = ▲   ● = ☐

Streit · Jansen **Mathe lernen nach dem IntraActPlus-Konzept**
© Springer-Verlag GmbH Deutschland, ein Teil von Springer Nature 2020

▲ + ■ = 10   ▲ = 6

▲ − ■ = 2   ■ = 4

▲ + 13 = ●   ● = 19

■ + ● = 20   ▲ = 12

■ − ● = 2   ■ = 11

▲ − 3 = ●   ● = 9

▲ + ● = 19   ▲ = 11

▲ − ● = 3   ■ = 20

▲ + 9 = ■   ● = 8

■ + ● = 18   ▲ = 20

■ − 4 = ●   ■ = 11

● + 13 = ▲   ● = 7

2.1 Zählen
2.2 Zahlen
2.3 Zahlenraum
2.4 Plus ohne ZÜ
2.5 Plus mit ZÜ
2.6 Minus ohne ZÜ
2.7 Minus mit ZÜ
2.8 +/− gemischt

2.1 Zählen

2.2 Zahlen

2.3 Zahlenraum

2.4 Plus ohne ZÜ

2.5 Plus mit ZÜ

2.6 Minus ohne ZÜ

2.7 Minus mit ZÜ

2.8 +/- gemischt

Zauberquadrate

Die Zahlen folgen aufeinander.
Jede Zahl kommt nur einmal vor.
Die Summe der Zahlen in jeder Zeile, Spalte und Diagonale ist gleich.

Berechne die Summe der Zahlen in jeder Zeile.

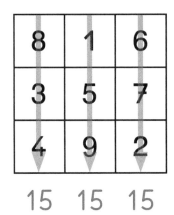

Berechne die Summe der Zahlen in jeder Spalte.

Berechne die Summe der Zahlen in jeder Diagonale.

Streit · Jansen **Mathe lernen nach dem IntraActPlus-Konzept**
© Springer-Verlag GmbH Deutschland, ein Teil von Springer Nature 2020

Zauberquadrate 1

Immer 12

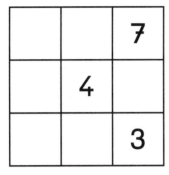

		7
	4	
		3

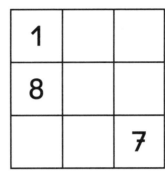

1		
8		
		7

		3
0		
		1

Immer 15

7	5	
		4

6		
	5	
	3	

	9	2
		7

Immer 18

9		7
	6	

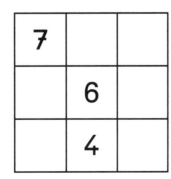

7		
	6	
	4	

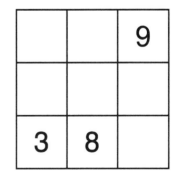

		9
3	8	

2.1 Zählen

2.2 Zahlen

2.3 Zahlenraum

2.4 Plus ohne ZÜ

2.5 Plus mit ZÜ

2.6 Minus ohne ZÜ

2.7 Minus mit ZÜ

2.8 +/– gemischt

2.1 Zählen
2.2 Zahlen
2.3 Zahlenraum
2.4 Plus ohne ZÜ
2.5 Plus mit ZÜ
2.6 Minus ohne ZÜ
2.7 Minus mit ZÜ
2.8 +/- gemischt

Lösungen

Immer 12

5	0	7
6	4	2
1	8	3

1	6	5
8	4	0
3	2	7

7	2	3
0	4	8
5	6	1

Immer 15

6	1	8
7	5	3
2	9	4

6	7	2
1	5	9
8	3	4

4	9	2
3	5	7
8	1	6

Immer 18

9	2	7
4	6	8
5	10	3

7	8	3
2	6	10
9	4	5

5	4	9
10	6	2
3	8	7

Streit · Jansen Mathe lernen nach dem IntraActPlus-Konzept
© Springer-Verlag GmbH Deutschland, ein Teil von Springer Nature 2020

Zauberquadrate 2

Immer 12

1		
		2
	0	

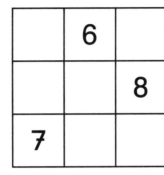

	6	
		8
7		

		7
8		
		5

Immer 15

	1	
3		
		2

		8
9		
	7	

2		
		3
	1	

Immer 18

		3
4		
	2	

		5
		10
		3

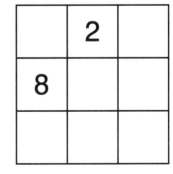

	2	
8		

Lösungen

Immer 12

1	8	3
6	4	2
5	0	7

5	6	1
0	4	8
7	2	3

3	2	7
8	4	0
1	6	5

Immer 15

8	1	6
3	5	7
4	9	2

4	3	8
9	5	1
2	7	6

2	9	4
7	5	3
6	1	8

Immer 18

5	10	3
4	6	8
9	2	7

9	4	5
2	6	10
7	8	3

7	2	9
8	6	4
3	10	5

Streit · Jansen **Mathe lernen nach dem IntraActPlus-Konzept**
© Springer-Verlag GmbH Deutschland, ein Teil von Springer Nature 2020

3

Weiter rechnen ...

3.1 Größer / kleiner / gleich

Lernziele
- Die Bedeutung der Zeichen > und < verstehen.
- Die Zeichen >, < und = sicher einsetzen.
- Ergebnisse von Rechenoperationen mithilfe der Zeichen >, < und = vergleichen.

Die Bedeutung der Zeichen > und < verstehen

Ziel ist es, die Bedeutung der Vergleichszeichen zu verstehen und sich diese gut zu merken:
- „Größer" bedeutet eine größere Menge, „kleiner" bedeutet eine kleinere Menge.
- Das Vergleichszeichen (> oder <) ist immer auf der Seite geöffnet, auf der sich die größere Menge befindet.
- Man spricht von einer „größeren Zahl", wenn die zugehörige Menge größer ist. Entsprechend bedeutet eine „kleinere Zahl", dass die zugehörige Menge kleiner ist.

Als Hilfestellung wird das Bild vom Maul des Krokodils verwendet.

Material 1
Übungsblatt „Das Krokodil öffnet das Maul da, wo mehr ist."

So geht es
Nehmen wir als Beispiel die erste Aufgabe:

Erste Aufgabe des Übungsblattes

Besprechen Sie mit dem Kind zunächst, auf welcher Seite mehr Tomaten abgebildet sind. Dann zeigen Sie auf das Krokodil und erklären: „Das Krokodil macht sein Maul immer zu der Seite auf, wo mehr ist. Hier auf der Seite (Sie zeigen auf die beiden Tomaten rechts) sind mehr Tomaten. Also macht das Krokodil das Maul zu dieser Seite auf."

In gleicher Weise werden die weiteren Aufgaben auf dem Übungsblatt besprochen.

Das Arbeitsblatt wird so oft wiederholt, bis das Kind bei jeder Aufgabe ohne Hilfestellung sicher beschreiben kann, auf welcher Seite mehr ist und nach welcher Seite das Maul geöffnet ist.

Material 2
Übungsblatt „Die Zeichen > und < verstehen."

So geht es
Dieses Übungsblatt unterscheidet sich vom vorangegangenen nur in einem Punkt: Das Maul wurde jeweils durch das Größer- oder Kleinerzeichen ersetzt. Wenn Sie beide Übungsblätter nebeneinanderlegen, können Sie dem Kind für jede Aufgabe erklären, warum das Vergleichszeichen nach links oder rechts geöffnet ist.

Zum weiteren Üben können Sie die Vergleichszeichen mit einem Papierstreifen abdecken. Das Kind kann dann die Zeichen auf den Streifen malen (mit einem Stift oder nur symbolisch mit dem Finger).

Material 3
Übungsblatt „Setze > und < richtig ein!"

So geht es
Das Kind schreibt die Vergleichszeichen in die Kästchen.

Die Zeichen >, < und = sicher einsetzen – auch, um Ergebnisse von Rechenoperationen zu vergleichen

Material
Übungsblätter „Setze >, < und = richtig ein!"

So geht es
Besprechen Sie zu Beginn des Übens:
- Hier stehen Zahlen statt Gegenständen.
- Hier gibt es nicht nur die Zeichen > und <, sondern auch das schon bekannte Zeichen = (ist gleich).

Leistungsdifferenzierung
Kinder, die sich damit noch schwertun, wiederholen zunächst jedes Übungsblatt, ohne zu schreiben, so oft, bis sie es sicher können. Erst dann werden im nächsten Durchgang die Ergebnisse aufgeschrieben.

Sollte das Kind mehr Übungsmaterial benötigen, können diese Übungsblätter im Internet heruntergeladen werden unter: www.intraactplus.de/mathe/.

Material
Übungsblatt „Löse die Aufgaben ohne zu rechnen!"

Diese Aufgaben sind für schnelle Lerner gedacht und können durch reines Nachdenken gelöst werden.

Das Krokodil öffnet das Maul da, wo mehr ist.

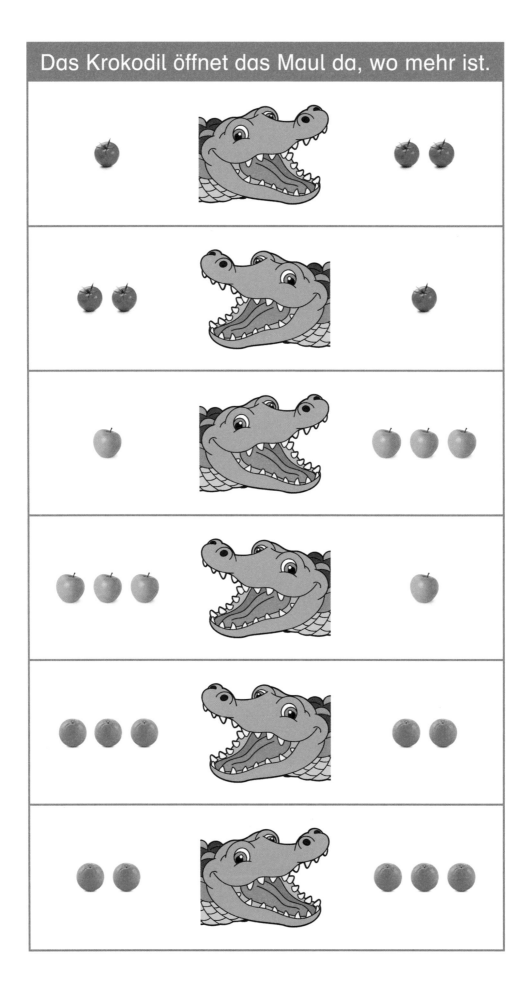

Streit · Jansen **Mathe lernen nach dem IntraActPlus-Konzept**
© Springer-Verlag GmbH Deutschland, ein Teil von Springer Nature 2020

Die Zeichen > und < verstehen.

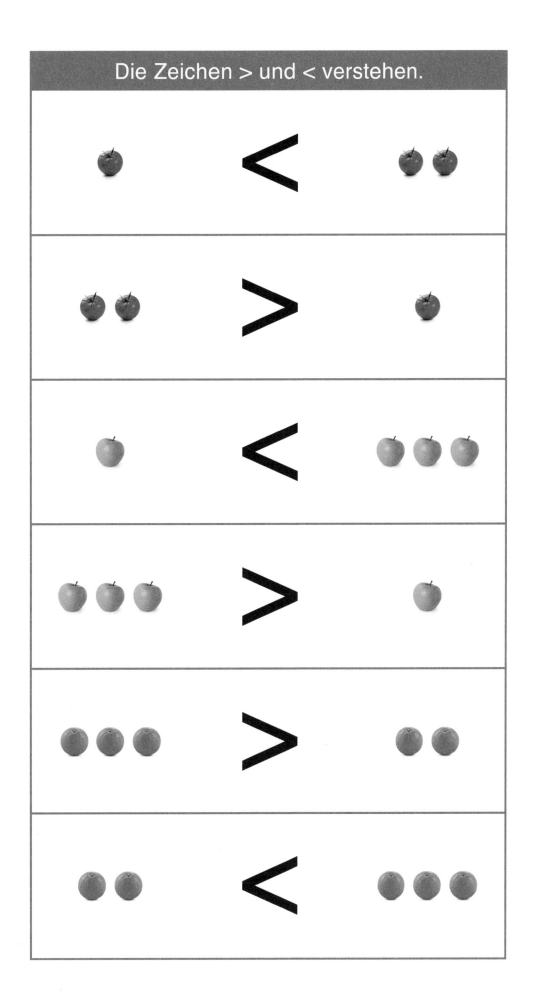

Setze > und < richtig ein!

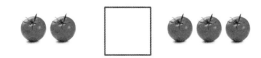

Streit · Jansen   **Mathe lernen nach dem IntraActPlus-Konzept**
© Springer-Verlag GmbH Deutschland, ein Teil von Springer Nature 2020

Setze >, < und = richtig ein!

1	=	1	7	☐	5
1	<	3	7	☐	3
3	>	1	7	☐	7
3	☐	3	5	☐	5
4	☐	1	5	☐	6
3	☐	4	6	☐	4
5	☐	4	8	☐	6
6	☐	4	7	☐	8
4	☐	4	8	☐	9
4	☐	5	8	☐	8
6	☐	5	10	☐	9
6	☐	6	10	☐	8

Streit · Jansen   **Mathe lernen nach dem IntraActPlus-Konzept**
© Springer-Verlag GmbH Deutschland, ein Teil von Springer Nature 2020

1	=	1
1	<	3
3	>	1
3	=	3
4	>	1
3	<	4
5	>	4
6	>	4
4	=	4
4	<	5
6	>	5
6	=	6

7	>	5
7	>	3
7	=	7
5	=	5
5	<	6
6	>	4
8	>	6
7	<	8
8	<	9
8	=	8
10	>	9
10	>	8

Setze >, < und = richtig ein!

4	☐	5
14	☐	15
7	☐	6
17	☐	16
3	☐	5
13	☐	15
9	☐	8
19	☐	18
6	☐	4
16	☐	14
9	☐	10
19	☐	20

17	☐	12
7	☐	12
13	☐	9
13	☐	19
14	☐	18
14	☐	8
17	☐	18
17	☐	16
18	☐	16
14	☐	11
15	☐	20
20	☐	20

Streit · Jansen   **Mathe lernen nach dem IntraActPlus-Konzept**
© Springer-Verlag GmbH Deutschland, ein Teil von Springer Nature 2020

4	<	5	17	>	12
14	<	15	7	<	12
7	>	6	13	>	9
17	>	16	13	<	19
3	<	5	14	<	18
13	<	15	14	>	8
9	>	8	17	<	18
19	>	18	17	>	16
6	>	4	18	>	16
16	>	14	14	>	11
9	<	10	15	<	20
19	<	20	20	=	20

Setze >, < und = richtig ein!

1 + 3 ☐ 1 + 4

1 + 3 ☐ 3 + 1

2 + 2 ☐ 4 + 0

4 + 3 ☐ 4 + 2

4 + 3 ☐ 6 + 2

6 + 4 ☐ 5 + 5

6 − 4 ☐ 6 − 3

8 − 5 ☐ 8 − 6

9 − 6 ☐ 8 − 5

9 − 6 ☐ 9 − 7

9 − 8 ☐ 6 − 6

7 − 4 ☐ 4 − 3

9 − 5 ☐ 1 + 4

6 − 2 ☐ 2 + 2

8 − 2 ☐ 4 + 2

3 + 3 ☐ 9 − 3

7 + 2 ☐ 6 + 4

7 − 2 ☐ 6 − 4

7 + 2 ☐ 9 + 1

3 + 0 ☐ 9 − 7

8 − 5 ☐ 5 + 3

7 + 3 ☐ 6 + 4

8 + 2 ☐ 2 + 7

5 + 3 ☐ 9 − 2

Streit · Jansen   **Mathe lernen nach dem IntraActPlus-Konzept**
© Springer-Verlag GmbH Deutschland, ein Teil von Springer Nature 2020

1 + 3 $<$ 1 + 4

1 + 3 $=$ 3 + 1

2 + 2 $=$ 4 + 0

4 + 3 $>$ 4 + 2

4 + 3 $<$ 6 + 2

6 + 4 $=$ 5 + 5

6 − 4 $<$ 6 − 3

8 − 5 $>$ 8 − 6

9 − 6 $=$ 8 − 5

9 − 6 $>$ 9 − 7

9 − 8 $>$ 6 − 6

7 − 4 $>$ 4 − 3

9 − 5 $<$ 1 + 4

6 − 2 $=$ 2 + 2

8 − 2 $=$ 4 + 2

3 + 3 $=$ 9 − 3

7 + 2 $<$ 6 + 4

7 − 2 $>$ 6 − 4

7 + 2 $<$ 9 + 1

3 + 0 $>$ 9 − 7

8 − 5 $<$ 5 + 3

7 + 3 $=$ 6 + 4

8 + 2 $>$ 2 + 7

5 + 3 $>$ 9 − 2

Löse die Aufgaben, ohne zu rechnen!

3 + 1 ☐ 4 + 1

8 + 1 ☐ 7 + 1

5 + 1 ☐ 5 + 2

6 + 4 ☐ 6 + 3

1 + 5 ☐ 1 + 3

3 + 3 ☐ 3 + 4

2 + 8 ☐ 2 + 6

3 + 3 ☐ 4 + 4

8 + 2 ☐ 8 + 4

8 + 7 ☐ 8 + 6

6 + 5 ☐ 5 + 6

9 + 9 ☐ 9 + 8

4 − 1 ☐ 3 − 1

8 − 1 ☐ 9 − 1

4 − 2 ☐ 4 − 1

9 − 1 ☐ 9 − 2

7 − 3 ☐ 7 − 4

7 − 3 ☐ 7 − 2

6 − 3 ☐ 7 − 3

9 − 5 ☐ 9 − 6

3 − 2 ☐ 2 − 1

4 − 3 ☐ 3 − 2

5 − 5 ☐ 5 − 4

8 − 2 ☐ 7 − 2

Streit · Jansen   **Mathe lernen nach dem IntraActPlus-Konzept**
© Springer-Verlag GmbH Deutschland, ein Teil von Springer Nature 2020

$3 + 1 \;\boxed{<}\; 4 + 1$

$8 + 1 \;\boxed{>}\; 7 + 1$

$5 + 1 \;\boxed{<}\; 5 + 2$

$6 + 4 \;\boxed{>}\; 6 + 3$

$1 + 5 \;\boxed{>}\; 1 + 3$

$3 + 3 \;\boxed{<}\; 3 + 4$

$2 + 8 \;\boxed{>}\; 2 + 6$

$3 + 3 \;\boxed{<}\; 4 + 4$

$8 + 2 \;\boxed{<}\; 8 + 4$

$8 + 7 \;\boxed{>}\; 8 + 6$

$6 + 5 \;\boxed{=}\; 5 + 6$

$9 + 9 \;\boxed{>}\; 9 + 8$

$4 - 1 \;\boxed{>}\; 3 - 1$

$8 - 1 \;\boxed{<}\; 9 - 1$

$4 - 2 \;\boxed{<}\; 4 - 1$

$9 - 1 \;\boxed{>}\; 9 - 2$

$7 - 3 \;\boxed{>}\; 7 - 4$

$7 - 3 \;\boxed{<}\; 7 - 2$

$6 - 3 \;\boxed{<}\; 7 - 3$

$9 - 5 \;\boxed{>}\; 9 - 6$

$3 - 2 \;\boxed{=}\; 2 - 1$

$4 - 3 \;\boxed{=}\; 3 - 2$

$5 - 5 \;\boxed{<}\; 5 - 4$

$8 - 2 \;\boxed{>}\; 7 - 2$

Setze >, < und = richtig ein!

17 + 3 ☐ 13 + 6   15 – 8 ☐ 2 + 4

14 + 5 ☐ 16 + 4   12 – 4 ☐ 18 – 9

15 – 3 ☐ 16 – 3   14 – 9 ☐ 13 – 6

19 – 7 ☐ 19 – 4   6 + 9 ☐ 8 + 7

19 + 1 ☐ 15 + 4   12 – 8 ☐ 3 + 2

18 – 7 ☐ 16 – 4   11 – 7 ☐ 11 – 8

20 – 9 ☐ 20 – 8   20 – 9 ☐ 20 – 7

17 – 6 ☐ 16 – 5   8 + 4 ☐ 16 – 4

13 + 4 ☐ 11 + 8   7 + 8 ☐ 9 + 4

17 – 4 ☐ 14 – 3   15 – 9 ☐ 9 – 3

13 + 7 ☐ 15 + 5   20 – 3 ☐ 20 – 2

18 + 2 ☐ 16 + 3   20 – 5 ☐ 10 + 5

Streit · Jansen   **Mathe lernen nach dem IntraActPlus-Konzept**
© Springer-Verlag GmbH Deutschland, ein Teil von Springer Nature 2020

17 + 3 $>$ 13 + 6

14 + 5 $<$ 16 + 4

15 − 3 $<$ 16 − 3

19 − 7 $<$ 19 − 4

19 + 1 $>$ 15 + 4

18 − 7 $<$ 16 − 4

20 − 9 $<$ 20 − 8

17 − 6 $=$ 16 − 5

13 + 4 $<$ 11 + 8

17 − 4 $>$ 14 − 3

13 + 7 $=$ 15 + 5

18 + 2 $>$ 16 + 3

15 − 8 $>$ 2 + 4

12 − 4 $<$ 18 − 9

14 − 9 $<$ 13 − 6

6 + 9 $=$ 8 + 7

12 − 8 $<$ 3 + 2

11 − 7 $>$ 11 − 8

20 − 9 $<$ 20 − 7

8 + 4 $=$ 16 − 4

7 + 8 $>$ 9 + 4

15 − 9 $=$ 9 − 3

20 − 3 $<$ 20 − 2

20 − 5 $=$ 10 + 5

3.2 Verdoppeln / Halbieren

Lernziele
- Verstehen und sicheres Anwenden von Verdoppeln und Halbieren.
- Ergebnisse des Verdoppelns der Zahlen von 1 bis 10 speichern und den Abruf automatisieren. Dies ist gleichzeitig eine Vorbereitung für das Multiplizieren (2er-Reihe).
- Ergebnisse des Halbierens gerader Zahlen bis 20 speichern und den Abruf automatisieren. Dies ist gleichzeitig eine Vorbereitung für das Dividieren durch 2.
- Anwenden der Begriffe „doppelt" und „halb" im Rahmen von Sachaufgaben.
- Denken und Problemlösen in Zusammenhang mit Verdoppeln und Halbieren.

Leistungsdifferenzierung
- Blau: Lerninhalte, die von langsamer lernenden Kindern weggelassen oder zu einem späteren Zeitpunkt bearbeitet werden können
- Orange: schwierigere Zusatzaufgaben für schnell lernende Kinder

Verdoppeln verstehen

Material 1
Übungsblatt „Verdoppeln"

So geht es
Nehmen wir als Beispiel die erste Aufgabe:

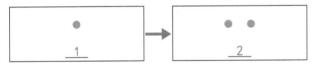

Erklären Sie sinngemäß: „Hier siehst du einen Punkt." Sie zeigen auf den einzelnen Punkt links. „Hier siehst du einen Punkt und noch einen Punkt." Sie zeigen auf die beiden Punkte rechts. „Das ist doppelt so viel. Zwei ist das Doppelte von eins."

Ab der zweiten Aufgabe wird das Ergebnis des Verdoppelns jeweils auf die Linie unter den Punkten geschrieben.

In gleicher Weise werden die weiteren Aufgaben auf dem Übungsblatt bearbeitet.

Wenn das Kind das Verdoppeln sicher verstanden hat, werden die Mengen und Zahlen auf der rechten Seite abgedeckt und aus dem Kopf genannt. Das Übungsblatt wird so oft wiederholt, bis das Kind zu jeder Aufgabe das Doppelte sicher nennen kann.

Material 2
Übungsblatt „Male doppelt so viele Punkte!"

So geht es
Das Kind malt in die Kästchen rechts das Doppelte der Punkte des entsprechenden linken Kästchens. Die Anzahl der gemalten Punkte wird auf die Linie unter den Punkten geschrieben.

Sollte das Kind mehr Übungsmaterial benötigen, können diese Übungsblätter im Internet heruntergeladen werden unter: www.intraactplus.de/mathe/.

Übungsblatt zum Speichern und Automatisieren

Material
Übungsblatt „Verdopple!", Schablone B

So geht es
- Die Schablone B wird so auf das Übungsblatt gelegt, dass nur die beiden blauen Felder zu sehen sind.
- Das Kind deckt das rechte ausgestanzte Fenster der Schablone mit seiner rechten Hand ab.
- Die Schablone wird nach unten geschoben, bis die erste Zahl (»1«) sichtbar ist. Das Kind nennt das Doppelte der Zahl. Dann nimmt es die Hand von der Schablone und prüft das Ergebnis.
- Das Kind deckt das Ergebnisfeld wieder mit der Hand ab und schiebt die Schablone eine Zeile weiter nach unten.

Halbieren verstehen

Material 1
Übungsblatt „Halbieren"

So geht es
Nehmen wir als Beispiel die erste Aufgabe:

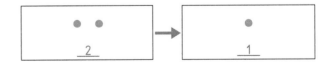

Erklären Sie sinngemäß: „Hier sind zwei Punkte." Sie zeigen auf die beiden Punkte links. „Hier ist ein Punkt." Sie zeigen auf den einzelnen Punkt rechts. „Das ist die Hälfte."

Ab der zweiten Aufgabe wird das Ergebnis des Halbierens jeweils auf die Linie unter den Punkten geschrieben.

▸▸▸

In gleicher Weise werden die weiteren Aufgaben auf dem Übungsblatt bearbeitet.

Wenn das Kind das Halbieren sicher verstanden hat, werden die Mengen und Zahlen auf der rechten Seite abgedeckt und aus dem Kopf genannt. Das Übungsblatt wird so oft wiederholt, bis das Kind zu jeder Aufgabe die Hälfte sicher nennen kann.

Material 2
Übungsblatt „Male halb so viele Punkte!"

So geht es
Das Kind malt in die Kästchen rechts die Hälfte der Punkte des entsprechenden linken Kästchens. Die Anzahl der gemalten Punkte wird auf die Linie unter den Punkten geschrieben.

Sollte das Kind mehr Übungsmaterial benötigen, können diese Übungsblätter im Internet heruntergeladen werden unter: www.intraactplus.de/mathe/.

Übungsblatt zum Speichern und Automatisieren

Material
Übungsblatt „Halbiere!", Schablone B

So geht es
Siehe Beschreibung zum Übungsblatt „Verdopple!" auf S. 587

Anwendung in Sachaufgaben

Material
Übungsblatt „Sachaufgaben"

So geht es
Siehe „Anwendung in Sachaufgaben" auf S. 108.
Die Lösungen stehen jeweils auf der folgenden Seite.

Denkaufgaben

Material
Übungsblatt „Denkaufgaben"

So geht es
Hier gilt es, für jede Aufgabe durch Nachdenken einen eigenen Lösungsweg zu finden.
Die Lösungen stehen jeweils auf der folgenden Seite.

Verdoppeln

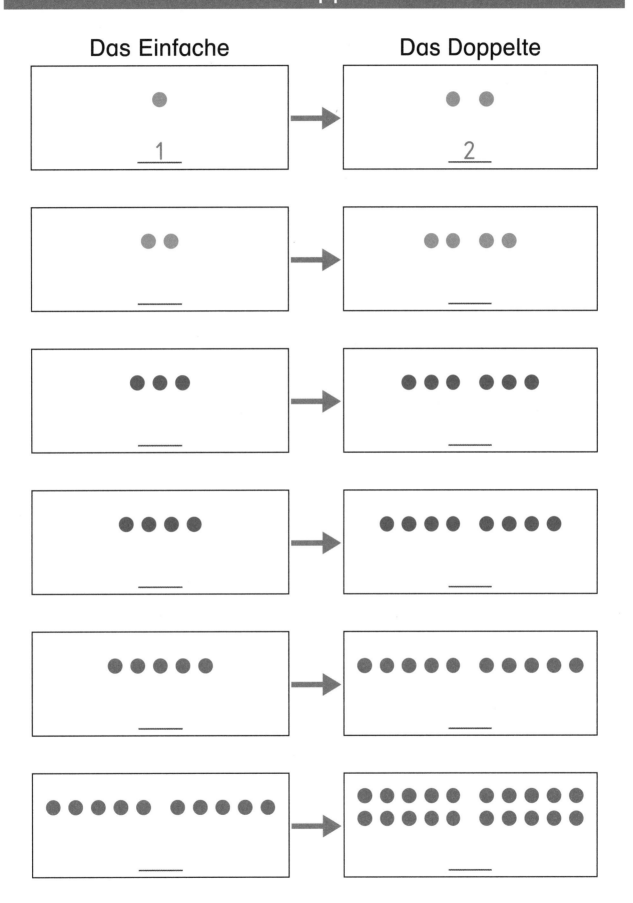

Das Einfache

1

Das Doppelte

2

Male doppelt so viele Punkte!

Das Einfache

Das Doppelte

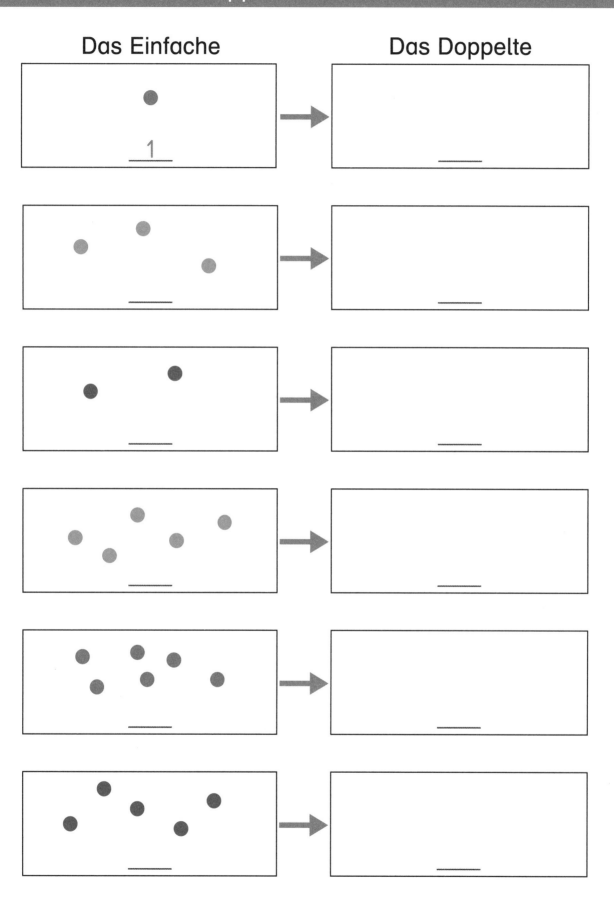

1

Streit · Jansen **Mathe lernen nach dem IntraActPlus-Konzept**
© Springer-Verlag GmbH Deutschland, ein Teil von Springer Nature 2020

Verdopple!		
1		2
2		4
3		6
4		8
5		10
6		12
7		14
8		16
9		18
10		20
9		18
8		16

Halbieren

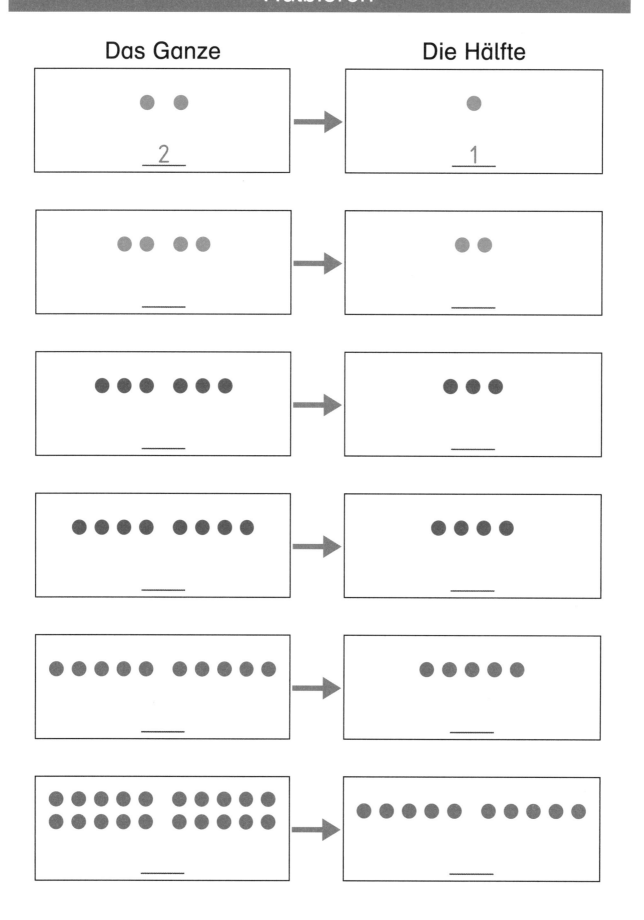

Das Ganze — Die Hälfte

Streit · Jansen **Mathe lernen nach dem IntraActPlus-Konzept**
© Springer-Verlag GmbH Deutschland, ein Teil von Springer Nature 2020

Male halb so viele Punkte!

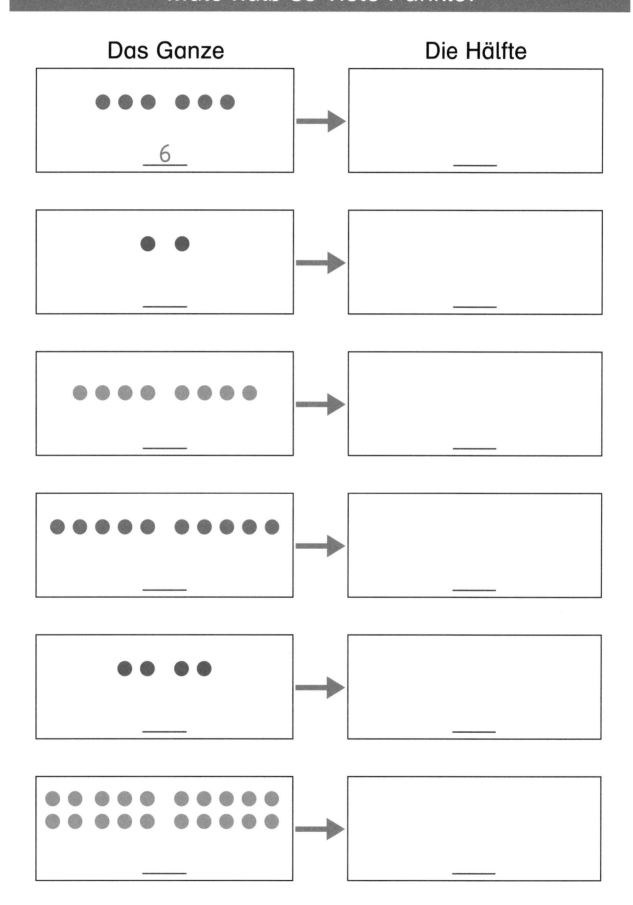

Das Ganze

Die Hälfte

6

Halbiere!		✋
2		1
6		3
4		2
10		5
8		4
6		3
10		5
4		2
8		4
10		5
6		3
8		4

Streit · Jansen **Mathe lernen nach dem IntraActPlus-Konzept**
© Springer-Verlag GmbH Deutschland, ein Teil von Springer Nature 2020

Halbiere!		✋
20		10
18		9
14		7
12		6
16		8
20		10
12		6
14		7
18		9
16		8
18		9
14		7

3.1 Größer / kleiner / gleich

3.2 Verdoppeln / Halbieren

3.3 Geld

Sachaufgaben

A Maja isst 7 Kirschen. Edita isst doppelt so viele Kirschen wie Maja. Wie viele Kirschen isst Edita?

B Kira isst 10 Trauben. Roman isst halb so viele Trauben wie Kira. Wie viele Trauben isst Roman?

C Mila hat 9 blaue und doppelt so viele rote Perlen. Wie viele rote Perlen hat Mila?

D Für einen großen Kuchen braucht Mama 12 Eier. Für einen kleinen Kuchen braucht sie halb so viele Eier. Wie viele Eier braucht Mama für einen kleinen Kuchen?

E Im Zimmer sind 8 Mädchen und doppelt so viele Jungen. Wie viele Jungen sind im Zimmer?

F Tamara ist 14 Jahre alt. Dana ist halb so alt wie Tamara. Wie alt ist Dana?

G Auf dem Parkplatz stehen 20 weiße und halb so viele rote Autos. Wie viele rote Autos stehen auf dem Parkplatz?

Streit · Jansen   **Mathe lernen nach dem IntraActPlus-Konzept**
© Springer-Verlag GmbH Deutschland, ein Teil von Springer Nature 2020

A Rechnung: Das Doppelte von 7 ist 14.

Antwort: Edita isst 14 Kirschen.

B Rechnung: Die Hälfte von 10 ist 5.

Antwort: Roman isst 5 Trauben.

C Rechnung: Das Doppelte von 9 ist 18.

Antwort: Mila hat 18 rote Perlen.

D Rechnung: Die Hälfte von 12 ist 6.

Antwort: Mama braucht 6 Eier.

E Rechnung: Das Doppelte von 8 ist 16.

Antwort: Im Zimmer sind 16 Jungen.

F Rechnung: Die Hälfte von 14 ist 7.

Antwort: Dana ist 7 Jahre alt.

G Rechnung: Die Hälfte von 20 ist 10.

Antwort: Auf dem Parkplatz stehen 10 rote Autos.

A   Marie ist doppelt so alt wie Franz. Peter ist doppelt so alt wie Marie. Wenn man das Alter der 3 Kinder zusammenzählt, kommt eine Zahl heraus, die kleiner als 10 ist. Wie alt ist jedes Kind?

B   Elena ist doppelt so alt wie Daniel. Sven ist doppelt so alt wie Elena. Wenn man das Alter der 3 Kinder zusammenzählt, kommt eine Zahl heraus, die größer als 10 und kleiner als 20 ist. Wie alt ist jedes Kind?

C   Paul hat doppelt so viele Murmeln wie Anton. Wenn Anton noch 3 Murmeln dazubekommt, hat er gleich viele Murmeln wie Paul. Wie viele Murmeln hat jeder von den beiden?

D   Marlon hat 4 Pfannkuchen gegessen. Jens sagt: „Wenn ich jetzt noch 2 Pfannkuchen esse, dann habe ich doppelt so viele Pfannkuchen wie Marlon gegessen." Wie viele Pfannkuchen hat Jens schon gegessen?

E   Auf der Weide stehen Pferde und Schafe. Julian sagt: „Es sind zusammen 18 Tiere." Carolin sagt: „Wenn es noch 3 Schafe mehr wären, wären es doppelt so viele Schafe wie Pferde." Wie viele Pferde und wie viele Schafe sind es?

F   Helen und Sabine sammeln Kastanien. Helen hat halb so viele Kastanien wie Sabine gefunden. Wenn Sabine noch 2 Kastanien findet, hat sie 20 Kastanien. Wie viele Kastanien hat jedes Mädchen?

G   Georg und Selina sammeln Nüsse. Selina sagt: „Wenn ich noch 3 Nüsse finde, habe ich doppelt so viele Nüsse wie du. Wenn du noch 2 Nüsse findest, haben wir beide gleich viele Nüsse." Wie viele Nüsse hat jedes Kind?

Streit · Jansen **Mathe lernen nach dem IntraActPlus-Konzept**
© Springer-Verlag GmbH Deutschland, ein Teil von Springer Nature 2020

A Antwort: Franz ist 1 Jahr alt.
Marie ist 2 Jahre alt.
Peter ist 4 Jahre alt.

B Antwort: Daniel ist 2 Jahre alt.
Elena ist 4 Jahre alt.
Sven ist 8 Jahre alt.

C Antwort: Paul hat 6 Murmeln.
Anton hat 3 Murmeln.

D Antwort: Jens hat 6 Pfannkuchen gegessen.

E Antwort: Es sind 7 Pferde und 11 Schafe.

F Antwort: Sabine hat 18 Kastanien.
Helen hat 9 Kastanien.

G Antwort: Georg hat 5 Nüsse.
Selina hat 7 Nüsse.

3.3 Geld

Lernziele
- Euromünzen und -scheine bis 20 € sicher erkennen.
- Das Eurozeichen € schreiben können.
- Rechnen mit Euromünzen und -scheinen bis 20 €.
- In Sachaufgaben mit Eurobeträgen rechnen können.

Euromünzen und -scheine bis 20 € sicher erkennen

Material 1
Übungsblatt „Euromünzen und Euroscheine bis 20 €"

So geht es
Besprechen Sie mit dem Kind die dargestellten Münzen und Scheine.

Üben Sie das Lesen des Eurozeichens »€«.

Das Eurozeichen schreiben können

Material
Übungsblatt zum Schreiben des Eurozeichens

So geht es
Das Eurozeichen »€« wird auf den gepunkteten Linien und in die leeren Kästchen geschrieben.

Rechnen mit Euromünzen und -scheinen

Material

So geht es
- Die rechte Spalte mit den Ergebnissen wird mit einem Blatt Papier abgedeckt.
- Das Kind rechnet die Werte der in der ersten Reihe dargestellten Euromünzen und Euroscheine zusammen.
- Das Abdeckblatt wird nach unten geschoben, bis das Ergebnis der Aufgabe sichtbar ist. Das Kind prüft, ob es richtig gerechnet hat.
- Die nächsten Aufgaben werden entsprechend bearbeitet.

Leistungsdifferenzierung
Das Übungsblatt wird so oft wiederholt, bis das Zusammenzählen der Werte der dargestellten Münzen und Scheine mühelos und fehlerfrei gelingt.

Anwendung in Sachaufgaben

Material
Übungsblätter „Sachaufgaben"

Achtung
Die Preise, die für das erste Übungsblatt mit Sachaufgaben benötigt werden, stehen auf der gegenüberliegenden Seite.

So geht es
Siehe „Anwendung in Sachaufgaben" auf S. 108.
Die Lösungen stehen jeweils auf der folgenden Seite.

Übungsmaterial (Beispiel)

1 €   ein Euro

2 €   zwei Euro

5 €   fünf Euro

10 €   zehn Euro

20 €   zwanzig Euro

Streit · Jansen   **Mathe lernen nach dem IntraActPlus-Konzept**
© Springer-Verlag GmbH Deutschland, ein Teil von Springer Nature 2020

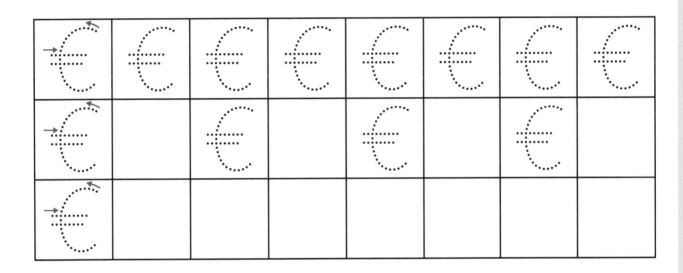

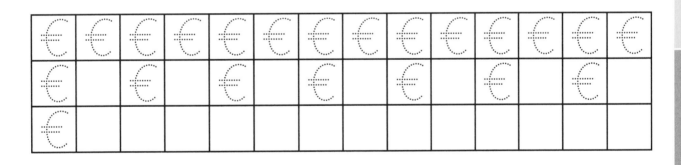

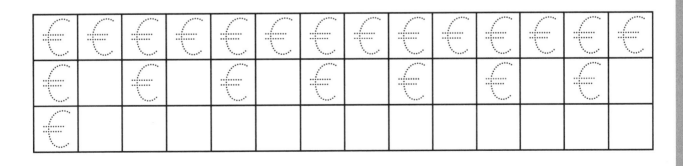

		✋
🪙🪙		2 €
🪙		2 €
🪙🪙🪙🪙		4 €
🪙🪙		4 €
🪙🪙🪙🪙🪙🪙		6 €
🪙🪙🪙		6 €
🪙🪙🪙🪙🪙🪙🪙🪙		8 €
🪙🪙🪙🪙		8 €
🪙🪙🪙🪙🪙		10 €

Streit · Jansen **Mathe lernen nach dem IntraActPlus-Konzept**
© Springer-Verlag GmbH Deutschland, ein Teil von Springer Nature 2020

		🖐
2€ 2€ 2€ 2€ 2€		10 €
2€ 2€ 2€ 2€ 2€ 2€		12 €
2€ 2€ 2€ 2€ 2€ 2€ 2€		14 €
2€ 2€ 2€ 2€ 2€ 2€ 2€ 2€		16 €
2€ 2€ 1€		5 €
2€ 2€ 2€ 1€		7 €
2€ 2€ 2€ 2€ 1€		9 €
2€ 2€ 2€ 1€ 1€ 1€ 1€		10 €
2€ 2€ 2€ 2€ 1€ 1€ 1€		11 €

Größer / kleiner / gleich 3.1

Verdoppeln / Halbieren 3.2

Geld 3.3

		✋
5-€-Schein		5 €
5-€-Schein 5-€-Schein		10 €
5-€-Schein 5-€-Schein 5-€-Schein		15 €
5-€-Schein 5-€-Schein 5-€-Schein 5-€-Schein		20 €
5-€-Schein 5-€-Schein 1-€-Münze		11 €
5-€-Schein 5-€-Schein 5-€-Schein 1-€-Münze		16 €
5-€-Schein 5-€-Schein 5-€-Schein 2-€-Münze		17 €
5-€-Schein 5-€-Schein 2-€-Münze 2-€-Münze 2-€-Münze		16 €
5-€-Schein 5-€-Schein 5-€-Schein 2-€-Münze 2-€-Münze		19 €

Streit · Jansen **Mathe lernen nach dem IntraActPlus-Konzept**
© Springer-Verlag GmbH Deutschland, ein Teil von Springer Nature 2020

		✋
10 €		10 €
10 € 5 €		15 €
10 € 10 €		20 €
10 € 2€		12 €
10 € 5 € 1€		16 €
10 € 2€ 2€ 1€		15 €
10 € 5 € 5 €		20 €
10 € 5 € 2€ 2€		19 €
10 € 5 € 2€ 2€ 1€		20 €

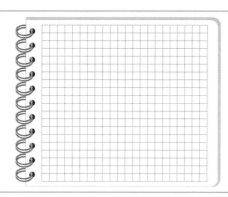

Block 4 €

Pinsel 3 €

Buntstifte 7 €

Anspitzer 4 €

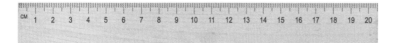

Lineal 5 €

Schere 9 €

Streit · Jansen **Mathe lernen nach dem IntraActPlus-Konzept**
© Springer-Verlag GmbH Deutschland, ein Teil von Springer Nature 2020

A Oskar kauft drei Pinsel.
Wie viel muss er bezahlen?

B Nele kauft Buntstifte und einen Anspitzer.
Wie viel muss sie bezahlen?

C Carlo kauft einen Anspitzer, einen Block und ein
Lineal. Wie viel muss er bezahlen?

D Jannis kauft Buntstifte, ein Lineal und einen Pinsel.
Wie viel muss er bezahlen?

E Emily kauft Buntstifte und zwei Blöcke.
Wie viel muss sie bezahlen?

F Jenny kauft eine Schere, ein Lineal und einen Block.
Wie viel muss sie bezahlen?

G Samuel kauft eine Schere, Buntstifte und einen
Anspitzer. Wie viel muss er bezahlen?

Streit · Jansen **Mathe lernen nach dem IntraActPlus-Konzept**
© Springer-Verlag GmbH Deutschland, ein Teil von Springer Nature 2020

A Rechnung: 3 € + 3 € + 3 € = 9 €

Antwort: Oskar muss 9 € bezahlen.

B Rechnung: 7 € + 4 € = 11 €

Antwort: Nele muss 11 € bezahlen.

C Rechnung: 4 € + 4 € + 5 € = 13 €

Antwort: Carlo muss 13 € bezahlen.

D Rechnung: 7 € + 5 € + 3 € = 15 €

Antwort: Jannis muss 15 € bezahlen.

E Rechnung: 7 € + 4 € + 4 € = 15 €

Antwort: Emily muss 15 € bezahlen.

F Rechnung: 9 € + 5 € + 4 € = 18 €

Antwort: Jenny muss 18 € bezahlen.

G Rechnung: 9 € + 7 € + 4 € = 20 €

Antwort: Samuel muss 20 € bezahlen.

Streit · Jansen **Mathe lernen nach dem IntraActPlus-Konzept**
© Springer-Verlag GmbH Deutschland, ein Teil von Springer Nature 2020

A Martin kauft ein Eis für 2 €.
Er bezahlt mit einem 10-Euro-Schein.
Wie viel Geld bekommt er zurück?

B Irina kauft ein Buch für 8 €.
Sie bezahlt mit einem 10-Euro-Schein.
Wie viel Geld bekommt sie zurück?

C Oskar kauft ein Brot für 4 €.
Er bezahlt mit einem 20-Euro-Schein.
Wie viel Geld bekommt er zurück?

D Hanne kauft Äpfel für 3 € und Birnen für 4 €.
Sie bezahlt mit einem 20-Euro-Schein.
Wie viel Geld bekommt sie zurück?

E Ahmed hat 10 €.
Er kauft ein Buch für 7 € und ein Heft für 3 €.
Reicht sein Geld?

F Tine hat 10 €.
Sie braucht eine Schere für 7 € und ein Lineal für 5 €.
Reicht ihr Geld?

G Steffen hat 20 €.
Er braucht ein T-Shirt für 12 € und Socken für 4 €.
Reicht sein Geld?

A Rechnung: 10 € – 2 € = 8 €

Antwort: Martin bekommt 8 € zurück.

B Rechnung: 10 € – 8 € = 2 €

Antwort: Irina bekommt 2 € zurück.

C Rechnung: 20 € – 4 € = 16 €

Antwort: Oskar bekommt 16 € zurück.

D Rechnung: 20 € – 3 € – 4 € = 13 €

Antwort: Hanne bekommt 13 € zurück.

E Rechnung: 7 € + 3 € = 10 €

Antwort: Ahmed muss 10 € bezahlen.
Sein Geld reicht.

F Rechnung: 7 € + 5 € = 12 €

Antwort: Tine muss 12 € bezahlen.
Ihr Geld reicht nicht.

G Rechnung: 12 € + 4 € = 16 €

Antwort: Steffen muss 16 € bezahlen.
Sein Geld reicht.

Streit · Jansen **Mathe lernen nach dem IntraActPlus-Konzept**
© Springer-Verlag GmbH Deutschland, ein Teil von Springer Nature 2020

Geometrie

4

4.1 Formen

Lernziele

- Grundlegende geometrische Formen sicher erkennen und benennen.
- Die gelernten Formen in unterschiedlichen Varianten erkennen, beispielsweise: Ein Dreieck ist auch ein Dreieck, wenn es auf dem Kopf steht und die Seiten ganz unterschiedlich lang sind.
- Größen von Rechtecken vergleichen können.
- Erstes Verstehen des Zusammenhangs zwischen Viereck, Rechteck und Quadrat.

Leistungsdifferenzierung

- *Grün*: grundlegende Lerninhalte für alle Lernenden
- *Blau*: Lerninhalte, die von langsamer lernenden Kindern weggelassen oder zu einem späteren Zeitpunkt bearbeitet werden können
- *Orange*: schwierigere Zusatzaufgaben für schnell lernende Kinder

---

Grundlegende geometrische Formen sicher erkennen und benennen

Material 1

Übungsblatt „Geometrische Formen kennenlernen"

So geht es

Üben Sie mit dem Kind die Namen und die Besonderheiten der dargestellten Formen.

Material 2

Übungsblatt „Geometrische Formen üben"

So geht es

- Die Spalten „Ecken" und „Name" werden mit einem Blatt Papier abgedeckt.
- Das Kind betrachtet die erste Form (rotes Quadrat) und nennt die Anzahl der Ecken und den Namen der Form.
- Das Abdeckblatt wird nach unten geschoben. Es wird geprüft, ob alles richtig war.
- Entsprechend wird die nächste Aufgabe bearbeitet usw.

Leistungsdifferenzierung

Das Übungsblatt wird so oft wiederholt, bis die Anzahl der Ecken und der Name jeder Form mühelos und fehlerfrei genannt werden können.

Die gelernten Formen in unterschiedlichen Varianten erkennen

Material 3

Übungsblätter „Male die Formen an!"

So geht es

Die Formen werden in den angegebenen Farben angemalt.

Leistungsdifferenzierung

Kinder, die im Erkennen der Formen noch nicht sicher sind, bearbeiten ein Übungsblatt zunächst mündlich, indem sie auf die jeweiligen Formen zeigen. Dies kann mehrmals wiederholt werden. Erst wenn das Kind die Formen sicher erkennt, malt es sie im nächsten Lerndurchgang aus.

Kinder mit deutlichen Schwierigkeiten beim Malen können die Übungsblätter auch ausschließlich mündlich bearbeiten.

Schnelle Lerner können auf S. 622 bereits den Zusammenhang zwischen den Formen „Viereck", „Rechteck" und „Quadrat" verstehen und üben.

Flächen bezüglich ihrer Größe vergleichen

Material

Übungsblätter „Flächen vergleichen"

So geht es

Siehe Beschreibung auf jedem Übungsblatt.

Leistungsdifferenzierung

Kinder, die noch nicht sicher lesen können, bekommen die beschreibenden Texte auf den Übungsblättern vorgelesen.

Prüfen Sie auch hier, ob es für das Kind sinnvoll ist, den Lerninhalt der einzelnen Übungsblätter öfter zu wiederholen. In diesem Fall wird erst dann in das Übungsblatt geschrieben oder gemalt, wenn das Kind den jeweiligen Inhalt ganz sicher beherrscht.

Kinder mit deutlichen Schwierigkeiten beim Malen können die Übungsblätter auch ausschließlich mündlich bearbeiten.

Geometrische Formen kennenlernen

	Ecken	Name	Besonderheit
	0	Kreis	Der Kreis ist rund.
	3	Dreieck	
	4	Viereck	
	4	Rechteck	Die gegenüberliegenden Seiten sind jeweils gleich lang.
	4	Quadrat	Alle Seiten sind gleich lang.
	5	Fünfeck	
	6	Sechseck	

Geometrische Formen üben

	Ecken	Name
	4	Quadrat
	3	Dreieck
	4	Rechteck
	0	Kreis
	5	Fünfeck
	4	Rechteck
	3	Dreieck
	4	Quadrat
	6	Sechseck
	4	Rechteck

Streit · Jansen **Mathe lernen nach dem IntraActPlus-Konzept**
© Springer-Verlag GmbH Deutschland, ein Teil von Springer Nature 2020

Male die Formen an!

Kreise – rot   **Dreiecke** – grün   **Quadrate** – blau

Male die Formen an!

Rechtecke – grün   Fünfecke – blau   Kreise – rot

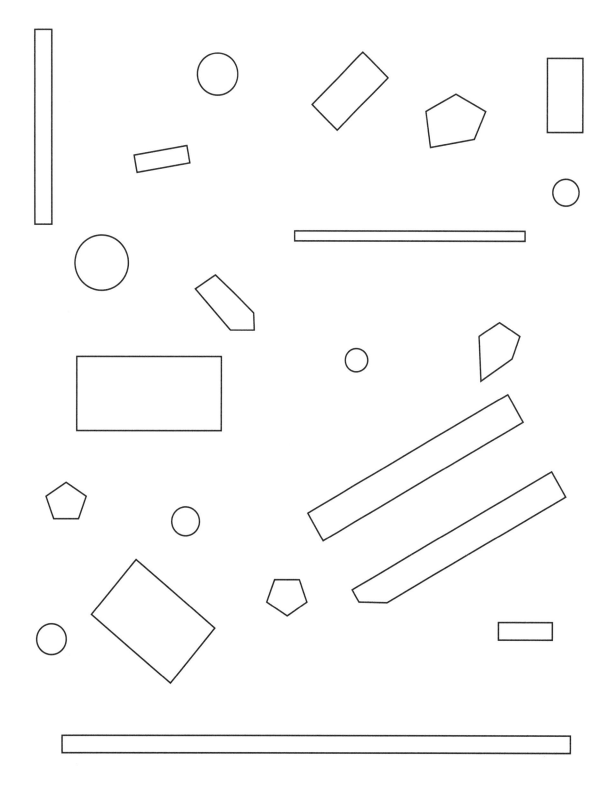

Streit · Jansen **Mathe lernen nach dem IntraActPlus-Konzept**
© Springer-Verlag GmbH Deutschland, ein Teil von Springer Nature 2020

Fünfecke – grün   **Sechsecke – blau**   **Sterne – gelb**

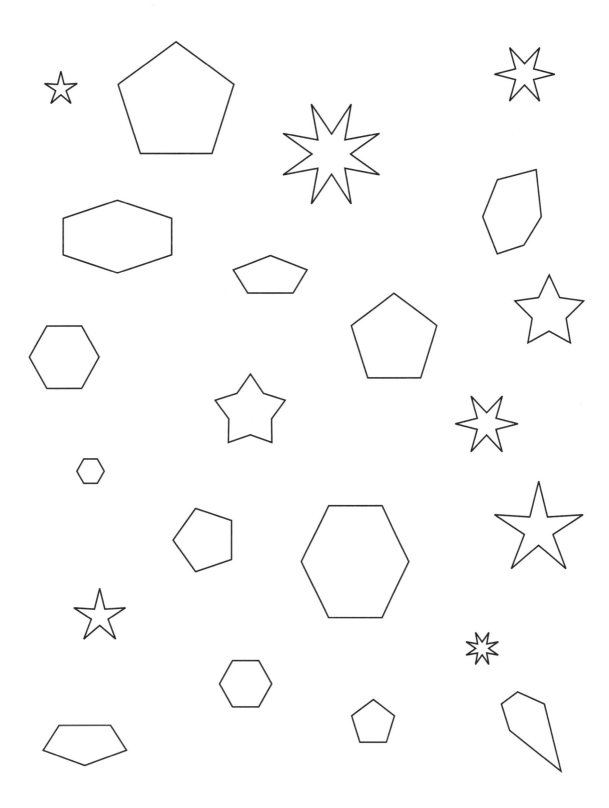

Male die Formen an!

Vierecke – rot   Alle anderen Formen – grün

Achtung: Quadrate und Rechtecke gehören auch zu den Vierecken!

  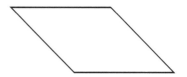

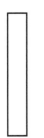    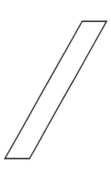

Streit · Jansen **Mathe lernen nach dem IntraActPlus-Konzept**
© Springer-Verlag GmbH Deutschland, ein Teil von Springer Nature 2020

Flächen vergleichen

weißes Quadrat

gelbes Rechteck

Das gelbe Rechteck ist so groß wie 2 weiße Quadrate.
Du siehst es, weil die Quadrate in das Rechteck eingezeichnet sind.

weißes Quadrat

grünes Rechteck

Das grüne Rechteck ist so groß wie 3 weiße Quadrate.
Du siehst es, weil die Quadrate in das Rechteck eingezeichnet sind.

weißes Quadrat

rotes Quadrat

Das rote Quadrat ist so groß wie 4 weiße Quadrate.

Flächen vergleichen

Zähle die Quadrate, aus denen jedes Rechteck besteht, und schreibe die Anzahl in den Kreis!

Was fällt dir auf, wenn du die gelben und grünen Rechtecke vergleichst?

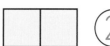 

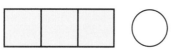 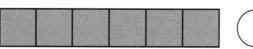

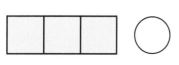 

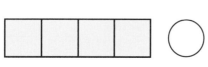 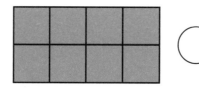

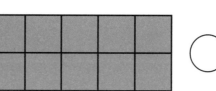

Streit · Jansen **Mathe lernen nach dem IntraActPlus-Konzept**
© Springer-Verlag GmbH Deutschland, ein Teil von Springer Nature 2020

Flächen vergleichen

Male alle Formen an, in die gleich viele Quadrate passen wie in das rote Rechteck.

Formen, in die gleich viele Quadrate passen, haben die gleiche Fläche.

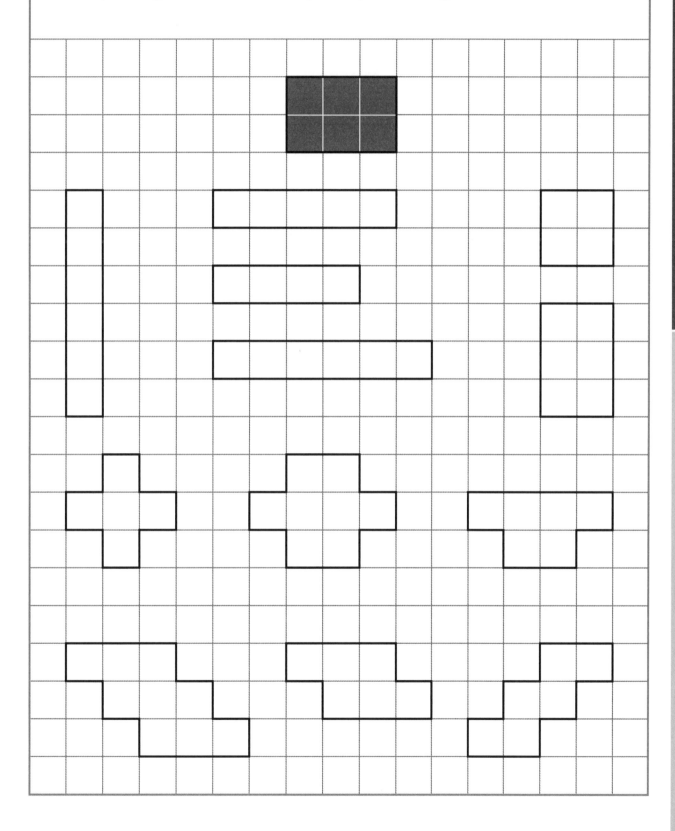

Flächen vergleichen

Male alle Formen an, in die gleich viele kleine Quadrate passen wie in das rote Quadrat.

Formen, in die gleich viele Quadrate passen, haben die gleiche Fläche.

Achtung: Zähle zwei halbe Quadrate als ein ganzes Quadrat!

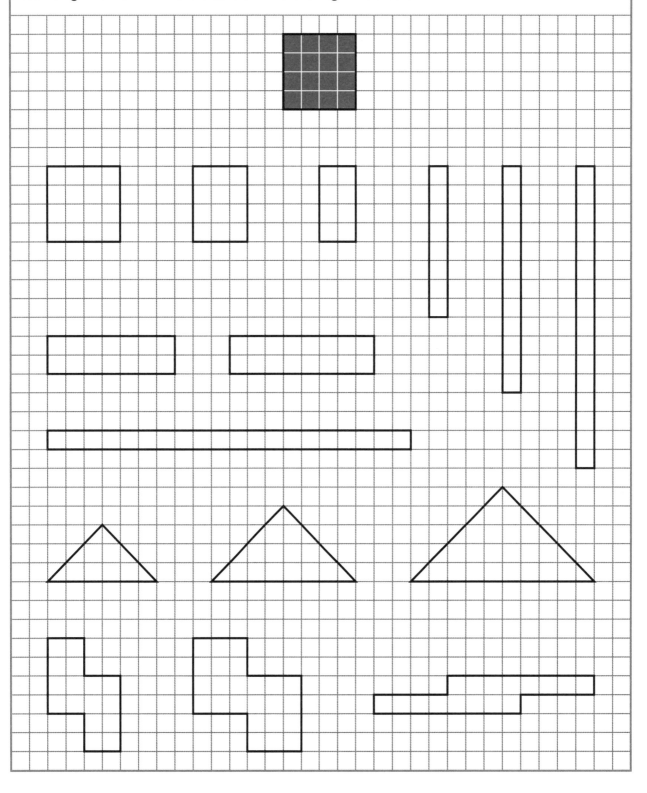

Streit · Jansen **Mathe lernen nach dem IntraActPlus-Konzept**
© Springer-Verlag GmbH Deutschland, ein Teil von Springer Nature 2020

4.2 Spiegeln

Lernziel
Spiegelbilder erkennen und beschreiben können.

Leistungsdifferenzierung
- *Grün:* grundlegende Lerninhalte für alle Lernenden
- *Blau:* Lerninhalte, die von langsamer lernenden Kindern weggelassen oder zu einem späteren Zeitpunkt bearbeitet werden können.
- *Orange:* schwierigere Zusatzaufgaben für schnell lernende Kinder

---

Spiegeln verstehen

Material
Übungsblatt „Spiegeln verstehen"

So geht es
- In Abhängigkeit von der Lesefertigkeit des Kindes wird der erklärende Text vorgelesen oder vom Kind selbst gelesen
- Anhand jedes Beispiels (Clown, Haus etc.) beschreibt das Kind die Auswirkung des Spiegelns.

Spiegelbilder erkennen

Material

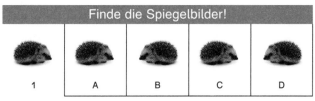

Übungsaufgabe (Beispiel)

So geht es
Ziel ist es, herauszufinden, welche der Bilder A, B, C und D Spiegelbilder des Bildes auf der linken Seite sind. In obigem Beispiel wären »B« und »D« die richtigen Lösungen.

Leistungsdifferenzierung
Diese Aufgaben können dazu genutzt werden, intensiv im Bereich der visuellen Wahrnehmungsfähigkeit zu üben. Hierzu ist es sinnvoll, die Übungsblätter öfter zu wiederholen. Deshalb sollten die Lösungen nicht angekreuzt, sondern gezeigt oder auf ein Blatt Papier geschrieben werden.

Lösungen
Die Lösungen stehen auf S. 635.

Spiegeln verstehen

Das ist Clown Tilo. Er steht vor einem Spiegel.

Clown Tilo

Spiegelbild von Clown Tilo

Beschreibe, was sich im Spiegelbild verändert hat!

Hier siehst du noch andere Dinge mit ihrem Spiegelbild.

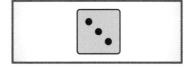

Streit · Jansen **Mathe lernen nach dem IntraActPlus-Konzept**
© Springer-Verlag GmbH Deutschland, ein Teil von Springer Nature 2020

Finde die Spiegelbilder!

Finde die Spiegelbilder!

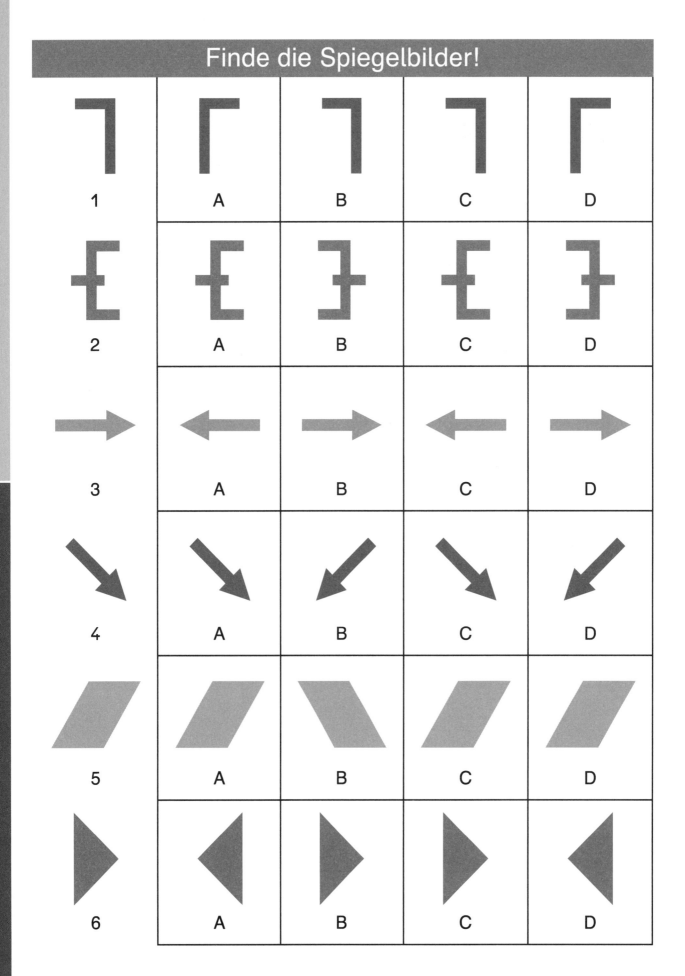

Streit · Jansen **Mathe lernen nach dem IntraActPlus-Konzept**
© Springer-Verlag GmbH Deutschland, ein Teil von Springer Nature 2020

Finde die Spiegelbilder!

	A	B	C	D
1				
2				
3				
4				
5				
6				

4.1 Formen

4.2 Spiegeln

Finde die Spiegelbilder!

| 1 | A | B | C | D |

| 2 | A | B | C | D |

| 3 | A | B | C | D |

| 4 | A | B | C | D |

| 5 | A | B | C | D |

| 6 | A | B | C | D |

Streit · Jansen **Mathe lernen nach dem IntraActPlus-Konzept**
© Springer-Verlag GmbH Deutschland, ein Teil von Springer Nature 2020

Finde die Spiegelbilder!

1	A	B	C	D
2	A	B	C	D
3	A	B	C	D
4	A	B	C	D
5	A	B	C	D
6	A	B	C	D

Finde die Spiegelbilder!

1	A	B	C	D
2	A	B	C	D
3	A	B	C	D
4	A	B	C	D
5	A	B	C	D
6	A	B	C	D

Streit · Jansen **Mathe lernen nach dem IntraActPlus-Konzept**
© Springer-Verlag GmbH Deutschland, ein Teil von Springer Nature 2020

Seite 629

1 B, D

2 A, B

3 B, C

4 B, D

5 A, C

6 B

Seite 630

1 A, D

2 B, D

3 A, C

4 B, D

5 B

6 A, D

Seite 631

1 A, D

2 B, C, D

3 B, D

4 A, C, D

5 A, B

6 D

Seite 632

1 B, D

2 A, C

3 B, D

4 A

5 C, D

6 A, D

Seite 633

1 A, D

2 B

3 A, C

4 B, D

5 C

6 D

Seite 634

1 B, D

2 A, C

3 A

4 A, D

5 B, D

6 B, C

Male Spiegelbilder!

Male Spiegelbilder!

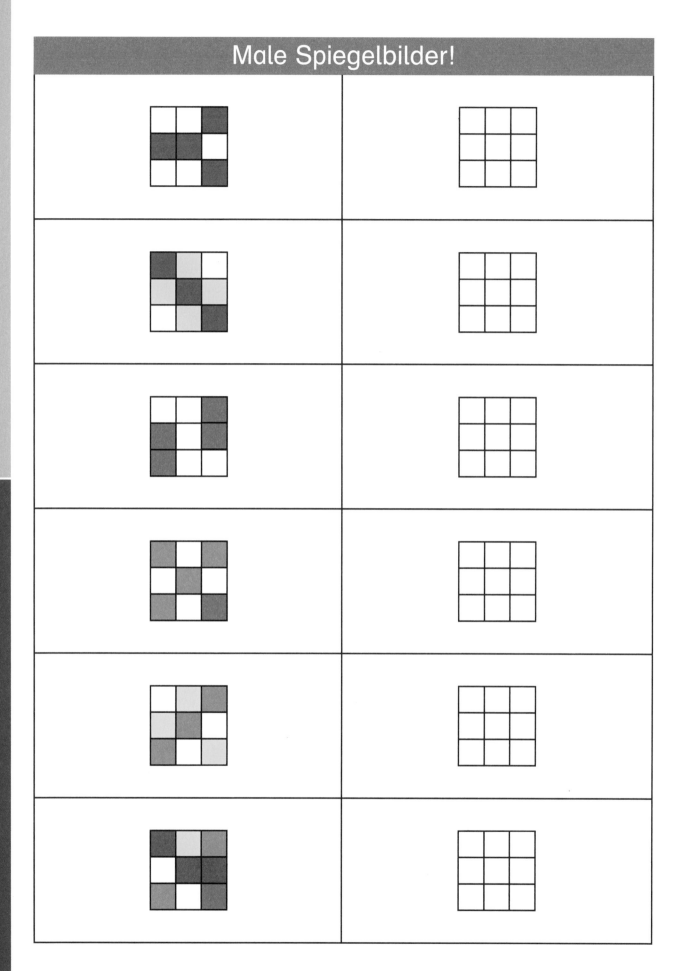

Abbildungsverzeichnis

Adobe 91011681 / © [M] Serg Obolonkov / stock.adobe.com	AdobeStock_193175028 / © [M] texturis / stock.adobe.com
Adobe 100810772 / © [M] prapholl / stock.adobe.com	AdobeStock_109482893 / © [M] Alexander Ozerov / stock.adobe.com
Adobe 151433823 / © [M] miracle15 / stock.adobe.com	Adobe Stock 129289809 / © nata777_7 / stock.adobe.com
Adobe 65495696 / © [M] agaes8080 / stock.adobe.com	AdobeStock_158843264 / © gallinago_media / stock.adobe.com
AdobeStock_115846709 / © Jacek Fulawka / stock.adobe.com	AdobeStock_125596867 / © Anton Gvozdikov / stock.adobe.com
AdobeStock_56010077 / © egorxfi / stock.adobe.com	AdobeStock_4884059 / © Ljupco Smokovski / stock.adobe.com
Adobe Stock 143254677 / [M] © canbedone / stock.adobe.com	AdobeStock_21008578 / © [M] cs333 / stock.adobe.com
AdobeStock_29977989 / [M] © novadomus / stock.adobe.com	Adobe Stock 133375486 / © [M] Hein Nouwens / stock.adobe.com
Adobe Stock 353477 / [M] © pikselstock / stock.adobe.com	© Uta Streit / Fritz Jansen
Adobe Stock 353450 / [M] © pikselstock / stock.adobe.com	https://de.wikipedia.org/wiki/Datei:1_euro_coin_Eu_serie_1.png
AdobeStock_103352472 / © Pakhnyushchyy / stock.adobe.com	https://de.wikipedia.org/wiki/Datei:2_euro_coin_Eu_serie_1.png

1	2	3	4	5	6	7	8	9	10
11	12	13	14	15	16	17	18	19	20

| 1 | 2 | 3 | 4 | 5 | 6 | 7 | 8 | 9 | 10 |